Java 8 – Die Neuerungen

Dipl.-Inform. Michael Inden ist Oracle-zertifizierter Java-Entwickler für JDK 6. Nach seinem Studium in Oldenburg war er lange Zeit als Softwareentwickler und -architekt bei verschiedenen internationalen Firmen tätig.

Dabei hat er über 15 Jahre Erfahrung beim Entwurf objektorientierter Softwaresysteme gesammelt, an diversen Fortbildungen und an mehreren Java-One-Konferenzen in San Francisco teilgenommen. Sein besonderes Interesse gilt dem Design qualitativ hochwertiger Applikationen mit ergonomischen, grafischen Oberflächen sowie dem Coaching von Kollegen.

Zu diesem Buch – sowie zu vielen weiteren dpunkt.büchern – können Sie auch das entsprechende E-Book im PDF-Format herunterladen. Werden Sie dazu einfach Mitglied bei dpunkt.plus+:

www.dpunkt.de/plus

Michael Inden

Java 8 – Die Neuerungen

Lambdas, Streams, Date And Time API und JavaFX 8 im Überblick

Michael Inden
michael_inden@hotmail.com

Lektorat: Dr. Michael Barabas
Technischer Review: Torsten Horn, Aachen
Copy-Editing: Ursula Zimpfer, Herrenberg
Satz: Michael Inden
Herstellung: Susanne Bröckelmann
Umschlaggestaltung: Helmut Kraus, www.exclam.de
Druck und Bindung: M.P. Media-Print Informationstechnologie GmbH, 33100 Paderborn

Bibliografische Information der Deutschen Nationalbibliothek
Die Deutsche Nationalbibliothek verzeichnet diese Publikation in der Deutschen Nationalbibliografie;
detaillierte bibliografische Daten sind im Internet über http://dnb.d-nb.de abrufbar.

ISBN 978-3-86490-201-7

1. Auflage 2014
Copyright © 2014 dpunkt.verlag GmbH
Wieblinger Weg 17
69123 Heidelberg

Inhaltsverzeichnis

Vorwort

Zunächst einmal bedanke ich mich bei Ihnen, dass Sie sich für dieses Buch entschieden haben, um sich über die Neuerungen von Java 8 zu informieren. In den nachfolgenden Kapiteln möchte ich Ihnen diese brandaktuelle Java-Version mit ihren umfangreichen Erweiterungen näherbringen. Insbesondere sind Lambda-Ausdrücke und das Stream-API wegweisende Neuerungen, durch die nun neben der objektorientierten auch die funktionale Programmierung in Java möglich wird. Auch die lange Zeit stiefmütterlich behandelte Datumsarithmetik wurde in Java 8 aufpoliert. Doch damit nicht genug: Die GUI-Technologie JavaFX wurde sowohl um neue Bedienelemente als auch um die Unterstützung für Darstellungen in 3D erweitert. JavaFX schickt sich an, Swing bald als GUI-Framework abzulösen.

Wer sollte dieses Buch lesen?

Dieses Buch ist kein Buch für Programmierneulinge, sondern richtet sich an all diejenigen Leser, die einen fundierten Überblick über die mit Java 8 eingeführten Neuerungen erhalten wollen. Ich gehe also davon aus, dass Sie bereits einiges an Erfahrung mit Java mitbringen. Damit der Umstieg und das Nachvollziehen der Beispiele zu Java 8 leichter fällt, wird oftmals ein Vergleich zu einer herkömmlichen Lösung mit Java 7 dargestellt.

Ich setze zwar ein gutes Java-Grundwissen voraus, allerdings werden ausgewählte Themengebiete etwas genauer und gegebenenfalls einführend betrachtet, wenn dies das Verständnis der nachfolgenden Inhalte einfacher macht. Dies ist etwa für JavaFX der Fall: Dort beginne ich mit einer Darstellung der Grundlagen, weil die deutschsprachige Literatur gerade auf diesem Gebiet recht spärlich ist und sich sonst die Neuerungen aus JavaFX 8 nicht so gut nachvollziehen lassen würden.

Das Buch richtet sich im Speziellen an zwei Zielgruppen: Zum einen sind dies engagierte Hobbyprogrammierer, Informatikstudenten und Berufseinsteiger, die Java als Sprache beherrschen und nun neugierig auf die weitreichenden Änderungen in Java 8 sind. Zum anderen ist das Buch für erfahrenere Softwareentwickler und -architekten gedacht, die ihr Wissen ergänzen wollen, um für zukünftige Projekte abschätzen zu können, wann und in welchen Bereichen Java 8 eine gewinnbringende Alternative darstellen kann.

Was vermittelt dieses Buch?

Sie als Leser erhalten neben Theoriewissen eine Vertiefung durch praktische Beispiele, sodass der Umstieg auf Java 8 in eigenen Projekten erfolgreich gemeistert werden kann. Der Fokus dieses Buchs liegt auf dem praktischen Nutzen und den zugrunde liegenden Konzepten. Zur Verdeutlichung werden vereinfachte Beispiele aus dem realen Programmiereralltag genutzt. Um den Rahmen des Buchs nicht zu sprengen, stellen die abgebildeten Programmlistings häufig nur Ausschnitte aus lauffähigen Programmen dar. Deren Name wird in Kapitälchenschrift, etwa DATEPICKEREXAMPLE, angegeben.

Sourcecode und ausführbare Programme

Der Sourcecode kann auf der Webseite `www.dpunkt.de/java-8` heruntergeladen werden. Zudem befindet sich dort ein Eclipse-Projekt, über das sich alle Programme ausführen lassen. Beachten Sie bitte, dass Sie dazu mindestens Eclipse 4.3.2 mit dem speziellen Update zur JDK-8-Unterstützung benötigen (frei verfügbar unter `http://download.eclipse.org/eclipse/updates/4.3-P-builds/`).

Aufbau dieses Buchs

Kapitel 1   Einführend erhalten Sie einen kurzen Überblick zu Java 8 und seine wegweisenden Neuerungen.

Kapitel 2   Kapitel 2 startet dann mit Lambdas, einer der bedeutsamsten Änderungen der Sprache seit der Einführung von Generics in Java 5. Lambdas führen zu einer vollkommen neuen Denkweise und bilden die Grundlage für die funktionale Programmierung mit Java.

Kapitel 3   Kapitel 3 zeigt dann, wie sich Lambdas gewinnbringend mit den diversen Erweiterungen im Collections-Framework, insbesondere dem Stream-API, kombinieren lassen. Dort wird unter anderem eine mächtige Filter-Map-Reduce-Funktionalität bereitgestellt – ähnlich wie man dies von NoSQL-Datenbanken zur Verarbeitung großer Datenmengen (Stichwort: Big Data) kennt.

Kapitel 4   Lange Zeit war die Verarbeitung von Datums- und Zeitangaben mit Java-Bordmitteln eher mühsam und zudem fehlerträchtig. Mit Java 8 ändert sich dies grundlegend. Das neue Date And Time API bereitet in seiner Nutzung viel Freude. Kapitel 4 gibt dazu einen Überblick.

Kapitel 5   Nicht nur intern, sondern auch auf Seite der Benutzeroberflächen wurde in Java 8 einiges verbessert. JavaFX ist nun fester Bestandteil des JDKs und wurde an die Versionsnummer von Java angepasst. Neben Detailverbesserungen sind die zwei Bedienelemente `DatePicker` und `TreeTableView` sowie die Unterstützung von

3D-Darstellungen bedeutende Erweiterungen. Kapitel 5 beginnt mit einem allgemeinen Einstieg in JavaFX und geht danach auf die Besonderheiten von JavaFX 8 ein.

Kapitel 6   Neben den in den vorangegangenen Kapiteln behandelten recht fundamentalen Änderungen enthält Java 8 noch eine Vielzahl weitere, zum Teil kleinere Verbesserungen, die aber allesamt das Programmiererleben deutlich erleichtern. Einige wesentliche werden in Kapitel 6 vorgestellt.

Kapitel 7   Kapitel 7 rekapituliert noch einmal die Neuerungen in Java 8 und zieht ein Fazit. Zudem wagen wir dort einen Ausblick auf mögliche Funktionalitäten in JDK 9. Abgerundet wird das Kapitel durch eine Übersicht zu weiterer Literatur zu Java 8, Lambdas und funktionaler Programmierung.

Anhang A   Anhang A liefert eine knappe Einführung in verschiedene Programmierparadigmen und insbesondere in die funktionale Programmierung, die nun mit JDK 8 Einzug in Java gehalten hat.

Konventionen

Verwendete Zeichensätze

In diesem Buch gelten folgende Konventionen bezüglich der Schriftart: Neben der vorliegenden Schriftart werden wichtige Textpassagen *kursiv* oder ***kursiv und fett*** markiert. Englische Fachbegriffe werden eingedeutscht groß geschrieben, etwa Event Handling. Zusammensetzungen aus englischen und deutschen (oder eingedeutschten) Begriffen werden mit Bindestrich verbunden, z. B. Plugin-Manager. Namen von Programmen sowie Entwurfsmustern werden bei ihrer Verwendung in KAPITÄLCHEN dargestellt. Sourcecode-Listings sind in der Schrift `courier` gesetzt, um zu verdeutlichen, dass dieser Text einen Ausschnitt aus einem Java-Programm darstellt. Auch im normalen Text werden Klassen, Methoden, Konstanten und Übergabeparameter in dieser Schriftart angegeben.

Verwendete Klassen aus dem JDK

Werden Klassen des JDKs zum ersten Mal im Text erwähnt, so wird deren voll qualifizierter Name, d. h. inklusive der Package-Struktur, angegeben: Für die Klasse `String` würde dann etwa `java.lang.String` notiert. Dies erleichtert eine Orientierung und ein Auffinden im JDK. Dies gilt insbesondere, da in den Listings nur selten `import`-Anweisungen abgebildet werden. Im nachfolgenden Text wird zur besseren Lesbarkeit auf diese Angabe verzichtet und nur der Klassenname genannt.

Im Text beschriebene Methodenaufrufe enthalten in der Regel die Typen der Übergabeparameter, etwa `substring(int, int)`. Sind die Parameter in einem Kontext nicht entscheidend, wird mitunter auf deren Angabe aus Gründen der besseren Lesbarkeit verzichtet – das gilt insbesondere für generische Methoden.

Verwendete Abkürzungen

Im Buch verwende ich die in der nachfolgenden Tabelle aufgelisteten Abkürzungen. Weitere Abkürzungen werden im laufenden Text in Klammern nach ihrer ersten Definition aufgeführt und anschließend bei Bedarf genutzt.

Abkürzung	Bedeutung
JDK	Java Development Kit
JLS	Java Language Specification
JRE	Java Runtime Environment
JSR	Java Specification Request
JVM	Java Virtual Machine
API	Application Programming Interface
ASCII	American Standard Code for Information Interchange
(G)UI	(Graphical) User Interface
IDE	Integrated Development Environment
XML	Extensible Markup Language

Danksagung

Bei der Erstellung des Manuskripts konnte ich auf ein starkes Team an Korrekturlesern zurückgreifen. Es ist mir eine große Freude, von den unterschiedlichen Sichtweisen und Erfahrungen vieler Leute profitieren zu dürfen.

Den einen oder anderen Tipp erhielt ich von Stefan Bartels, Tim Bötzmeyer, Sven Bremerstein, Philipp Dössegger, Peter Kehren, Dirk Lemmermann und Florian Messerschmidt. Insbesondere Merten Driemeyer und Dr. Carsten Kern haben mit verschiedenen hilfreichen Anmerkungen zu einer Verbesserung beigetragen. Außerdem danke ich Johannes Weigend für die hilfreichen Anregungen und Ergänzungsvorschläge sowie die Erlaubnis, seine Blog-Beiträge leicht abgewandelt nutzen zu dürfen.

Auch einige Kollegen meines Arbeitgebers Zühlke Engineering AG haben mich direkt oder indirekt unterstützt. Zunächst möchte ich meinem Chef Kai Schwidder für die Unterstützung und die Freiräume zur Ausgestaltung von internen Java-8-Kursen danken. Tatkräftig haben die Zühlkianer Wolfgang Giersche, Nikolaos Kaintantzis, Jörg Keller, Franziska Meyer, Sagi Nedunkanal und Christoph Süess durch ihre Kommentare zur Klarheit und Präzisierung beigetragen. Vielen Dank dafür!

Ein ganz besonderer Dank geht an Ralph Willenborg und Andreas Schöneck. Ralph hat mit seinen Adleraugen viele Tippfehler gefunden und sprachliche Verbesserungen angeregt. Andreas hat dieses Buch von seinen frühen Anfängen bis hin zum Endstadium durch viele Hinweise und Anregungen tatkräftig unterstützt. Vielen, vielen Dank für die Mühen und die schnellen Rückmeldungen auch zu später Stunde ;-)

Ebenso geht ein Dankeschön an das Team des dpunkt.verlags (Dr. Michael Barabas, Martin Wohlrab, Vanessa Wittmer und Birgit Bäuerlein) für die tolle Zusammenarbeit. Außerdem möchte ich mich bei Torsten Horn für die fundierte fachliche Durchsicht sowie bei Ursula Zimpfer für ihre Adleraugen beim Copy-Editing bedanken.

Abschließend geht ein lieber Dank an meine Frau Lilija für ihr Verständnis und die Unterstützung. Glücklicherweise musste sie bei der Erstellung dieses Buchs zu Java 8 einen weit weniger gestressten Autor ertragen, als dies früher bei der Erstellung meines Buchs »Der Weg zum Java-Profi« der Fall war.

Anregungen und Kritik

Trotz großer Sorgfalt und mehrfachem Korrekturlesen lassen sich missverständliche Formulierungen oder sogar Fehler leider nicht vollständig ausschließen. Falls Ihnen etwas Derartiges auffällt, so zögern Sie bitte nicht, mir dies mitzuteilen. Gerne nehme ich auch sonstige Anregungen oder Verbesserungsvorschläge entgegen. Kontaktieren Sie mich bitte per Mail unter:

```
michael_inden@hotmail.com
```

Zürich und Aachen, im Mai 2014
Michael Inden

1 Einleitung

Am 18. März 2014 war es endlich so weit: Das zuvor mehrfach verschobene und lang erwartete Java 8 ist erschienen. Dieses Release enthält diverse wegweisende Erweiterungen und mit Lambda-Ausdrücken ein neues Sprachkonstrukt, das die funktionale Programmierung in Java erlaubt. Durch ein sorgfältiges API-Design von Massenoperationen auf Collections (Bulk Operations on Collections), wie Filterung, Transformation und Sortierung, lässt sich die funktionale gut mit der objektorientierten Programmierung verbinden. Dadurch ergeben sich vollkommen neue Gestaltungsmöglichkeiten, die jeder ambitionierte Java-Entwickler beherrschen sollte. Auch die lange Zeit stiefmütterlich behandelte Verarbeitung von Datumswerten wurde in Java 8 vollständig überarbeitet. Doch damit nicht genug: JavaFX als GUI-Technologie wurde aufpoliert. Darüber hinaus gibt es eine Vielzahl weiterer Funktionalitäten in Java 8 zu entdecken. Dieses Buch gibt einen Überblick über folgende wesentliche Erweiterungen in JDK 8:

■ **Lambda-Ausdrücke, Default-Methoden und Methodenreferenzen**
Zunächst werden wir mit Lambdas, Methodenreferenzen und Default-Methoden die Grundlagen zur funktionalen Programmierung mit Java kennenlernen.

■ **Bulk Operations on Collections**
Viele Aufgabenstellungen wie Filterungen und Transformationen erfordern den Einsatz von Collections und spezieller Algorithmen. Bis JDK 8 fehlte es allerdings an geeigneter Unterstützung, was sich nun ändert. Die neu eingeführten Streams bieten weitreichende Möglichkeiten zur Datenverarbeitung und zur Parallelisierung von Verarbeitungsschritten.

■ **Date And Time API**
Die Verarbeitung von Datums- und Zeitangaben war bis Java 8 immer mühselig und fehlerträchtig. Das neue Date And Time API vereinfacht das Ganze erheblich.

■ **JavaFX 8**
Viele GUIs, die auf Swing basieren, wirken altbacken. Abhilfe schafft hier JavaFX als neue Oberflächentechnologie. Wir betrachten Verbesserungen in JavaFX 8 und schauen kurz auf die Realisierung von Darstellungen in 3D.

■ **Diverse weitere Änderungen**
Im JDK findet sich eine Vielzahl größerer und kleinerer Verbesserungen und Neuerungen. Von den diversen weiteren Änderungen in JDK 8 behandle ich stellvertretend und überblicksartig verschiedenste Themen wie Parallel Array Sorting, Überarbeitung der Garbage Collection, die Unterstützung von Base64 u. v. m.

Die aufgelisteten Themen werden in jeweils separaten Kapiteln behandelt. Den Abschluss dieses Buchs bildet eine Beschreibung über bereits für JDK 7 vorgesehene Sprachfeatures, die es leider auch nicht in JDK 8 geschafft haben.

Hinweis: Umfang von JDK 8

Schon der Releasetermin von JDK 7 wurde einige Male nach hinten verlegt. Das geschah unter anderem, weil die Fertigstellung verschiedener Features wie Lambda-Ausdrücke, Modularisierung, ein neues Date And Time API usw. viel länger dauerte als geplant. Schließlich wurden etliche Funktionalitäten aus Zeitmangel von JDK 7 auf JDK 8 verschoben.

Wer nun gedacht hätte, dass alle diese Funktionalitäten tatsächlich im JDK 8 enthalten sein würden, wird enttäuscht. Die Geschichte des Verschiebens und Abkündigens von Features wiederholt sich auch für JDK 8. Trotz mehrfacher Verzögerungen wurden einige Features leider nicht realisiert, wie z. B. die Modularisierung. Somit verbleibt als bedeutendste Neuerung in JDK 8 die Einführung von Lambda-Ausdrücken – allerdings sind deren Auswirkungen wirklich umfangreich und ziehen sich durch verschiedenste Teile des JDKs.

Entdeckungsreise JDK 8 – Wünsche an die Leser

Ich wünsche allen Lesern viel Freude mit diesem Buch zu Java 8 sowie einige neue Erkenntnisse und viel Spaß bei eigenen Experimenten mit JDK 8. Möge Ihnen der Umstieg auf Lambdas und die funktionale Programmierung mit meinem Buch ein wenig leichter fallen.

Lassen Sie uns nun die Entdeckungsreise durch JDK 8 und seine Neuerungen mit einem Einstieg in das Thema Lambda-Ausdrücke beginnen. Wenn Sie zunächst ein wenig mehr zu funktionaler Programmierung erfahren wollen, bietet sich ein Blick in den Anhang A an.

2 Lambda-Ausdrücke

Mit Lambda-Ausdrücken (kurz: *Lambdas*, zum Teil auch *Closures* genannt) wurde ein neues und von vielen Entwicklern heiß ersehntes Sprachkonstrukt in Java eingeführt, das bereits in ähnlicher Form in verschiedenen anderen Programmiersprachen wie C#, Groovy und Scala erfolgreich genutzt wird. Der Einsatz von Lambdas erfordert zum Teil eine andere Denkweise und führt zu einem neuen Programmierstil, der dem Paradigma der *funktionalen Programmierung* folgt. Mithilfe von Lambdas lassen sich einige Lösungen auf sehr elegante Art und Weise formulieren. Insbesondere im Bereich von Frameworks und zur Parallelverarbeitung kann die Verwendung von Lambdas enorme Vorteile bringen. Diverse Funktionalitäten im Collections-Framework und an anderen Stellen des JDKs wurden auf Lambdas umgestellt. Bevor wir darauf zurückkommen, schauen wir uns zunächst einmal Lambdas an sich an.

Beispiel: Sortierung nach Länge und kommaseparierte Aufbereitung

Um die Vorteile von Lambdas und auch später von den sogenannten Bulk Operations on Collections besser nachvollziehen zu können, betrachten wir als praxisnahes Beispiel eine Liste von Namen. Diese Namen wollen wir nach deren Länge sortieren und die Längen danach kommasepariert ausgeben. Dazu würden wir bis einschließlich JDK 7 in etwa folgenden Sourcecode schreiben:

```
// Sortierung mit Comparator
final List<String> names = Arrays.asList("Andy", "Michael", "Max", "Stefan");
Collections.sort(names, new Comparator<String>()
{
    @Override
    public int compare(final String str1, final String str2)
    {
        return Integer.compare(str1.length(), str2.length());
    }
});

// Iteration und Ausgabe
final Iterator<String> it = names.iterator();
while (it.hasNext())
{
    System.out.print(it.next().length() + ", ");  // 3, 4, 6, 7,
}
```

Beim Betrachten dieser Umsetzung kann man sich fragen, ob das nicht kürzer und einfacher gehen sollte? Die Antwort ist: Ja, mit JDK 8 kann man dazu Lambdas nutzen.

2.1   Einstieg in Lambdas

Das Sprachkonstrukt Lambda kommt aus der funktionalen Programmierung. Ein *Lambda* ist ein Behälter für Sourcecode ähnlich einer Methode, allerdings ohne Namen und ohne die explizite Angabe eines Rückgabetyps oder ausgelöster Exceptions. Vereinfacht ausgedrückt kann man einen Lambda am ehesten als anonyme Methode mit folgender Syntax und spezieller Kurzschreibweise auffassen:

```
(Parameter-Liste) -> { Ausdruck oder Anweisungen }
```

2.1.1   Lambdas am Beispiel

Ein paar recht einfache Beispiele für Lambdas sind die Addition von zwei Zahlen vom Typ int, die Multiplikation eines long-Werts mit dem Faktor 2 oder eine parameterlose Funktion zur Ausgabe eines Textes auf der Konsole. Diese Aktionen kann man als Lambdas wie folgt schreiben:

```
(int x, int y) -> { return x + y; }
(long x) -> { return x * 2; }
() -> { String msg = "Lambda"; System.out.println("Hello " + msg); }
```

Das sieht recht unspektakulär aus, und insbesondere wird klar, dass ein Lambda lediglich ein Stück ausführbarer Sourcecode ist, der

- keinen Namen besitzt, sondern lediglich Funktionalität, und dabei
- keine explizite Angabe eines Rückgabetyps und
- keine Deklaration von Exceptions erfordert und erlaubt.

Lambdas im Java-Typsystem

Wir haben bisher gesehen, dass sich einfache Berechnungen mithilfe von Lambdas ausdrücken lassen. Wie können wir diese aber nutzen und aufrufen? Versuchen wir zunächst, einen Lambda einer java.lang.Object-Referenz zuzuweisen, so wie wir es mit jedem anderen Objekt in Java auch tun können:

```
// Compile-Error: incompatible types: Object is not a functional interface
Object greeter = () -> { System.out.println("Hello Lambda"); };
```

Die gezeigte Zuweisung ist nicht erlaubt und führt zu einem Kompilierfehler. Die Fehlermeldung gibt einen Hinweis auf inkompatible Typen und verweist darauf, dass Object kein Functional Interface ist. Aber was ist denn ein Functional Interface?

Besonderheit: Lambdas im Java-Typsystem

Bis JDK 8 konnte in Java jede Referenz auf den Basistyp `Object` abgebildet werden. Mit Lambdas existiert nun ein Sprachelement, das nicht direkt dem Basistyp `Object` zugewiesen werden kann, sondern nur an Functional Interfaces.

2.1.2   Functional Interfaces und SAM-Typen

Ein *Functional Interface* ist eine neue Art von Typ, die mit JDK 8 eingeführt wurde, und repräsentiert ein Interface mit genau einer abstrakten Methode. Ein solches wird auch *SAM-Typ* genannt, wobei SAM für Single Abstract Method steht. Diese Art von Interfaces gibt es nicht erst seit Java 8 im JDK, sondern schon seit Langem und vielfach – wobei es früher für sie aber keine Bezeichnung gab. Bekannte Vertreter der SAM-Typen und Functional Interfaces sind etwa `Runnable`, `Callable`, `Comparator`, `FileFilter`, `FilenameFilter`, `ActionListener`, `EventHandler` usw.

```
@FunctionalInterface                @FunctionalInterface
public interface Runnable           public interface Comparator<T>
{                                   {
    public abstract void run();         int compare(T o1, T o2);
}                                       boolean equals(Object obj);
                                    }
```

Im Listing sehen wir die mit JDK 8 eingeführte Annotation `@FunctionalInterface` aus dem Package `java.lang`. Damit wird ein Interface explizit als Functional Interface gekennzeichnet. Die Angabe der Annotation ist optional: Jedes Interface mit genau nur einer abstrakten Methode (SAM-Typ) stellt auch ohne explizite Kennzeichnung ein Functional Interface dar. Sofern die Annotation angegeben wird, kann der Compiler eine Fehlermeldung produzieren, falls es mehrere abstrakte Methoden gibt.

Tipp: Besondere Methoden in Functional Interfaces

Wenn wir im obigen Listing genauer hinsehen, könnten wir uns fragen, wieso denn `java.util.Comparator<T>` ein Functional Interface ist, wo es doch zwei Methoden enthält und keine davon abstrakt ist, oder? Als Besonderheit gilt in Functional Interfaces folgende Ausnahme für die Definition von abstrakten Methoden: Alle im Typ `Object` definierten Methoden können zusätzlich zu der abstrakten Methode in einem Functional Interface angegeben werden.

Verbleibt noch die Frage, warum wir in der Definition des Interface `Comparator<T>` keine abstrakte Methode sehen. Mit ein wenig Java-Basiswissen oder nach einem Blick in die Java Language Specification (JLS) erinnern wir uns daran, dass alle Methoden in Interfaces automatisch `public` und `abstract` sind, auch wenn dies nicht explizit über Schlüsselwörter angegeben ist.

Basierend auf den Argumentationen ist die Methode `compare(T, T)` abstrakt und die Methode `equals(Object)` entstammt dem Basistyp `Object`. Sie darf damit zusätzlich im Interface zur abstrakten Methode aufgeführt werden.

Implementierung von Functional Interfaces

Herkömmlicherweise wird ein SAM-Typ bzw. Functional Interface durch eine anonyme innere Klasse implementiert. Seit JDK 8 kann man alternativ zu dessen Implementierung auch Lambdas nutzen. Voraussetzung dafür ist, dass das Lambda die abstrakte Methode des Functional Interface erfüllen kann, d. h., dass die Anzahl der Parameter übereinstimmt sowie deren Typen und der Rückgabetyp kompatibel sind. Schauen wir zur Verdeutlichung zunächst auf ein allgemeines, etwas abstraktes Modell zur Transformation von bisherigen Realisierungen eines SAM-Typs mithilfe einer anonymen inneren Klasse in einen Lambda-Ausdruck:

```
// SAM-Typ als anonyme innere Klasse
new SAMTypeAnonymousClass()
{
    public void samTypeMethod(METHOD-PARAMETERS)
    {
        METHOD-BODY
    }
}

// SAM-Typ als Lambda
(METHOD-PARAMETERS) -> { METHOD-BODY }
```

Bei kurzen Methodenimplementierungen, wie sie für SAM-Typen häufig vorkommen, ist das Verhältnis von Nutzcode zu Boilerplate-Code (oder Noise) bislang recht schlecht. Wenn man für derartige Realisierungen Lambdas einsetzt, so kann man mit einer Zeile das ausdrücken, was sonst fünf Zeilen benötigt. Nachfolgend wird dies für das Interface `Runnable` verdeutlicht.

Beispiel 1: `Runnable`   Konkretisieren wir die allgemeine Transformation anhand eines `java.lang.Runnable`, das eine triviale Konsolenausgabe implementiert:

```
Runnable runnableAsNormalMethod = new Runnable()
{
    @Override
    public void run()
    {
        System.out.println("runnable as normal method");
    }
}
```

In diesem `Runnable` wird keine wirklich sinnvolle Funktionalität realisiert. Vielmehr dient dies nur der Verdeutlichung der Kurzschreibweise mit einem Lambda wie folgt:

```
Runnable runnableAsLambda = () -> System.out.println("runnable as lambda");
```

Beispiel 2: `Comparator<T>`   Die Vorteile von Lambdas lassen sich für das Functional Interface `Comparator<T>` prägnanter zeigen. Ich möchte kurz in Erinnerung rufen, dass mit einem Komparator ein Vergleich von zwei Instanzen vom Typ `T` realisiert wird. Dazu muss die abstrakte Methode `int compare(T, T)` passend realisiert werden und über ihren Rückgabewert die Reihenfolge der Werte ausdrücken (vgl. folgenden Praxishinweis). Wollte man zwei Strings nach deren Länge sortieren, so entsteht herkömmlicherweise recht viel Sourcecode:

```java
// Hinweis: Diamond Operator ist nicht für anonyme innere Klassen möglich
Comparator<String> compareByLength = new Comparator<String>()
{
    @Override
    public int compare(final String str1, final String str2)
    {
        final int length1 = str1.length();
        final int length2 = str2.length();

        if (length1 < length2)
            return 1;
        if (length1 > length2)
            return -1;

        return 0;
    }
};
```

Mit JDK 7 wurde die Klasse `Integer` um eine Methode `compare(int, int)` erweitert, die einen komparatorkonformen Rückgabewert liefert und so die Implementierung deutlich vereinfacht und verkürzt:

```java
Comparator<String> compareByLength = new Comparator<String>()
{
    @Override
    public int compare(final String str1, final String str2)
    {
        return Integer.compare(str1.length(), str2.length());
    }
};
```

Wenn man Lambdas nutzt, lässt sich der Komparator knackig wie folgt schreiben:

```java
Comparator<String> compareByLength = (final String str1, final String str2) ->
{
    return Integer.compare(str1.length(), str2.length());
};
```

Hinweis: Realisierung von Komparatoren und Rückgabewerte

Der Rückgabewert der `compare(T, T)`-Methode bestimmt den Ausgang des Vergleichs der beiden Objekte: Ein Wert > 0 besagt, dass das erste Objekt größer ist, 0 beschreibt Gleichheit und < 0 signalisiert, dass das erste Objekt kleiner als das zweite ist. Einen `Comparator<T>` zu implementieren, ist nicht besonders schwierig, erfordert aber häufig einige Fallunterscheidungen und wird dadurch recht schnell unübersichtlich. Im obigen Beispiel sehen wir einige `if`-Anweisungen. Stattdessen scheint es einfacher, die beiden Werte voneinander zu subtrahieren. Zum Teil sieht man solche Lösungen. Dabei besteht jedoch die Gefahr von einem Überlauf des Wertebereichs des `int` und von Berechnungsfehlern. Außerdem spiegelt diese Art der Implementierung die Intention nicht gut wider und ist eher schlecht verständlich.

2.1.3   Type Inference und Kurzformen der Syntax

Es existieren einige Besonderheiten bezüglich der Syntax von Lambdas: Um den Sourcecode recht knapp formulieren zu können. Dabei nutzt man für Lambdas vor allem auch die sogenannte *Type Inference*: Ähnlich wie beim Diamond Operator bei der Definition generischer Klassen ist es für Lambdas möglich, auf die Typangaben für die Parameter im Sourcecode zu verzichten. Dazu ermittelt der Compiler die passenden Typen aus dem Einsatzkontext. Den vorherigen Komparator schreibt man ohne Typangabe wie folgt:

```
Comparator<String> compareByLength = (str1, str2) ->
{
    return Integer.compare(str1.length(), str2.length());
};
```

Eine weitere Verkürzung in der Schreibweise eines Lambdas kann man durch folgende Regeln erzielen: Falls das auszuführende Stück Sourcecode ein Ausdruck ist, können die geschweiften Klammern um die Anweisungen entfallen. Ebenfalls kann dann das Schlüsselwort `return` weggelassen werden und der Rückgabewert entspricht dem Ergebnis des Ausdrucks. Außerdem gilt: Existiert lediglich ein Eingabeparameter, so sind die runden Klammern um den Parameter optional. Damit ergibt sich für die Ausdrücke

```
(int x, int y) -> { return x + y; }
(long x) -> { return x * 2; }
```

folgende Kurzschreibweise:

```
(x, y) -> x + y
x -> x * 2
```

Neben dem offensichtlichen Vorteil einer recht kompakten Schreibweise, ist etwas anderes viel entscheidender: Lambdas können flexibler als streng typisierte Methoden genutzt werden. Für die gezeigten Berechnungen ist ein Einsatz überall dort möglich, wo für die Parameter die Operatoren + bzw. * definiert sind, also für die Typen `int`, `float`, `double` usw. Anders formuliert: ***Alles, was hergeleitet werden kann (und soll), darf in der Syntax weggelassen werden.*** Als Beispiel betrachten wir folgende `ActionListener`-Implementierung, die schrittweise vereinfacht wird:

```
// Alter Stil
button.addActionListener(new ActionListener()
{
    @Override
    public void actionPerformed(final ActionEvent e)
    {
        System.out.println("button clicked (old way)");
    }
});
```

Diese herkömmliche Realisierung mithilfe einer anonymen inneren Klasse lässt sich als Lambda und mit Type Inference deutlich kürzer schreiben:

```
// Lambda-Variante mit Type Inference
button.addActionListener( (e) -> { System.out.println("button clicked!"); } );
```

Nutzt man zusätzlich die Regeln zur Schreibweisenabkürzung, so entsteht Folgendes:

```
// Lambda-Kurzschreibweise
button.addActionListener( e -> System.out.println("button clicked!") );
```

2.1.4   Lambdas als Parameter und als Rückgabewerte

Wir haben mittlerweile ein wenig Gespür für Lambdas gewonnen und wissen, dass man Lambdas anstelle einer anonymen inneren Klasse zur Realisierung eines SAM-Typs nutzen kann. Ebenso kann man Lambdas auch als Methodenparameter und als Rückgabe einer Methode verwenden, um Aufrufe lesbar zu gestalten.

Wir greifen das Beispiel aus der Einleitung wieder auf und betrachten das Sortieren einer Liste von Namen. Das können wir mit folgenden zwei Varianten eines Lambdas für das Interface `Comparator<T>` schreiben:

```java
public static void main(final String[] args)
{
    final List<String> names = Arrays.asList("Andy", "Michael", "Max", "Stefan");

    // Lambda als Methodenparameter
    Collections.sort(names, (str1, str2) -> Integer.compare(str1.length(),
                                                            str2.length()));

    // Alternative mit Lambda als Rückgabe einer Methode
    names.sort(compareByLength());
}

public static Comparator<String> compareByLength()
{
    return (str1, str2) -> Integer.compare(str1.length(), str2.length());
}
```

Wenn Sie im Listing genau hingeschaut haben, dann könnte Ihnen aufgefallen sein, dass bei der zweiten Variante gar nicht `Collections.sort()`, sondern `names.sort()` aufgerufen wird – also direkt auf einer Instanz von `List<String>`. Wie geht das denn? Diese Methode existiert doch gar nicht im Interface `java.util.List<T>`, oder etwa doch? Bis JDK 7 ist sie dort nicht vorhanden. Jedoch wurden mit JDK 8 das Interface `List<T>` und viele andere Interfaces erweitert. Darauf gehe ich gleich im Anschluss nach der Betrachtung einiger Details zu Lambdas und deren Verwendung ein.

2.1.5   Unterschiede: Lambdas vs. anonyme innere Klassen

Wir wissen zwar schon das eine oder andere über Lambdas, aber es gibt noch kleine Unterschiede zu anonymen inneren Klassen kennenzulernen. Nämlich bei der Bedeutung von `this` sowie dem Zugriff auf Variablen und der Erweiterbarkeit um Methoden.

Bedeutung von `this`

Lambdas repräsentieren lediglich ein Stück Funktionalität und haben keine Bindung zu einem Objekt. Wenn man dort `this` referenziert, dann liegt der Bezugspunkt also außerhalb des Lambdas und demnach besitzt `this` innerhalb eines Lambdas die gleiche Bedeutung wie in den Zeilen direkt außerhalb davon. Für innere Klassen referenziert `this` dagegen die innere Klasse selbst. Das hat insbesondere Einfluss darauf, wie man auf Attribute der äußeren Klasse zugreifen kann.

Zugriff auf Variablen

Kommen wir zum Zugriff auf Variablen, die außerhalb des Lambdas bzw. der anonymen inneren Klasse definiert sind. Bis JDK 7 konnte man auf derartige Variablen nur dann zugreifen, wenn diese explizit `final` definiert waren. Mit JDK 8 wird das Ganze etwas gelockert: Es reicht nun sowohl für Lambdas als auch für anonyme innere Klassen, wenn die Variablen »effectively« `final` sind. Darunter versteht man, dass die Variablen nicht mehr explizit `final` deklariert werden müssen, sondern es genügt, wenn diese ihren Wert zur Programmlaufzeit nicht ändern. Dieser Sachverhalt wird vom Compiler geprüft und Verstöße werden als Fehler angemahnt.

Erweiterungen eines SAM-Typs

Innerhalb von anonymen inneren Klassen kann man beliebige weitere Methoden definieren. Für Lambdas ist das nicht möglich. Sie können zwar stellvertretend für SAM-Typen genutzt werden, erlauben aber keine Erweiterung um Methoden, da sie eher anonymen Methoden als anonymen Klassen entsprechen.

Beispiel

Um die obigen Ausführungen zu verdeutlichen, schauen wir auf folgendes Beispiel:

```java
public class LambdaVsInnerClassExample
{
    private String outerAttribute = "fromOutside";

    public static void main(final String[] args)
    {
        new LambdaVsInnerClassExample().executeMethodAndLambda();
    }

    private void executeMethodAndLambda()
    {
        // Nicht finale Variable war bis JDK 7 nicht referenzierbar
        /* final */ int effectivelyFinal = 4711;

        final Runnable asNormalMethod = new Runnable()
        {
            @Override
            public void run()
            {
                System.out.println(this);
```

```
        // Nicht finale Variable war bis JDK 7 nicht referenzierbar
        System.out.println("effectivelyFinal = " + effectivelyFinal);
        // Spezielle Syntax zum Zugriff auf Attribute der äußeren Klasse
        System.out.println("outerAttribute = " +
                            LambdaVsInnerClassExample.this.outerAttribute);
      }

      // In inneren Klassen kann man weitere Methoden definieren
      public String anotherMethod()
      {
        return "Anonymous Runnable";
      }
    };

    // Man kann keine weiteren Methoden in Lambdas definieren
    final Runnable asLambda = () ->
    {
      System.out.println(this);
      // Nicht finale Variable war bis JDK 7 nicht referenzierbar
      System.out.println("effectivelyFinal = " + effectivelyFinal);
      System.out.println("outerAttribute = " + outerAttribute);
    };

    asNormalMethod.run();
    asLambda.run();
  }
}
```

Das Programm LAMBDAVSINNERCLASSEXAMPLE produziert folgende Ausgaben:

```
jdk8.LambdaVsInnerClassExample$1@4617c264        // $1 => Innere Klasse
effectivelyFinal = 4711
outerAttribute = fromOutside

jdk8.LambdaVsInnerClassExample@36baf30c
effectivelyFinal = 4711
outerAttribute = fromOutside
```

Zwar sieht man bei der Ausgabe nur einen kleinen Unterschied, jedoch zeigt der Source-code durchaus Unterschiede und Besonderheiten, die oben fett hervorgehoben sind.

Kommen wir kurz auf die Bedeutung von `this` zurück. Diese hat insbesondere Einfluss darauf, wie man auf Attribute der äußeren Klasse zugreifen kann. Im Beispiel muss man für die innere Klasse etwas umständlich `LambdaVsInnerClassExample.this.outerAttribute` schreiben. Für den Lambda nutzt man nur den Variablennamen, also hier `this.outerAttribute` oder kürzer einfach `outerAttribute`.

2.2 Default-Methoden

Beim Entwurf von Lambdas und deren Integration in das JDK stellte sich heraus, dass für eine sinnvolle Nutzbarkeit auch die bestehenden Klassen und Interfaces erweitert werden mussten. Bis zur Einführung von JDK 8 war es allerdings nicht möglich, ein Interface nach seiner Veröffentlichung zu verändern, ohne dass dies Auswirkungen bei allen einsetzenden Klassen gehabt hätte. Vielmehr führte die Erweiterung eines Interface bis inklusive JDK 7 immer zu einem Kompatibilitätsproblem: Wenn eine Methode neu in ein Interface hinzugefügt wurde, musste diese in allen Klassen realisiert werden, die das Interface implementieren. Ansonsten kompilierten einige Klassen so lange nicht mehr, bis die Implementierung der neuen Methode im Nachhinein bereitgestellt wurde.

2.2.1 Interface-Erweiterungen

Um dieses Dilemma und insbesondere Inkompatibilitäten bei Interface-Erweiterungen zu vermeiden, ist es nun mit Java 8 möglich, im Sourcecode eines Interface eine sogenannte Default-Implementierung vorzugeben. Dazu nutzt man das neue Sprachfeature der *Default-Methoden*. Das sind *spezielle Implementierungen von Methoden, die in Interfaces definiert werden können*. Um sie von den normalen abstrakten Methoden in Interfaces zu unterscheiden, werden Default-Methoden mit dem Schlüsselwort `default` eingeleitet. Die Default-Methoden sind eine wichtige Neuerung, um Lambdas für bestehende Funktionalitäten des JDKs gewinnbringend nutzen zu können.

Die Default-Methoden `sort()` und `forEach()`

Lassen Sie uns zwei Erweiterungen näher betrachten. Die erste ist der zuvor genutzte Aufruf von `sort()` direkt auf der Instanz einer `List<E>`. Als Zweites schauen wir auf eine Funktionalität, die eine Iteration über alle Elemente einer Collection und ein Bearbeiten jedes einzelnen Elements ermöglicht.

Beginnen wir mit der Erweiterung im Interface `List<E>`. Dort findet sich nun die Definition von `sort(Comparator<? super E>)` wie folgt (gekürzt):

```java
public interface List<E> extends Collection<E>
{
    default void sort(Comparator<? super E> c)
    {
        Collections.sort(this, c);
    }
}
```

Das Sortieren ist zwar praktisch, aber eine eher spezielle Funktionalität. Gebräuchlicher und allgemeiner sind Iterationen über die Elemente einer Collection. Dazu steht nun die Default-Methode `forEach(Consumer<? super T>)` im Interface `java.lang.Iterable<T>` bereit, das die Basis von `java.util.Collection<E>` und `List<E>` bildet. Die Default-Methode ist folgendermaßen implementiert (gekürzt):

```java
public interface Iterable<T>
{
    default void forEach(Consumer<? super T> action)
    {
        Objects.requireNonNull(action);
        for (T t : this)
        {
            action.accept(t);
        }
    }
}
```

Werfen wir einen kurzen Blick auf das in der Signatur genutzte Functional Interface
`java.util.function.Consumer<T>`. Dort ist die abstrakte Methode `accept(T)`
deklariert, deren Implementierung die für ein Element auszuführende Funktionalität festlegt. Darüber hinaus ermöglicht die Default-Methode `andThen(Consumer<?`
`super T>)` die Hintereinanderausführung mehrerer `Consumer<T>`-Instanzen:

```
@FunctionalInterface
public interface Consumer<T>
{
    void accept(T t);

    default Consumer<T> andThen(Consumer<? super T> after)
    {
        Objects.requireNonNull(after);
        return (T t) -> { accept(t); after.accept(t); };
    }
}
```

Neben dem im Listing gezeigten Functional Interface `Consumer<T>` wurde eine Vielzahl solcher Interfaces in JDK 8 integriert.

Hintergrundwissen: Functional Interfaces

Zum Einsatz von Lambdas sowie zur Ergänzung und Flexibilisierung wurde das
JDK um diverse Functional Interfaces (also SAM-Typen) erweitert. Im Package
`java.util.function` finden sich um die 40 Functional Interfaces, oftmals mit
sprechendem Namen, unter anderem Folgende:

- `Consumer<T>` – Beschreibt eine Aktion auf einem Element vom Typ `T`. Dazu
  ist eine Methode `void accept(T)` definiert.

- `Predicate<T>` – Definiert eine Methode `boolean test(T)`. Diese berechnet für eine Eingabe vom Typ `T` einen booleschen Rückgabewert (z. B.
  `olderThan()`). Damit lassen sich sehr gut Filterbedingungen ausdrücken.

- `Function<T,R>` – Definiert eine Abbildungsfunktion in Form der Methode
  `R apply(T)`. Damit wird ein allgemeines Konzept von Transformationen beschrieben. Recht gebräuchlich ist beispielsweise die Extraktion eines Attributs
  aus einem komplexeren Typ.

- `Supplier<T>` – Stellt ein Ergebnis vom Typ `T` bereit. Im Gegensatz zu
  `Function<T,R>` erhält ein `Supplier<T>` keine Eingabe. Im Interface ist die
  Methode `T get()` deklariert. Damit lassen sich Objekterzeugungen auf verschiedene Weise nachbilden.

- `BiFunction<T,U,R>` und `BiConsumer<T,U>` – Wie `Function<T,R>` bzw.
  `Consumer<T>`, jedoch mit jeweils zwei Eingabewerten vom Typ `T` und `U`.

Auch gibt es Varianten, die auf die Verarbeitung primitiver Typen spezialisiert sind.
Für den Typ `int` sind das folgende: `IntConsumer`, `IntFunction<R>`, `Int-`
`Predicate` und `IntSupplier`. Gleiche gibt es für die Typen `long` und `double`.
Die anderen primitiven Zahlentypen können mithilfe von Widening, einer Typerwei-
terung etwa von `byte` auf `int`, auf die drei unterstützten Typen abgebildet werden.

Lambdas und Default-Methoden im Einsatz

Als Motivation zur Verwendung von Lambdas habe ich im einleitenden Beispiel gezeigt, wie man eine Liste von Namen ihrer Länge nach sortiert und die Längen dann kommasepariert ausgibt. Dazu waren über zehn Zeilen Sourcecode nötig. Mithilfe eines Lambdas als Realisierung des Functional Interface `Consumer<T>` kann man das Ganze kurz und knackig mit drei Zeilen realisieren – genau wie im Ausgangsbeispiel findet man auch hier noch den Schönheitsfehler: ein Komma nach dem letzten Element:

```java
public static void main(final String[] args)
{
    final List<String> names = Arrays.asList("Andy", "Michael", "Max", "Stefan");

    names.sort( (str1, str2) -> Integer.compare(str1.length(), str2.length()) );
    names.forEach(it -> System.out.print(it.length() + ", "));
}
```

Vielleicht fragen Sie sich, wofür `it` steht. Erinnern wir uns an die Transformation von anonymer innerer Klasse in einen Lambda. Demzufolge entspricht der im Lambda genutzte Parameter `it` dem Parameter der abstrakten Methode `accept(T)` im Functional Interface `Consumer<T>`. `it` ist eine gebräuchliche Abkürzung für Parameter beliebigen Typs bei Iterationen. In diesem Fall wäre `name` eine besser lesbare Alternative gewesen.

2.2.2 Vorgabe von Standardverhalten

Neben der Erweiterung eines Interface besteht ein weiterer Anwendungsfall von Default-Methoden darin, für bereits existierende Methoden ein für viele Einsatzzwecke passendes Standardverhalten vorgeben zu können.

Vor JDK 8 musste jeder Implementierer des Interface eine eigene Realisierung bereitstellen. Das war beispielsweise für eigene Implementierungen des Interface `Iterator<E>` und dessen Methode `remove()` sehr häufig der Fall. Fast immer wurde diese so realisiert, dass dort eine `UnsupportedOperationException` ausgelöst wird. Nun ist dieses Standardverhalten im JDK durch die Implementierung der Default-Methode `remove()` umgesetzt. Muss eine eigene Spezialisierungen von `Iterator<E>` erstellt werden, so kann man dadurch auf die Implementierung der Iteration fokussieren und muss sich (meistens) nicht mit `remove()` beschäftigen, da dies ja bereits eine oftmals adäquate Implementierung wie folgt besitzt:

```java
public interface Iterator<E>
{
    boolean hasNext();
    E next();

    default void remove()
    {
        throw new UnsupportedOperationException("remove");
    }

    // ...
}
```

2.2.3 Erweiterte Möglichkeiten durch Default-Methoden

Wie eben gesehen, lässt sich mithilfe von Default-Methoden ein gewünschtes Standard-verhalten vorgeben. In Spezialisierungen können natürlich eigene Realisierungen für Default-Methoden bereitgestellt werden, in der man bei Bedarf eine Spezialbehandlung implementieren kann.

Das mag noch etwas merkwürdig klingen, wird aber sofort klar, wenn wir auf ein konkretes Beispiel schauen z. B. das Sortieren von Listen. Im Interface `List<E>` gibt es dazu die bereits vorgestellte Default-Methode `sort(Comparator<? super E>)`. In der Klasse `ArrayList<E>` wird für die Default-Methode darüber hinaus eine spezielle Implementierung vorgenommen, die eine performantere Sortierung realisiert.

Beispiel: Allgemeingültiges Sortieren von Listen

Die im Interface `List<E>` definierte Default-Methode zum Sortieren nutzt die Utility-Klasse `Collections`, in der das Sortieren von Listen wie folgt realisiert wird:

```
// Auszug aus java.util.Collections
public static <T> sort(List<T> list, Comparator<? super T> c)
{
    // Schritt 1: Liste in ein temporäres Array übertragen
    Object[] a = list.toArray();
    // Schritt 2: Array sortieren
    Arrays.sort(a, (Comparator)c);
    // Schritt 3: Array zurück in die Liste übertragen
    ListIterator<T> i = list.listIterator();
    for (int j=0; j<a.length; j++)
    {
        i.next();
        i.set((T)a[j]);
    }
}
```

Anhand des Listings erkennen wir, dass im Wesentlichen drei Schritte ausgeführt werden: Zunächst wird die Liste in ein temporäres Array kopiert, dann wird dieses sortiert und anschließend wieder zurück in die Liste übertragen.

Es sind also zur eigentlichen Sortierung noch zusätzlich mehrere Kopier- bzw. Einfügeoperationen in und aus einem Array erforderlich. Diese Schritte verbrauchen Rechenzeit und auch zusätzlichen Speicher. Beides wirkt sich bei zunehmender Anzahl an gespeicherten Elementen negativ aus. Einen solchen Preis muss man jedoch oftmals zahlen, wenn man eine allgemeingültige Lösung realisiert. Der Grund dafür ist, dass diese Art von Lösung verschiedene Einschränkungen besitzt und nicht von Eigenschaften der Spezialisierungen profitieren kann. Betrachten wir dies für die `ArrayList<E>` als Spezialisierung von `List<E>`.

Realisierung einer Spezialbehandlung

Für die `ArrayList<E>` kann man die gezeigte allgemeingültige Sortierimplementierung für beliebige `List<E>` performanter gestalten. Dabei nutzt man aus, dass die `ArrayList<E>` ihre Daten bereits in Form eines Arrays hält. Die Sortierung kann somit direkt auf der internen Datenstruktur erfolgen, wodurch sowohl die Umwandlung in ein temporäres Array als auch die Rückkonvertierung entfallen (können):

```java
// Auszug aus java.util.ArrayList<E>
public void sort(Comparator<? super E> c)
{
    final int expectedModCount = modCount;
    Arrays.sort((E[]) elementData, 0, size, c);
    if (modCount != expectedModCount)
    {
        throw new ConcurrentModificationException();
    }
    modCount++;
}
```

Im Listing sehen wir mit dem Modifikationszähler in Form der Variablen `modCount` ein Detail der Fail-Fast-Implementierung aus dem Collections-Framework. Mithilfe dieses Zählers, der bei jeder Modifikation erhöht wird, können potenzielle Veränderungen erkannt und so mögliche Fehler durch nebenläufige Veränderungen entdeckt werden.

2.2.4   Spezialfall: Was passiert bei Konflikten?

Wenn nun die Definition von Default-Methoden möglich ist, sollte man sich auch über potenzielle Konflikte Gedanken machen. Es ist durchaus üblich, dass eine Klasse zwei oder mehr Interfaces implementiert. Nehmen wir nun an, zwei Interfaces würden um eine gleichnamige Default-Methode `sameMethod(int)` wie folgt erweitert:

```java
interface Interface1
{
    default int sameMethod(final int x)
    {
        return 0;
    }
}

interface Interface2
{
    default int sameMethod(final int x)
    {
        return 4711;
    }
}

class ErroneousCombination implements Interface1, Interface2
{
}
```

Durch diese Implementierung entsteht ein Konflikt: Der Compiler kann die zu nutzende Methode nicht mehr selbstständig wählen. Es wird folgender Kompilierfehler ausgelöst: »Duplicate default methods named sameMethod with the parameters (int) and (int) are inherited from the types Interface2 and Interface1«. Um diesen Fehler zu beheben, muss vom Entwickler steuernd eingegriffen werden. Zwei mögliche Abhilfen stelle ich nun kurz vor.

Lösung 1

Eine Möglichkeit, um einen solchen Konflikt zu lösen, besteht darin, eine eigene Methodenimplementierung vorzugeben:

```java
public class Correction1 implements Interface1, Interface2
{
    public int sameMethod(int x)
    {
        return 7;
    }
}
```

Lösung 2

Statt einer eigenen Realisierung kann alternativ ein Aufruf der Funktionalität einer der Default-Methoden gewünscht sein. Das kann mit folgender spezieller Syntax mit Angabe des Namens in Kombination mit super erfolgen:

```java
public class Correction2 implements Interface1, Interface2
{
    public int sameMethod(int x)
    {
        return Interface1.super.sameMethod(x);
    }
}
```

2.2.5   Vorteile und Gefahren von Default-Methoden

Default-Methoden rufen bei mir gemischte Gefühle hervor, weshalb ich nochmals kurz deren Stärken und mögliche Fallstricke rekapitulieren möchte. Default-Methoden ...

- ermöglichen *API-Erweiterungen* unter der Beibehaltung von *Rückwärtskompatibilität*,
- erlauben es, ein gewünschtes *Standardverhalten vorzugeben*,
- kann man überschreiben. Damit wird es bei Bedarf möglich, ein durch das Basisinterface vorgegebenes Verhalten bzw. eine *Spezialbehandlung* zu modifizieren oder zu ersetzen.

Durch diese Eigenschaften stellen Default-Methoden zweifellos eine wichtige Erweiterung von Java dar, ohne die eine Integration der neuen Funktionalitäten von Lambdas

in das Collections-Framework und in andere Teile der JDK-Bibliotheken nur unzureichend möglich gewesen wäre – das werden wir später noch ausführlich bei der Besprechung der Streams in Abschnitt 3.3 erfahren. In dieser Hinsicht sind Default-Methoden
für API-Designer und Framework-Entwickler ein geeignetes Konstrukt, um eine sanfte,
evolutionäre Entwicklung von APIs vornehmen zu können. Dies hat die Integration der
neuen Funktionalitäten in das JDK 8 bereits gezeigt.

Andererseits öffnen Default-Methoden Tür und Tor für eine laxe Programmierung
mit zu wenig Fokus auf sauberes Design, da sich ja nachträglich immer noch Funktionalität in das System »hineinquetschen« lässt. Außerdem unterstützt Java durch Default-
Methoden nun auch Mehrfachvererbung: Glücklicherweise umfasst diese lediglich Verhalten und nicht Zustand. Letzteres hatte James Gosling aufgrund der damit möglichen
und aus C++ bekannten Designprobleme bewusst aus Java herausgehalten.

Fallstrick mit JDK 8: Default-Methoden und Zugriff auf Attribute

Spontan könnte man auf die Idee kommen, das neue Feature der Default-Methoden
dazu einzusetzen, um Zugriffsmethoden und sogar bereits Attribute bereitzustellen,
etwa in Form folgender Implementierung:

```java
public interface MisleadingDefaultMethods
{
    String name = "<Name>";      // public static final

    default void setName(final String newName)
    {
        this.name = newName;
    }

    default String getName()
    {
        return this.name;
    }
}
```

Zunächst sieht die Implementierung in Ordnung aus, jedoch kompiliert sie nicht.
Entgegen der reinen Notation im Sourcecode, die man für die Definition eines In-
stanzattributs halten könnte, sind alle Attribute in Interfaces gemäß JLS implizit immer `public`, `static` und `final` und somit Klassenattribute. Ein Zugriff per `this`
ist damit nicht möglich und löst Kompilierfehler aus. Selbst wenn man Zugriffe auf
Klassenattribute realisieren möchte, so sind nur Lesezugriffe möglich, da die statischen Attribute laut JLS `final` sind.

2.2.6   Statische Methoden in Interfaces

Interfaces können mit Java 8 nicht nur Default-Methoden, sondern auch statische Methoden enthalten. Damit wird es möglich, Hilfsmethoden direkt in Interfaces bereitzustellen und dafür keine separaten Utility-Klassen anbieten zu müssen. Diese Konstellati-
on kennt man zum einen aus dem JDK und zum anderen wohl auch aus eigenen Projekten. Beispiele aus dem JDK im Package `java.nio.file` sind etwa die Utility-Klasse

`Paths` zum Interface `Path` oder die Kombination von der Utility-Klasse `Executors` und dem Interface `Executor` aus dem Package `java.util.concurrent`.

Im JDK 8 finden sich viele Beispiele, in denen man die Hilfsmethoden statt in einer eigenen Utility-Klasse direkt im Interface selbst implementiert hat. Dies gilt etwa für das Interface `Comparator<T>`. Nachfolgendes Listing zeigt nur auszugsweise einige statische Erzeugungsmethoden für spezielle Komparatoren, hier für eine umgedrehte Sortierung, die natürliche Ordnung sowie Sortierungen, die `null`-Werte vorne bzw. hinten einsortieren:

```
@FunctionalInterface
public interface Comparator<T>
{
    // ...

    public static <T extends Comparable<? super T>> Comparator<T> reverseOrder()
    {
        return Collections.reverseOrder();
    }

    public static <T extends Comparable<? super T>> Comparator<T> naturalOrder()
    {
        return (Comparator<T>) Comparators.NaturalOrderComparator.INSTANCE;
    }

    public static <T> Comparator<T> nullsFirst(Comparator<? super T> comparator)
    {
        return new Comparators.NullComparator<>(true, comparator);
    }

    public static <T> Comparator<T> nullsLast(Comparator<? super T> comparator)
    {
        return new Comparators.NullComparator<>(false, comparator);
    }

    // ...
}
```

Zwar lassen sich mithilfe statischer Methoden in Interfaces auf einfache Art gewisse Funktionalitäten bereitstellen, allerdings *sollte man sich aber bewusst sein, dass man damit das Konzept des Interface zur Definition einer Schnittstelle immer mehr verwässert*. Aber nicht nur das! In diesem Beispiel erkennen wir, dass die eigentliche Schnittstellenbeschreibung nun Abhängigkeiten von diversen speziellen Klassen und Implementierungsdetails besitzt. Für diese Realisierung im JDK ist das wohl nicht so kritisch. *Für eigene Interfaces sollte man aber sehr genau überlegen, ob man dort statische Methoden anbieten möchte und welche möglichen Auswirkungen und Abhängigkeiten sich dadurch ergeben.* Deklariert man dagegen lediglich Methoden in Interfaces, nimmt also eine reine Schnittstellenbeschreibung vor, so lassen sich diese Interfaces meistens viel leichter auch in andere Projekte integrieren, ohne eine (unerwartete) Menge von weiteren Abhängigkeiten anzuziehen.

2.3 Methodenreferenzen

Wir haben bisher gesehen, wie sich Lambdas gewinnbringend einsetzen lassen. Darüber hinaus kann der Einsatz der mit JDK 8 eingeführten Methodenreferenzen dazu beitragen, die Lesbarkeit des Sourcecodes zu erhöhen. Das Sprachfeature der Methodenreferenzen besitzt die Syntax: `Klasse::Methodenname` und verweist auf ...

- eine Methode – `System.out::println`, `Person::getName`, ...
- einen Konstruktor – `ArrayList::new`, `Person[]::new`, ...

Das wirkt recht unspektakulär. Eine Methodenreferenz kann aber zur Vereinfachung der Schreibweise anstelle eines Lambdas genutzt werden:

```java
public static void main(final String[] args)
{
    final List<String> names = Arrays.asList("Max", "Andy", "Michael", "Stefan");

    // Lambda
    names.forEach( it -> System.out.println(it) );

    // Methodenreferenz
    names.forEach( System.out::println );
}
```

Wie man sieht, verbessert sich die Lesbarkeit. Allerdings sollte man sich noch folgende Fragen zu der Ersetzung stellen: Methoden erhalten oftmals Parameter – wie auch im Listing. Wie werden diese für Methodenreferenzen übergeben? Wie ist die Reihenfolge bei mehreren? Die Antwort darauf ist, dass diese Informationen vom Compiler ermittelt und automatisch beim jeweiligen Methodenaufruf übergeben werden.

Ergänzend zu dieser Ausführung möchte ich an ein paar Beispielen zeigen, wie sich Methodenreferenzen auf Lambdas bzw. andersherum abbilden lassen. Dabei gibt es vier verschiedene Varianten, die in Tabelle 2-1 dargestellt sind.

Tabelle 2-1 Methodenreferenzen

Referenz auf ...	Als Methodenreferenz	Als Lambda
Statische Methode	`String::valueOf`	`obj -> String.valueOf(obj)`
Instanzmethode eines Typs	`Object::toString`	`obj -> obj.toString()`
	`String::compareTo`	`(str1, str2) -> str1.compareTo(str2)`
Instanzmethode eines Objekts	`person::getName`	`() -> person.getName()`
Konstruktor	`ArrayList::new`	`() -> new ArrayList<>()`

Spezialfall

Wir haben eben gesehen, wie sich Methodenreferenzen und Lambdas ineinander überführen lassen. Dabei gilt: Ein Lambda ist immer dann durch eine Methodenreferenz
ersetzbar, wenn neben dem Methodenaufruf keine weiteren Aktionen in dem Lambda
erfolgen. Des Öfteren möchte man aber möglicherweise noch einige weitere Anweisungen ausführen, beispielsweise eine Konkatenation eines Kommas für eine kommaseparierte Ausgabe. Dazu muss man (zunächst) einen Lambda nutzen:

```java
public static void main(final String[] args)
{
    final List<String> names = Arrays.asList("Max", "Andy", "Michael", "Stefan");

    // names.sort((str1, str2) -> Integer.compare(str1.length(), str2.length()));
    names.sort(MethodReferenceExample::stringLengthCompare);

    // Methodenreferenz nachfolgend nicht direkt nutzbar
    names.forEach(it -> System.out.print(it.length() + ", "));
}

public static Comparator<String> stringLengthCompare()
{
    return (str1, str2) -> Integer.compare(str1.length(), str2.length());
}
```

Natürlich kann man diesen Lambda in eine Methodenreferenz überführen. Wir definieren eine eigene Methode `commaSeparatedPrint()` und rufen diese wie folgt auf:

```java
public static void main(final String[] args)
{
    final List<String> names = Arrays.asList("Andy", "Michael", "Max", "Stefan");

    names.sort(stringLengthCompare());
    names.forEach(MethodReferenceExample::commaSeparatedPrint);
}

public static Consumer<String> commaSeparatedPrint()
{
    return it -> System.out.print(it.length() + ", ");
}

// ...
```

2.4 Fazit

In diesem Kapitel haben wir gelernt, dass Lambdas überall dort eingesetzt werden können, wo vor JDK 8 eine anonyme innere Klasse zur Implementierung eines SAM-Typs
benötigt wurde. Als Beispiele wurden verschiedene funktionale Interfaces mithilfe von
Lambdas implementiert, wodurch weniger Sourcecode benötigt wurde. Darüber hinaus
lässt sich mitunter Funktionalität einfacher beschreiben, insbesondere dann, wenn man
auf Daten der umgebenden Klasse zugreifen möchte und dazu die `this`-Referenz benötigt. Mit anonymen inneren Klassen gibt es dabei syntaktische Besonderheiten: Die

`this`-Referenz auf die äußere Klasse muss immer mit deren Klassennamen qualifiziert werden, was die Lesbarkeit erschwert. Aber auch Lambdas sind (vor allem am Anfang) nicht immer einfach zu lesen. Hier gilt wie bei jedem Feature: Man sollte es mit Bedacht und wo es sinnvoll ist einsetzen.

Alternativ zu Lambdas und oftmals eleganter ist es, die Funktionalität als Methode zu realisieren und diese über eine Methodenreferenz anzusprechen. Wenn Lambdas länger als etwa fünf bis zehn Zeilen werden, so sollte man sich überlegen, die Funktionalität in Form von Klassen oder Methoden zu realisieren, um deren potenzielle Wiederverwendbarkeit zu erhöhen. Die Argumentation für Lambdas gilt ebenso für anonyme innere Klassen. In beiden Fällen existiert sonst einiger Sourcecode, der nicht aus anderen Kontexten (anderen Klassen, Methoden, Lambdas) zugreifbar ist und somit auch nicht wiederverwendet werden kann.[1]

---

[1] Außer natürlich über Copy-Paste, wodurch es dann aber schnell zu einem Wartungsalbtraum kommen kann. Ähnliche Probleme beschreibt BAD SMELL: UNVOLLSTÄNDIGE ÄNDERUNGEN NACH COPY-PASTE in meinem Buch »Der Weg zum Java-Profi« [4].

3 Bulk Operations on Collections

Neben der kürzeren Schreibweise für SAM-Typen lassen sich Lambdas insbesondere bei der Formulierung von Algorithmen und bei der Verarbeitung von Daten in Collections vorteilhaft einsetzen. Mit JDK 8 wurden zwei Varianten von Massenoperationen auf Collections (Bulk Operations on Collections) eingeführt. Zum einen sind dies Erweiterungen in den jeweiligen Interfaces, etwa List<E>. Zum anderen sind dies sogenannte Streams. Diese liefern die Schnittstelle zur funktionalen Programmierung und bieten eine effiziente Möglichkeit zur Parallelisierung, wodurch sich die Fähigkeiten von Multicore-Maschinen besser ausnutzen lassen. Vor JDK 8 musste dies explizit ausprogrammiert werden – weil das aufwendig war, wurden Daten in Collections oftmals sequenziell verarbeitet. Wurde doch Parallelität benötigt, so konnte man beispielsweise auf das mit JDK 7 eingeführte Fork-Join-Framework zurückgreifen. Allerdings möchte man sich als Applikationsentwickler eigentlich möglichst wenig mit den zugrunde liegenden Details auseinandersetzen müssen, insbesondere auch nicht mit einer geeigneten Zerlegung der Aufgabe in einzelne durch Fork-Join zu verarbeitende Tasks. In der Regel besteht der Wunsch, sich auf einer höheren, konzeptionellen Ebene mit dem Thema Parallelisierung beschäftigen zu können. Mit JDK 8 und Streams wird dies möglich.

Bevor wir uns genauer mit Streams beschäftigen, werfen wir in Abschnitt 3.1 als Vorbereitung einen Blick auf zwei Varianten der Iteration. In Abschnitt 3.2 schauen wir dann auf API-Erweiterungen im Collections-Framework. Anschließend behandeln wir Streams und im Speziellen das Filter-Map-Reduce-Framework in den Abschnitten 3.3 und 3.4. Abgerundet wird dieses Kapitel durch eine Betrachtung möglicher Fallstricke der funktionalen Programmierung mit Java 8 in Abschnitt 3.5.

3.1 Externe vs. interne Iteration

Mit *Iteration* bezeichnet man das *Durchlaufen einer Collection*. Dies kann als externe oder als interne Iteration geschehen. Dabei bedeutet externe Iteration, dass die Collection das Durchlaufen unterstützt, etwa durch indizierte Zugriffe oder aber mithilfe eines java.util.Iterators. Hier wird der Vorgang der Iteration vom Aufrufer kontrolliert. Bei der internen Iteration wird der Vorgang des Durchlaufens dagegen durch die Collection-Klasse gekapselt und dort intern realisiert. Implementierungsdetails bleiben so verborgen, allerdings sind auch die Möglichkeiten zur Einflussnahme begrenzt. Schauen wir nachfolgend kurz auf einige Beispiele für die externe und interne Iteration.

3.1.1   Externe Iteration

Nehmen wir an, wir wollten alle Elemente einer Collection auf der Konsole ausgeben. Herkömmlicherweise könnte man dies wie folgt implementieren:

```java
final List<String> names = Arrays.asList("Andi", "Mike", "Ralph", "Stefan" );

// Klassische Variante mit Iterator ...
final Iterator<String> it = names.iterator();
while (it.hasNext())
{
    System.out.println(it.next());
}

// ... oder alternativ mit indiziertem Zugriff
for (int i = 0; i < names.size(); i++)
{
    System.out.println(names.get(i));
}

// JDK-5-Schreibweise mit "for-each"
for (final String name : names)
{
    System.out.println(name);
}
```

An diesem Beispiel erkennt man sehr schön die iterative und sequenzielle Abarbeitung sowohl für die Variante mit Iterator als auch für den danach gezeigten indizierten Zugriff. Die Variante mit der seit JDK 5 verfügbaren sogenannten for-each-Schleife[1] zeigt den sequenziellen Charakter weniger klar.[2] In allen drei Fällen spricht man von *externer Iteration*, weil die *Traversierung im Applikationscode programmiert* wird.

3.1.2   Interne Iteration

Mit JDK 8 wurden die Klassen des Collections-Frameworks derart erweitert, dass sie verschiedene Verarbeitungsmethoden anbieten, die man bisher über `for`- oder `while`-Schleifen – wie oben im Listing – selbst programmieren musste. Erweiterungen sind die schon verwendeten Methoden `sort(Comparator<? super T>)` und `forEach(Consumer<? super T>)`. In beiden Fällen (und auch im Allgemeinen) übergibt man die in der internen Iteration auszuführende Funktionalität. Dazu sind verschiedene Callback-Interfaces definiert. Seit JDK 8 bieten sich zu deren Implementierung Lambdas und Default-Methoden an:

```java
// Interne Iteration in drei Varianten
names.forEach((String name) -> { System.out.println(name); });
names.forEach(name -> System.out.println(name) );
names.forEach(System.out::println);
```

---

[1]Leider wurde kein neues Schlüsselwort `foreach` eingeführt, sondern das Schlüsselwort `for` etwas missbraucht.

[2]Sie erleichtert lediglich die Schreibweise, stellt sogenannten syntaktischen Zucker dar und wird beim Kompilieren in eine externe Iteration mit Iterator umgewandelt.

Die im Listing gezeigte Form wird *interne Iteration* genannt. Hierbei muss die Iteration nicht vom Entwickler selbst programmiert werden, sondern diese *wird im Framework realisiert*. Man übergibt – wie bereits gesehen – nur die auszuführende Aktion.

3.1.3 Externe vs. interne Iteration an einem Beispiel

Zwar kennen wir jetzt die Begriffe, jedoch sind die Unterschiede und Auswirkungen möglicherweise noch nicht wirklich greifbar. Daher möchte ich an einem Beispiel die Vorteile einer internen Iteration verdeutlichen.

Externe Iteration   Nehmen wir an, es wäre eine Hilfsmethode zu realisieren, die eine Aktion für die Objekte einer Liste ausführen soll, z. B. alle in einem Malprogramm selektierten Figuren etwas heller darzustellen. Als externe Iteration würde man dies etwa folgendermaßen realisieren:

```
public static void brightenExtern(final List<GraphicsFigure> selectedFigures)
{
    for (final GraphicsFigure figure : selectedFigures)
    {
        brighten(figure);
    }
}
```

Diese Lösung besitzt die zuvor angedeuteten Eigenschaften der vom Aufrufer kontrollierten und durchgeführten Iteration. Nachteilig ist in der Regel, dass diese sequenziell abläuft. Darüber hinaus wird die Funktionalität und die Iteration an sich miteinander gemischt – hier wiegt es nicht so schwer, da durch den Methodenaufruf recht gut für Klarheit gesorgt wird.

Interne Iteration   Schauen wir nun auf die korrespondierende interne Iteration:

```
public static void brightenIntern(final List<GraphicsFigure> selectedFigures)
{
    selectedFigures.forEach(figure ->
    {
        brighten(figure);
    });
}
```

Auf den ersten Blick sieht diese Implementierung mit Lambda kaum anders aus als die externe Variante. Dieser Eindruck täuscht, insbesondere weil ich hier bewusst eine ähnliche Formatierung des Sourcecodes gewählt habe. Rekapitulieren wir zunächst nochmals, dass hier die Iteration durch das Framework, also den Implementierer von `forEach(Consumer<? super T>)`, realisiert wird. Dies bietet vor allem den Vorteil, dass theoretisch eine Parallelverarbeitung erfolgen kann, solange die Aktionen für die einzelnen Elemente voneinander unabhängig sind. Ebenfalls kann bei interner Iteration bei Bedarf die Reihenfolge der Verarbeitung von der sequenziellen abweichen.

Der ganz entscheidende Unterschied ist aber, dass zur Berechnung ein Lambda genutzt wird. Durch Einsatz des SAM-Typs `Consumer<T>` kann man mit ein wenig Erfahrung die obige Methode mit minimalem Aufwand wie folgt verallgemeinern, sodass die Abarbeitung beliebiger `Consumer<T>` möglich wird:

```java
public static void process(final Collection<GraphicsFigure> figures,
                           final Consumer<GraphicsFigure> consumer)
{
    figures.forEach(consumer);
}
```

Um die Funktionalität der Aufhellung zu realisieren, können wir der obigen Methode dann einen passenden `Consumer<GraphicsFigure>` wie folgt übergeben:

```java
final Consumer<GraphicsFigure> brighten = figure -> brighten(figure);
process(figures, brighten);
```

Man benötigt wenig Fantasie, um zu erkennen, welche Vielfalt an Möglichkeiten sich daraus ergibt, wenn man andere Realisierungen von `Consumer<GraphicsFigure>` nutzt und somit beliebige Funktionalität ausführen kann. Wir beginnen zu erahnen, was funktionale Programmierung ausmacht: Man kann Funktionalität in Form von Sourcecode als Parameter übergeben (»Code as Data«) und an beliebiger Stelle ausführen. Wenn wir noch ein wenig darüber nachdenken, erkennen wir, dass die Methode `process()` überflüssig ist und man nur einen Lambda und die Iteration benötigt:

```java
final Consumer<GraphicsFigure> brighten = figure -> brighten(figure);
figures.forEach(brighten);
```

Diese Herleitung mag dem Geübten klar sein, für Einsteiger dient sie vor allem dem Warmwerden mit der neuen Denkweise und der neuen Art zu programmieren.

Hinweis: Preconditions und Parameterprüfung mit interner Iteration

Nicht nur in der eigentlichen Programmlogik, sondern auch für Zustandsprüfungen kann man von interner Iteration profitieren. Zur Demonstration schauen wir uns eine typische Realisierung einer Methode an, die Aktionen für diejenigen Elemente einer Collection ausführt, die eine bestimmte Bedingung erfüllen:

```java
public static void doAction(final List<Person> persons)
{
    // Zustandsprüfung
    Objects.requireNonNull(persons, "list of persons must not be null");

    final Iterator<Person> it = persons.iterator();
    while (it.hasNext())
    {
        final Person person = it.next();
        // Sicherheitsprüfung und Logik
        if (person != null && accept(person))
        {
            performAction(person);
            // ...
```

Wir konzentrieren uns hier auf die Prüfung gültiger Eingaben: Oftmals wird zwar – wie auch hier – sichergestellt, dass der oder die Übergabeparameter ungleich `null` sind. Seit JDK 7 nutzt man dazu sinnvollerweise die Methode `Objects.require-NonNull()`. Aufwendiger gestaltet es sich häufig, die einzelnen Elemente auf Gültigkeit bzw. zumindest auf ungleich `null` zu testen. Im obigen Listing wird dies in Kombination mit der eigentlichen Anwendungslogik realisiert. Das spart zwar Schreibaufwand und ist etwas performanter, jedoch vermischt man hier Zustandsprüfung und Anwendungslogik. Dadurch lässt sich häufig die Funktionalität schwieriger lesen und extrahieren. Erschwerend kommt hinzu, dass man fehlerhafte Eingaben verschleiert und diese Fehlersituation stillschweigend behandelt. Das sollte man für ein klares Design – wenn möglich – vermeiden. Eine zusätzliche externe Iteration zur Konsistenzprüfung wirkt allerdings auch nicht sonderlich elegant:

```
// Prüflogik mit externer Iteration
for (final Person person : persons)
{
    Objects.requireNonNull(person);
}
```

Wenn wir aber eine interne Iteration mit `forEach(Consumer<? super T>)` mit Methodenreferenzen kombinieren, lässt sich die Zustandsprüfung wie folgt klarer realisieren und fügt sich dadurch nahtlos in die anderen Prüfungen ein:

```
// Prüflogik mit interner Iteration und Methodenreferenz
persons.forEach(Objects::requireNonNull)
```

Auf diese Weise kann man mit Zustandsprüfungen für die Einhaltung von Preconditions sorgen, wodurch sich nachfolgende Programmteile auf eine korrekte Initialisierung verlassen können. Das Ganze hat allerdings seinen Preis: Die Iteration über die Elemente erfolgt nun zweimal, wodurch sich die Performance verschlechtert. Das ist zu bedenken, wenn man performancekritische Abschnitte überarbeiten muss.

3.2 Collections-Erweiterungen

Neben der bereits eingesetzten Iteration mit `forEach(Consumer<? super T>)` existieren diverse weitere Beispiele für diese Art der internen Iteration im JDK. Einige wichtige finden wir im Collections-Framework, die wir im Anschluss betrachten, wobei wir zunächst dafür grundlegende funktionale Interfaces kennenlernen werden.

3.2.1 Das Interface `Predicate<T>`

Das funktionale Interface `java.util.function.Predicate<T>` erlaubt es, sogenannte *Prädikate* zu formulieren. Das sind boolesche Bedingungen, die durch Aufruf der im Interface definierten Methode `boolean test(T)` ausgewertet werden. Darüber hinaus sind ein paar andere Methoden im Interface `Predicate<T>` wie folgt definiert (gekürzt):

```
@FunctionalInterface
public interface Predicate<T>
{
    boolean test(T t);

    default Predicate<T> and(Predicate<? super T> other) { ... }
    default Predicate<T> negate() { ... }
    default Predicate<T> or(Predicate<? super T> other) { ... }
}
```

Auf die gezeigten Default-Methoden gehe ich ein, nachdem ich einige Beispiele für Implementierungen des Interface selbst und der `test(T)`-Methode gegeben habe.

Im nachfolgenden Listing sind mithilfe von Lambdas und Methodenreferenzen einfache Prüfungen auf den Wert `null`, einen Leerstring oder ein Mindestalter von 18 Jahren kurz und knackig formuliert:

```
public static void main(final String[] args)
{
    // Prädikate formulieren
    final Predicate<String> isNull = str -> str == null;
    final Predicate<String> isEmpty = String::isEmpty;
    final Predicate<Person> isAdult = person -> person.getAge() >= 18;

    System.out.println("isNull(''):       " + isNull.test(""));
    System.out.println("isEmpty(''):      " + isEmpty.test(""));
    System.out.println("isEmpty('Pia'):   " + isEmpty.test("Pia"));
    System.out.println("isAdult(Pia):     " + isAdult.test(new Person("Pia", 55)));
}
```

Führt man das Programm FIRSTPREDICATESEXAMPLE aus, so werden die Prädikate erwartungsgemäß wie folgt ausgewertet:

```
isNull(''):       false
isEmpty(''):      true
isEmpty('Pia'):   false
isAdult(Pia):     true
```

Komplexere Bedingungen mit Prädikaten formulieren

Zwar kann man mit einfachen Prädikaten schon einige Anwendungsfälle abdecken. Zur Realisierung komplexerer Abfragen wird man jedoch verschiedene Bedingungen miteinander kombinieren wollen. Um boolesche Verknüpfungen auszuführen, bietet sich oftmals der Einsatz der folgenden drei Default-Methoden an:

- ■ `negate()` – Negiert die Bedingung.
- ■ `and(Predicate<? super T>)` – Verknüpft die aktuelle Bedingung mit einer anderen Bedingung mit logischem UND.
- ■ `or(Predicate<? super T>)` – Verknüpft die aktuelle Bedingung mit einer anderen Bedingung mit logischem ODER.

Mit diesem Wissen bauen wir unser Beispiel ein wenig aus und richten den Fokus dabei auf die Kombination von Prädikaten.

```java
public static void main(final String[] args)
{
    final List<Person> persons = createDemoData();

    // Einfache Prädikate formulieren
    final Predicate<Person> isAdult = person -> person.getAge() >= 18;
    final Predicate<Person> isMale = person -> person.getGender() == Gender.MALE;

    // Negation einzelner Prädikate
    final Predicate<Person> isYoung = isAdult.negate();
    final Predicate<Person> isFemale = isMale.negate();

    // Kombination von Prädikaten mit AND
    final Predicate<Person> boys = isMale.and(isYoung);
    final Predicate<Person> women = isFemale.and(isAdult);

    // Kombination von Prädikaten mit OR
    final Predicate<Person> boysOrWomen = boys.or(women);

    removeAll(persons, boysOrWomen);
    System.out.println(persons);
}
```

Im Listing sehen wir den Aufruf der erst im nächsten Abschnitt gezeigten Methode `removeAll(List<E>, Predicate<E>)`, deren Funktionalität intuitiv verständlich ist und Elemente entfernt, die der übergebenen Bedingung entsprechen. In diesem Beispiel sind dies alle männlichen Personen unter 18 sowie alle erwachsenen Frauen.

3.2.2 Die Methode `Collection.removeIf()`

Wie im Beispiel schon angedeutet, lassen sich Prädikate für das Löschen von Elementen, die einer Bedingung genügen, einsetzen. Herkömmlicherweise lässt sich dies mit externer Iteration recht mühsam mithilfe eines Iterators in etwa wie folgt lösen:

```java
// Löschen von Elementen mit externer Iteration
private static <E> void removeAll(final List<E> list,
                                  final Predicate<? super E> condition)
{
    final Iterator<E> it = list.iterator();
    while (it.hasNext())
    {
        final E element = it.next();
        if (condition.test(element))
        {
            it.remove();
        }
    }
}
```

Praktischerweise wurden in JDK 8 im Interface `Collection<E>` verschiedene Methoden hinzugefügt. Dort findet man z. B. die Methode `removeIf(Predicate<T>)`, die funktional analog zur eben selbst realisierten Methode `removeAll(List<E>, Predicate<E>)` arbeitet, dabei jedoch eine interne Iteration nutzt. Die genannte

Methode wollen wir wieder am Beispiel der Liste von Personen kennenlernen. Aus dieser sollen diejenigen Einträge herausgelöscht werden, die einen Leereintrag darstellen. Das realisieren wir mit der Methode `removeIf(Predicate<T>)`, der als Eingabe vom Typ `Predicate<T>` eine Methodenreferenz auf `String::isEmpty` dient:

```java
public static void main(final String[] args)
{
    final List<String> names = createDemoNames();

    // Löschaktionen ausführen
    names.removeIf(String::isEmpty)
    System.out.println(names);
}

private static List<String> createDemoNames()
{
    final List<String> names = new ArrayList<>();
    names.add("Max");
    names.add("");                  // Leereintrag
    names.add("Andy");
    names.add("Michael");
    names.add("   ");               // potenziell auch ein "Leereintrag"
    names.add("Stefan");
    return names;
}
```

Starten wir das Programm REMOVEIFEXAMPLE, so wird die beschriebene Löschoperation ausgeführt und es kommt zu folgender Ausgabe:

```
[Max, Andy, Michael,    , Stefan]
```

Wir sehen, dass der Whitespace-Eintrag in der Liste verblieben ist. Eine minimal komplexere Bedingung hilft, auch diesen Eintrag zu entfernen:

```java
names.removeIf(str -> str.trim().isEmpty());
```

Die gezeigte Umsetzung birgt jedoch die Gefahr von `NullPointerExceptions`, wenn die Eingabewerte auch den Wert `null` enthalten können. Statt den Lambda etwas komplexer zu gestalten, wollen wir nachfolgend als Alternative und zur Korrektur die mit JDK 8 im Interface `List<E>` neu eingeführte Methode `replaceAll(Unary-Operator<T>)` verwenden. In der Signatur sehen wir den bisher unbekannten Typ `UnaryOperator<T>`, den wir zunächst kurz anschauen, bevor wir dann auf das Löschen von Einträgen zurückkommen.

3.2.3   Das Interface `UnaryOperator<T>`

Im funktionalen Interface `java.util.function.UnaryOperator<T>` selbst ist lediglich die statische Methode `identity()` definiert. Entscheidender ist, dass es über sein Basisinterface `Function<T,R>` die Methode `apply(T)` anbietet. Diese bildet ein Element vom Typ `T` auf ein Element vom Typ `R` ab. Für den `UnaryOperator<T>` sind die Typen `T` und `R` gleich (Interfaces sind nachfolgend auf das Wesentliche gekürzt):

```
@FunctionalInterface
public interface UnaryOperator<T> extends Function<T, T>
{
    // Statische Methoden seit JDK 8 in Interfaces erlaubt
    static <T> UnaryOperator<T> identity()
    {
        return t -> t;
    }
}

@FunctionalInterface
public interface Function<T, R>
{
    R apply(T t);
    // ...
}
```

Das Ganze ist noch etwas abstrakt, daher schauen wir uns verschiedene Realisierungen von `UnaryOperator<String>` an: Man könnte etwa alle mit »M« startenden Namen speziell markieren und mit Großbuchstaben schreiben (`markTextWithM`). Für die Praxis eher relevante Beispiele bestehen in dem gezeigten Trimmen (`trimmer`) und der Abbildung von `null`-Werten auf gewünschte Defaultwerte (`mapNullToEmpty`). Die korrespondierenden `UnaryOperator<String>`s realisieren wir wie folgt:

```
public static void main(final String[] args)
{
    // Mark
    final UnaryOperator<String> markTextWithM = str -> str.startsWith("M") ?
                                        ">>" + str.toUpperCase() + "<<" : str;

    printResult("Mark 1", "unchanged", markTextWithM);
    printResult("Mark 2", "Michael", markTextWithM);

    // Trim
    final UnaryOperator<String> trimmer = String::trim;
    printResult("Trim 1", "no_trim", trimmer);
    printResult("Trim 2", "  trim me  ", trimmer);

    // Map
    final UnaryOperator<String> mapNullToEmpty = str -> str == null ? "" : str;
    printResult("Map same", "same", mapNullToEmpty);
    printResult("Map null", null, mapNullToEmpty);
}

private static void printResult(final String text, final String value,
                        final UnaryOperator<String> op)
{
    System.out.println(text + ": '" + value + "' -> '" + op.apply(value) + "'");
}
```

Das Programm UNARYOPERATOREXAMPLE produziert folgende Ausgaben:

```
Mark 1: 'unchanged' -> 'unchanged'
Mark 2: 'Michael' -> '>>MICHAEL<<'
Trim 1: 'no_trim' -> 'no_trim'
Trim 2: '  trim me  ' -> 'trim me'
Map same: 'same' -> 'same'
Map null: 'null' -> ''
```

3.2.4   Die Methode `List.replaceAll()`

Auch das Interface `List<E>` wurde mit JDK 8 erweitert. Nachfolgend betrachten wir die Methode `replaceAll(UnaryOperator<T>)`. Diese ermöglicht es, für alle Elemente einer `Collection<E>` eine Aktion auszuführen: Jedes Element wird durch den Rückgabewert der Implementierung der Methode `apply(T)` des funktionalen Interface `UnaryOperator<T>` ersetzt. Durch die Anweisungen der Realisierung wird auch die Entscheidung getroffen, welche Elemente wie bearbeitet werden sollen. Im Speziellen müssen nicht immer alle Elemente tatsächlich auch verändert werden. Das »All« im Namen bezieht sich also lediglich darauf, dass die übergebene Aktion für alle Elemente der Liste ausgeführt wird.

Nach diesen zuvor eher theoretischen Details kommen wir auf ein konkretes Anwendungsbeispiel: Nehmen wir an, wir würden entweder von einer externen Datenquelle oder dem GUI eine Liste von Eingabewerten erhalten. Oftmals entsprechen solche Eingaben nicht den Erwartungen und verstoßen gegen Regeln, etwa sind Einträge leer, bestehen nur aus Leerzeichen oder enthalten diese am Anfang oder Ende. All dies erschwert die weitere Bearbeitung. Die Grundlagen für eine Korrekturfunktionalität, die derartige Werte umwandelt oder herausfiltert, haben wir bereits kennengelernt. Wir müssen das Ganze nur noch geeignet kombinieren:

```
public static void main(final String[] args)
{
    final List<String> names = createDemoNames();

    // Spezialbehandlung von null-Werten
    final UnaryOperator<String> mapNullToEmpty = str -> str == null ? "" : str;
    names.replaceAll(mapNullToEmpty);

    // Leerzeichen abschneiden
    names.replaceAll(String::trim);

    // Leereinträge herausfiltern
    names.removeIf(String::isEmpty);

    System.out.println(inputs);
}
```

Mit dieser Erweiterung werden nicht nur potenzielle `null`-Einträge entfernt, sondern auch diejenigen Einträge, die Leerstrings oder lediglich Leerzeichen enthalten. Außerdem werden Leerzeichen am Anfang und Ende von Einträgen gelöscht.

3.3   Streams

Wir haben bisher verschiedene spezialisierte Formen von Bulk Operations kennengelernt. Deutlich mehr Möglichkeiten bietet das in JDK 8 neu eingeführte Konzept der **Streams**. Dabei spielt das Interface `java.util.stream.Stream` eine Schlüsselrolle. Streams sind eine Abstraktion für **Folgen von Verarbeitungsschritten auf Daten**. Darüber hinaus ähneln Streams sowohl Collections als auch Iteratoren, wobei Streams keine Speicherung der Daten vornehmen und nur einmal traversiert werden können. Als weitere und beste Analogie kann die Abarbeitung als Pipeline oder Fließband betrachtet werden. Dabei unterscheidet man zwischen folgenden drei Typen von Operationen: *Create* (Erzeugung), *Intermediate* (Berechnung) und *Terminal* (Ergebnisbereitstellung). Nachfolgend ist dies schematisch dargestellt:

$$\underbrace{Quelle \Rightarrow STREAM}_{Create} \Rightarrow \underbrace{OP_1 \Rightarrow OP_2 \Rightarrow ... \Rightarrow OP_n}_{Intermediate} \Rightarrow \underbrace{Ergebnis}_{Terminal}$$

Einführendes Beispiel

Das folgende Listing zeigt die Operationen, ohne auf Details einzugehen. Das geschieht in den folgenden Abschnitten. Hier geht es nur darum, einen ersten Eindruck für Streams und die Verarbeitung zu bekommen. Dazu schauen wir auf die Filterung einer Liste von Personen auf alle Erwachsenen. Diese werden als `List<Person>` zurückgegeben:

```
List<Person> adults = persons.stream().              // Create
                         filter(Person::isAdult).     // Intermediate
                         collect(Collectors.toList()); // Terminal
```

Neben all diesen (noch unbekannten) Implementierungsneuerungen erkennt man sehr schön, dass sich Konzepte und das »Was« viel klarer erkennen lassen und nicht das »Wie« (die Details der Implementierung der Funktionalität) im Vordergrund steht.

3.3.1 Streams erzeugen — Create Operations

Nach dem ersten Beispiel zu Streams wollen wir unsere Kenntnisse vertiefen. In den folgenden Abschnitten stelle ich Varianten zur Erzeugung von Streams vor.

Streams für Arrays und Collections

Zunächst sollten wir uns fragen, wie wir an ein `Stream`-Objekt kommen. In den vorangegangenen Beispielen haben wir schon gesehen, dass dies für Arrays oder Collections leicht möglich ist, Für beide ist eine `stream()`-Methode definiert, die man folgendermaßen nutzen kann:

```
final String[] namesData = { "Karl", "Ralph", "Andi", "Andy", "Mike" };
final List<String> names = Arrays.asList(namesData);

final Stream<String> streamFromArray = Arrays.stream(namesData);
final Stream<String> streamFromList = names.stream();
```

Als Besonderheit können Collections eine sequenzielle sowie eine parallele Variante eines Streams liefern:

```
final Stream<String> sequentialStream = names.stream();
final Stream<String> parallelStream = names.parallelStream();
```

Für Arrays bietet die Utility-Klasse `java.util.Arrays` nur Zugriff auf eine sequenzielle Variante. Um hier eine Parallelverarbeitung zu erreichen, kann man die Methode `parallel()` auf dem Stream aufrufen, die das Umschalten auf Parallelverarbeitung vornimmt. Für das obige Array könnte man somit Folgendes schreiben:

```
final Stream<String> parallelArrayStream = Arrays.stream(namesData).parallel();
```

Streams für vordefinierte Wertebereiche

Teilweise soll über Streams ein fixer, vordefinierter Wertebereich abgebildet und bearbeitet werden. Für diese Fälle existieren spezielle Methoden, etwa `of()`, `range()` und `chars()`:

```
final Stream<String> names = Stream.of("Tim", "Andy", "Mike");   // String
final Stream<Integer> integers = Stream.of(1, 4, 7, 7, 9, 7, 2); // Integer

final IntStream values = IntStream.range(0, 100);                // int
final IntStream chars = "This is a test".chars();                // int
```

Im Listing kommt neben dem generischen Interface `Stream<T>` auch das für den primitiven Datentyp `int` spezifische Interface `java.util.stream.IntStream` zum Einsatz. Die Verarbeitung erfolgt in dieser Art von Streams mit Werten primitiver Typen und nicht wie bei `Stream<Integer>` mit Werten, die gegebenenfalls zunächst per Auto-Boxing in ein `Integer`-Objekt umgewandelt werden mussten.

Hinweis: API-Ergänzungen zu Streams im JDK 8

Im vorangegangenen Beispiel sehen wir die statischen Methoden `of(T...)` und `range(int, int)` aus dem Interface `Stream` bzw. `IntStream`. Wieso können denn dort statische Methoden definiert sein? Erinnern wir uns an Abschnitt 2.2.6: Im Zuge von JDK 8 und der Erweiterung um Default-Methoden können Interfaces nun auch statische Methoden bereitstellen. Insgesamt verschwimmt der Unterschied zwischen abstrakten Klassen und Interfaces immer mehr.

Diverse Klassen und Interfaces des JDKs bieten nun Methoden an, die Streams zurückliefern. Oben ist dies für das Interface `java.lang.CharSequence` und die Methode `chars()` gezeigt. Diese ist dort in Form einer Default-Methode realisiert und steht damit den Spezialisierungen (`String`, `StringBuffer` und `StringBuilder`) direkt zur Verfügung.

Besonderheit 1: Streams für primitive Typen

Im vorherigen Beispiel wurde schon angedeutet, dass es mit der Klasse `IntStream` eine auf primitive Typen ausgerichtete Variante von Streams gibt. Der Grund dafür ist, dass die Verarbeitung primitiver Werte ein recht gebräuchlicher Anwendungsfall ist und Berechnungen damit schneller als auf den korrespondierenden Wrapper-

Klassen ablaufen. Daher wurde das JDK um besondere Streams erweitert, die auf die Verarbeitung der primitiven Typen `int`, `long` und `double` spezialisiert sind. Das sind die Klassen `IntStream`, `LongStream` und `DoubleStream` aus dem Package `java.util.stream`. Neben spezialisierten, etwas performanteren Berechnungen und Konvertierungen untereinander kann man die Streams auch per `boxed()` bzw. `mapToObj()` wieder in einen Stream von Wrapper-Instanzen bzw. beliebigen Objekten umwandeln. Diese Aktionen sind im nachfolgenden Listing gezeigt. Dort entsteht aus einer Liste von Strings ein korrespondierender Stream, der dann in einen Stream gewandelt wird, der die Stringlänge enthält. Dieser `IntStream` wird durch Aufruf von `asLongStream()` in einen auf den Typ `long` spezialisierten `LongStream` konvertiert. Mit `boxed()` wird daraus ein `Stream<Long>` usw.:

```java
public static void main(final String[] args)
{
    final List<String> names = Arrays.asList("Mike", "Stefan", "Nikolaos");
    Stream<String> values = names.stream().            // -> Stream<String>
                      mapToInt(String::length).        // -> IntStream
                      asLongStream().                  // -> LongStream
                      boxed().                         // -> Stream<Long>
                      mapToDouble(x -> x * .75).       // -> DoubleStream
                      mapToObj(val -> "Val: " + val);  // -> Stream<String>

    values.forEach(System.out::println);
}
```

Führen wir das Programm PRIMITVESSTREAMEXAMPLE aus, so wird die Liste der Namen in eine Liste von Stringlängen vom Typ `int` konvertiert. Nach ein paar Umwandlungen multiplizieren wir diese Werte mit dem Faktor 0.75, um `double`-Werte zu erhalten. Schließlich nutzen wir `mapToObj()`, wodurch ein `Stream<String>` entsteht. Es kommt zu folgenden Ausgaben:

```
Val: 3.0
Val: 4.5
Val: 6.0
```

Frage: Was ist mit dem Support für die anderen primitiven Typen?

Da es neben `int`, `long` und `double` eine Menge weiterer primitiver Typen gibt, kann man sich natürlich fragen, wieso es nur für die drei genannten Typen spezielle Streams gibt. Der Grund ist der, dass man mit diesen dreien alle Anwendungsfälle adäquat abdecken kann. Die anderen primitiven Zahlentypen können mithilfe des automatisch stattfindenden Widening auf die für Streams bereitgestellten Typen abgebildet werden. Unter Widening versteht man, dass z. B. Werte vom Typ `byte` vom Compiler automatisch auf solche vom Typ `short` und diese wiederum auf `int` konvertiert werden können. Es gilt folgende »Kette«: `byte` → `short` → `int` → `long` → `float` → `double`. Basierend darauf sind die drei Spezialisierungen für `int`, `long` und `double` für alle anderen primitiven Zahlentypen ausreichend, weil es immer eine passende Widening-Konvertierung gibt.

Besonderheit 2: Unendliche Streams

Gerade im mathematischen Kontext möchte man mitunter eine unendliche Folge modellieren. Eine solche kann aufgrund ihrer Unendlichkeit und des damit verbundenen unendlichen Platzbedarfs praktisch gar nicht vollständig existieren, sondern muss Stück für Stück berechnet werden.

Für primitive Typen kann man dazu die Methode `iterate(int, IntUnary-Operator)` nutzen, der man einen Startwert und eine Implementierung des funktionalen Interface `java.util.function.IntUnaryOperator` übergibt. Dabei handelt es sich um eine auf `int`-Werte spezialisierte Form des in Abschnitt 3.2.3 beschriebenen `UnaryOperator<T>`.

Zur Generierung von Folgen, die Werte beliebiger Referenztypen enthalten, kann man die Methode `generate(Supplier<T>)` aus dem Interface `Stream` einsetzen. Das Functional Interface `java.util.function.Supplier<T>` realisieren wir mit einer Methodenreferenz auf die Methode `getAndIncrement()` der Klasse `AtomicInteger` aus dem Package `java.util.concurrent.atomic`.

```java
public static void main(final String[] args)
{
    final IntStream iteratingValues = IntStream.iterate(0, x -> x + 1);

    final AtomicInteger ai = new AtomicInteger(0);
    final Stream<Integer> generatedValues = Stream.generate(ai::getAndIncrement);

    final int[] firstTen = iteratingValues.limit(10).toArray();
    final Object[] secondTen = generatedValues.limit(10).toArray();

    System.out.println(Arrays.toString(firstTen));
    System.out.println(Arrays.toString(secondTen));
    System.out.println("Element type: " + secondTen[0].getClass().getTypeName());
}
```

Starten wir das obige Programm INFINITESTREAMSEXAMPLE, so werden folgende Wertefolgen produziert:

```
[0, 1, 2, 3, 4, 5, 6, 7, 8, 9]
[0, 1, 2, 3, 4, 5, 6, 7, 8, 9]
Element type: java.lang.Integer
```

Anhand des Listings und der Ausgaben lassen sich die zwei Dinge lernen: Erstens müssen unendliche Streams mithilfe eines Aufrufs von `limit(long)` beschränkt werden, wenn man diese sinnvoll verarbeiten möchte – das wird später noch etwas genauer beschrieben. Zweitens arbeitet der `IntStream` direkt auf `int`-Werten, wodurch im Gegensatz zu einem `Stream<Integer>` kein Auto-Boxing benötigt wird. Dass dem so ist, sieht man daran, dass der primitive Stream einem `int[]` zugewiesen werden kann. Der `Stream<Integer>` wird bei der Konvertierung in ein Array mit `toArray()` in ein `Object[]` umgewandelt, das aber `Integer`-Instanzen enthält, wie es die letzte Zeile der Ausgabe bestätigt.

3.3.2 Intermediate und Terminal Operations im Überblick

Nachdem wir kurz gesehen haben, wie wir ein Objekt vom Typ `Stream` entweder aus einer Collection oder aber einer anderen Quelle erhalten können, schauen wir nun überblicksartig darauf, was man mit Streams anfangen kann, bevor wir das Ganze in den nachfolgenden Abschnitten vertiefen.

Gebräuchliche Anwendungsfälle für den Einsatz von Streams sind etwa das Filtern, das Transformieren und das Sortieren von Werten. Dazu nutzt man sogenannte *Intermediate Operations*. Diese beschreiben *Verarbeitungsschritte*, die sich einfach hintereinander schalten lassen. Das Besondere daran ist, dass zunächst keine Berechnungen erfolgen, sondern lediglich die Abläufe beschrieben werden. Dabei unterscheidet man zudem zwischen *zustandslosen* und *zustandsbehafteten* Varianten. Filtern ist eine zustandslose Aktion. Damit ist gemeint, dass für jedes Element des Streams unabhängig von den anderen diese Aktion ausführbar ist. Dadurch lassen sich zustandslose Operationen auch hervorragend parallelisieren. Sortieren ist dagegen eine zustandsbehaftete Aktion, die die Kenntnis der anderen Elemente im Stream (oder zumindest eines Teils davon) erfordert. Da Streams keine (oder für zustandsbehaftete Operationen meistens nur eine Untermenge der) Daten zwischenspeichern, verbrauchen Streams im Gegensatz zu Collections in der Regel deutlich weniger Speicher. Somit hat die Konstruktion von Streams oftmals wenig Einfluss auf Speicherbedarf und Ausführungszeit.

Irgendwann sollen die *Bearbeitungsergebnisse* zusammengefasst, auf der Konsole ausgegeben oder anderweitig verarbeitet werden. Dazu dienen *Terminal Operations*. Diese lösen erst tatsächlich die Ausführung der durch die Intermediate Operations beschriebenen Verarbeitungsschritte aus.

Abschließend möchte ich mit den *Short-circuiting Operations* ein weitere Variante vorstellen. Short-circuiting Operations zeichnen sich dadurch aus, dass sie ihre Berechnungen nicht immer vollständig für alle Elemente eines Streams ausführen müssen. Beispiele sind die Suche nach einem beliebigen Treffer oder danach, ob es überhaupt ein Element gibt, das einer gewünschten Bedingung genügt. Insbesondere bei Parallelverarbeitung können Short-circuiting Operations die Berechnung deutlich beschleunigen, da nach einem Treffer keine weiteren Berechnungen gestartet werden müssen. Short-circuiting Operations existieren sowohl für Intermediate Operations als auch und vor allem für Terminal Operations. In den nachfolgenden Auflistungen sind die Namen von Short-circuiting Operations jeweils kursiv dargestellt.

Intermediate Operations

Bei den zustandslosen Intermediate Operations sind folgende wichtig:

- `filter()` – Filtert alle Elemente aus dem Stream heraus, die nicht dem übergebenen `Predicate<T>` genügen.
- `map()` – Transformiert Elemente mithilfe einer `Function<T,R>` vom Typ `T` auf solche mit dem Typ `R`. Im Speziellen können die Typen auch gleich sein.

- ◼ `flatMap()` – Bildet verschachtelte Streams als einen flachen Stream ab.
- ◼ `peek()` – Führt eine Aktion für jedes Element des Streams aus. Dies kann für Debuggingzwecke sehr nützlich sein.

Darüber hinaus sollte man folgende zustandsbehaftete Intermediate Operations kennen:

- ◼ `distinct()` – Entfernt alle gemäß der Methode `equals(Object)` als Duplikate erkannte Elemente aus einem Stream.
- ◼ `sorted()` – Sortiert die Elemente eines Streams gemäß einem Sortierkriterium basierend auf einem `Comparator<T>`.
- ◼ *limit()* – Begrenzt die maximale Anzahl der Elemente eines Streams auf einen bestimmten Wert. Dies ist eine Short-circuiting Operation.
- ◼ `skip()` – Überspringt die ersten *n* Elemente eines Streams.

Terminal Operations

Neben den umfangreichen Intermediate Operations wird eine noch imposantere Zahl an Terminal Operations geboten, unter anderem folgende:

- ◼ `forEach()` – Führt eine Aktion für jedes Element des Streams aus.
- ◼ `toArray()` – Überträgt die Elemente aus dem Stream in ein Array.
- ◼ `collect()` – Überträgt die Elemente aus dem Stream in eine Collection.
- ◼ `reduce()` – Verbindet die Elemente eines Streams. Ein Beispiel ist die kommaseparierte Konkatenation von Strings. Alternativ kann man aber auch Summationen, Multiplikationen usw. ausführen, um einen Ergebniswert zu berechnen.
- ◼ `min()` – Ermittelt das Minimum der Elemente eines Streams gemäß einem Sortierkriterium basierend auf einem `Comparator<T>`.
- ◼ `max()` – Ermittelt das Maximum der Elemente eines Streams gemäß einem Sortierkriterium basierend auf einem `Comparator<T>`.
- ◼ `count()` – Zählt die Anzahl an Elementen in einem Stream.
- ◼ *anyMatch()* – Prüft, ob es mindestens ein Element gibt, das die Bedingung eines `Predicate<T>` erfüllt. Dies ist eine Short-circuiting Operation.
- ◼ *allMatch()* – Prüft, ob alle Elemente die Bedingung eines `Predicate<T>` erfüllen. Dies ist eine Short-circuiting Operation, die allerdings abbricht, wenn sie das erste Gegenbeispiel gefunden hat.
- ◼ *noneMatch()* – Prüft, ob keines der Elemente die Bedingung eines `Predicate<T>` erfüllt. Dies ist eine Short-circuiting Operation.
- ◼ *findFirst()* – Liefert das erste Element des Streams, falls es ein solches gibt. Dies ist eine Short-circuiting Operation.
- ◼ *findAny()* – Liefert ein beliebiges Element, falls es ein solches gibt. Dies ist eine Short-circuiting Operation und kann manchmal günstiger sein als `findFirst()`, wenn es wirklich nur darum geht, einen beliebigen Treffer zu erhalten.

3.3.3   Zustandslose Intermediate Operations

In diesem Abschnitt betrachten wir verschiedene zustandslose Intermediate Operations. Dabei beginnen wir mit der Filterung von Werten und kommen dann zur Extraktion bzw. Abbildung. Im Anschluss lernen wir eine spezielle Mapping-Funktionalität kennen. Danach sehen Sie uns das Filtern und die Extraktion im praktischen Einsatz an. Abschließend schauen wir auf die Inspektion von Verarbeitungsschritten. Dies erleichtert es beim Auftreten von Problemen, mögliche Fehlersituationen besser nachvollziehen zu können.

Die Methode `filter()` – Filterung

Das Filtern ist eine gebräuchliche Funktionalität, die bisher leider nicht durch das JDK bereitgestellt wurde. Mit JDK 8 ist dies glücklicherweise sehr einfach möglich.

Betrachten wir dazu ein Beispiel einer Liste von `Person`-Objekten. Aus dieser wollen wir mithilfe von `filter(Predicate<Person>)` diejenigen ermitteln, die erwachsen sind, indem wir die Methodenreferenz `Person::isAdult` wie folgt nutzen:

```java
public static void main(final String[] args)
{
    final List<Person> persons = new ArrayList<>();
    persons.add(new Person("Micha", 43));
    persons.add(new Person("Barbara", 40));
    persons.add(new Person("Yannis", 5));

    // final Predicate<Person> isAdult = person -> person.getAge() >= 18;
    final Stream<Person> adults = persons.stream().filter(Person::isAdult);

    adults.forEach(System.out::println);
}
```

Die Bedingung `isAdult` kann man – wie im Kommentar angedeutet – als Lambda schreiben oder man verwendet eine besser lesbare Methodenreferenz, die auf folgende Methode `isAdult()` in der Klasse `Person` verweist:

```java
public class Person
{
    private int age;

    // ...

    public boolean isAdult()
    {
        return age >= 18;
    }
}
```

Mehrstufige Filterung   In der Praxis soll oftmals eine mehrstufige Filterung nach verschiedenen Kriterien erfolgen. Mit der Pipeline- oder Fließbandanalogie im Hinterkopf kann man dazu mehrere Filter hintereinander schalten, wie dies folgendes Listing für drei Filterbedingungen zeigt:

```
final Stream<Person> allAdultMikes = persons.stream().
                     filter(Person::isAdult).
                     filter(person -> person.getName().equals("Mike").
                     filter(mike -> mike.livesIn("Zürich")));
```

Auf diese Weise filtern wir zunächst alle Erwachsenen und dann all diejenigen, deren Name »Mike« ist. Aus dieser Ergebnismenge werden wiederum diejenigen herausgefiltert, die wohnhaft in Zürich sind.

Meinung: Namensgebung von Lambda-Parametern

Wie Sie vielleicht bemerkt haben, verwende ich für die Parameter in Lambdas bevorzugt sprechende Namen oder aber Standards wie `it`. Meiner Meinung nach gilt auch hier, dass man so lesbar wie möglich programmieren sollte. Nur weil man funktional programmiert, heißt das nicht, dass man wieder auf Namensverkümmerungen wie `a`, `p`, `x` zurückgreifen muss. Natürlich gibt es auch Fälle, in denen Kürzel mit einem Buchstaben ihren Wert haben. Das gilt immer dann, wenn im Lambda eine beliebige Berechnung erfolgt, etwa `x -> x + 1`. Dabei trägt der Parameter keine oder nur wenig semantische Bedeutung – meistens, weil eine »echte« mathematische Funktion beschrieben wird.

Die Methode `map()` – Mapping von Daten, Extraktion von Werten

Neben der Filterung ist die Konvertierung oder Extraktion von Werten eine typische Intermediate Operation. Hierbei soll eine Menge von Eingabedaten in ein anderes Format überführt oder abgebildet werden. So könnte etwa aus einer Liste von Personen jeweils das Attribut Name, Vorname oder Alter extrahiert werden. Dabei findet eine Abbildung oder ein Mapping von einem Typ auf einen anderen statt: Im Beispiel wird aus dem Typ `Person` ein Attribut herausgelesen und auf denjenigen Typ des gewünschten Attributs, z. B. `String`, abgebildet. Dazu kann man Spezialisierungen des Interface `Function<T,R>` nutzen und dort die Methode `apply(T)` entsprechend implementieren. Das haben wir bereits im Zusammenhang mit dem Interface `UnaryOperator<T>` in Abschnitt 3.2.3 kurz besprochen. Hier wird die Definition des Interface `Function<T,R>` zum Einstieg wiederholt:

```
interface Function<T,R>
{
    R apply(T t);
}
```

Nehmen wir an, es wäre der Name aus einem `Person`-Objekt zu extrahieren. Dies implementieren wir mithilfe eines Lambdas oder mit einer Methodenreferenz wie folgt:

```
// Lambda
final Function<Person, String> nameExtractor_V1 = person -> person.getName();

// Alternativ mit Methodenreferenz
final Function<Person, String> nameExtractor_V2 = Person::getName;
```

Extraktion am Beispiel   Wir haben nun genug Vorwissen gesammelt und machen uns damit daran, die Extraktion des Namens bzw. des Alters für eine Liste von Personen folgendermaßen auszuprogrammieren:

```java
public static void main(final String[] args)
{
    final List<Person> persons = new ArrayList<>();
    persons.add(new Person("Barbara", 40));
    persons.add(new Person("Yannis", 5));

    // Mapping auf Name mit Lambda
    final Stream<Person> adults = persons.stream().filter(Person::isAdult);
    final Stream<String> namesStream = adults.map(person -> person.getName());
    // Mapping auf Alter mit Methodenreferenz
    final Stream<Integer> agesStream = persons.stream().map(Person::getAge).
                                       filter(age -> age >= 18);

    namesStream.forEach(System.out::println);
    agesStream.forEach(System.out::println);
}
```

Führen wir das obige Programm ATTRIBUTEEXTRACTIONEXAMPLE aus, so erhalten wir folgende Ausgaben:

```
Barbara
40
```

Die Methode `flatMap()` – spezielle Arten von Mappings

Während sowohl die `filter()`- als auch die `map()`-Methode recht intuitiv zu benutzen sind, wirkt die `flatMap()`-Methode zunächst nicht ganz so eingängig. Rekapitulieren wir kurz: `filter()` und `map()` werden auf einem Stream angewendet und liefern einen neuen Stream zurück – bei `map()` gegebenenfalls einen Stream eines anderen Typs, etwa wenn man von `Person`-Objekten auf deren Attribut `name` abbildet.

Bei derartigen Abbildungen gibt es einen Spezialfall zu beachten, nämlich den verschachtelter Streams. Das lässt sich am besten an einem Beispiel verdeutlichen. Gegeben sei eine Menge von Sätzen.[3] Für diese soll die Häufigkeit der Vorkommen einzelner Wörter gezählt werden. Bevor wir uns später an die Implementierung dieser Funktionalität machen, wollen wir uns zunächst dem Stream-im-Stream-Problem widmen, das aus der Beschreibung möglicherweise noch nicht ganz deutlich geworden ist. Schauen wir folgende Ausgangslage an:

```java
final List<String> sentences = Arrays.asList( "This is the first line.",
                                              "The second line of this text.",
                                              "Third line contains some text.",
                                              "Last line and goodbye:",
                                              "End of text!");

final Stream<String> asStream = sentences.stream();
```

---

[3]Wir könnten uns vorstellen, diese Zeilen entstammten einer Textdatei.

Um aus diesen Sätzen einzelne Wörter zu extrahieren, könnte man die Methode `String.split(String)` nutzen, die ein `String[]` liefert. Wenn wir diese Rückgabe mithilfe von `map()` verarbeiten wollen, so erfordert der Kontrakt für `map()`, dass ein Stream zurückgeliefert wird. Dadurch erhält man aber einen Stream von Streams:

```
Stream<Stream<String>> words = asStream.map(line -> Stream.of(line.split(" "));
```

Das Ergebnis wäre dann ein verschachtelter Stream, in unserem Beispiel etwa folgendermaßen (nachfolgend symbolisieren die Zeichen < > die Begrenzer eines Streams):

```
<<This, is, the, first, line.>,<The, second, line, ... <End, of, text!>>
```

Diese Form erschwert es aber, über die einzelnen Werte zu iterieren. Zur Auswertung wünscht man sich, dass die geschachtelten Streams »flach geklopft« werden und als Ergebnis ein `Stream<String>` entsteht. Das ist das recht einfach möglich, indem man die Methode `flatMap()` folgendermaßen nutzt:

```
Stream<String> words = asStream.flatMap(line -> Stream.of(line.split(" ")));
```

Beispiel: Die Intermediate Operations in Aktion

Wir haben nun drei verschiedene Intermediate Operations kennengelernt. Um das Wissen darüber weiter zu vertiefen, wollen wir diese in einem Beispiel einsetzen. Wir führen hier die Auswertung einer Menge von Sätzen, um die Häufigkeiten von Wörter festzustellen, fort. Damit das Beispiel etwas reizvoller und realitätsnäher wird, bestehen weitere Anforderungen. Zunächst einmal sollen die Daten aus einer Datei eingelesen werden. Zudem sollen alle Wörter mit drei oder weniger Buchstaben nicht gezählt werden. Dazu formulieren wir ein `Predicate<String>` namens `isShortWord`. Darüber hinaus sollen verschiedene Füllwörter bei der Zählung der Häufigkeiten nicht betrachtet werden. Die Wörter »this«, »these« und »them« wollen wir ignorieren. Auch dazu formulieren wir ein korrespondierendes `Predicate<String>` namens `isIgnorableWord`. Durch Negation erhalten wir dann das Prädikat `isSignificantWord`. Die Filterung können wir mithilfe der gerade genannten Prädikate formulieren:

```
public static void main(final String[] args) throws IOException
{
    final Path exampleFile = Paths.get("src/main/resources/" +
                        "jdk8/streams/Example.txt");

    // Datei einlesen neu in JDK 8: Siehe dazu Kapitel 6
    final List<String> contents = Files.readAllLines(exampleFile);

    // Daraus einen Stream von Worten machen
    final Stream<String> words = contents.stream().
                        flatMap(line -> Stream.of(line.split(" ")));

    // Prädikate für kurze Wörter
    final Predicate<String> isShortWord = word -> word.length() <= 3;
```

```
final Predicate<String> notIsShortWord = isShortWord.negate();

// Prädikate für spezielle und zu ignorierende Wörter
final List<String> ignoreableWords = Arrays.asList("this", "these", "them");
final Predicate<String> isIgnorableWord = word ->
{
    return ignoreableWords.contains(word.toLowerCase());
};
final Predicate<String> isSignificantWord = isIgnorableWord.negate();

// Filterung basierend auf den Prädikaten
final Stream<String> filteredContents = words.map(String::trim).
                            filter(notIsShortWord).
                            filter(isSignificantWord);

filteredContents.forEach(it -> System.out.print(it + ", "));
}
```

Das Programm FLATMAPEXAMPLE gibt die gefilterten Ergebnisse wie folgt aus:

```
first, line., second, line, text., Third, line, contains, some, text.,
Last, line, goodbye:, text!,
```

An der Ausgabe sind zwei Schwächen zu erkennen: Zum einen sind noch Satzzeichen wie Punkt, Doppelpunkt und Ausrufezeichen Bestandteil der Wörter und zum anderen sind die Wörter nicht sortiert. Letzteres wird im Rahmen der zustandsbehafteten Intermediate Operations genauer besprochen, hier verwenden wir lediglich die intuitiv verständliche Methode sorted(), um die Ausgabe zu sortieren. Darüber hinaus nutzen wir ein Mapping, um die Satzendezeichen zu entfernen. Statt des forEach()-Aufrufs ergänzen wir folgende Zeilen:

```
final Function<String, String> removePunctationMarks = str ->
{
    if (str.endsWith(".") || str.endsWith(":") || str.endsWith("!"))
    {
        return str.substring(0, str.length()-1);
    }
    return str;
};

final Stream<String> mapped = filteredContents.map(removePunctationMarks);
final Stream<String> sorted = mapped.sorted(String.CASE_INSENSITIVE_ORDER);

sorted.forEach(it -> System.out.print(it + ", "));
```

Nach dieser Korrektur liefert das Programm FLATMAPEXAMPLE2 folgende Ausgabe:

```
contains, first, goodbye, Last, line, line, line, line, second, some,
text, text, text, Third,
```

Wir sind schon fast am Ziel der Gruppierung und Häufigkeitsbestimmung. Weiterhin könnten wird das abschließende Komma bemängeln. Diese Thematik werden wir bei der Besprechung der Terminal Operations wieder aufgreifen. Vorher betrachten wir eine Besonderheit bei Intermediate Operations, nämlich die Inspektion von Verarbeitungsschritten.

Die Methode `peek()` – Inspektion von Verarbeitungsschritten

Für den Fall, dass Intermediate Operations komplexer werden, möchte man sich eventuell auch einmal Zwischenergebnisse ausgeben lassen und danach die Verarbeitung fortsetzen. Auf ein Problem stößt man, wenn man einen bereits mit `forEach(Consumer<? super T>)` ausgegebenen oder irgendwie mit einer Terminal Operation verarbeiteten Stream weiter bearbeiten möchte, wie dies in folgendem Beispiel gezeigt ist:

```
final Stream<Person> adults = persons.stream().filter(Person::isAdult);

// Ausgabe, um die Filterung zu überprüfen
adults.forEach(System.out::println);

// Weitere Filterung auf dem Stream vornehmen
final Stream<Person> mikes = adults.filter(person ->
                                    person.getName().equals("Mike"));
```

Führt man diese Schritte aus, so kommt es aber anstelle einer Weiterverarbeitung zu einer `IllegalStateException` mit dem Hinweis `stream has already been operated upon or closed`. Daran erkennt man die bereits erwähnte Eigenschaft von Streams, die Daten nur einmal bereitstellen zu können.[4]

Weil die Inspektion von Zwischenzuständen aber eine sehr wünschenswerte Funktionalität ist, stellt das Stream-API hierfür eine Möglichkeit bereit. Mithilfe der Intermediate Operation in Form der Methode `peek(Consumer<? super T>)` kann man beliebige Aktionen, etwa Konsolenausgaben, durchführen. Dies gleicht der Verarbeitung mit `forEach(Consumer<? super T>)`. Im Gegensatz dazu erhält man aber beim Aufruf von `peek(Consumer<? super T>)` wiederum einen Stream, mit dem man weiter arbeiten kann. Obiges Beispiel kann man zur Realisierung einer Inspektion folgendermaßen abändern:

```
final Stream<Person> adults = persons.stream().filter(Person::isAdult);

// Ausgabe mit peek(), um die Filterung zu überprüfen
final Stream<Person> adultsPeek = adults.peek(System.out::println);

// Weitere Filterung auf dem Stream vornehmen
final Stream<Person> mikes = adultsPeek.filter(person ->
                                    person.getName().equals("Mike"));
```

Nachfolgend zeige ich eine Variante, die nach jedem Verarbeitungsschritt der Pipeline eine Ausgabe vornimmt – im Listing jeweils fett markiert:

```
public static void main(final String[] args)
{
    final List<Person> persons = createDemoData();

    final Stream<Person> stream = persons.stream();
    final Stream<String> allMikes = stream.peek(System.out::println).
                            filter(Person::isAdult).
                            peek(System.out::println).
                            map(Person::getName).
```

---

[4]Deswegen spricht man auch von »Terminal« Operations.

```
                                    peek(System.out::println).
                                    filter(name -> name.startsWith("Mi")).
                                    peek(System.out::println).
                                    map(String::toUpperCase);

      // Löst die Verarbeitung aus
      System.out.println("Protokollierung jedes Schritts -- Filter 'Mi':");
      allMikes.forEach(System.out::println);
   }


   private static List<Person> createDemoData()
   {
      final List<Person> persons = new ArrayList<>();
      persons.add(new Person("Michael", 43));
      persons.add(new Person("Max", 5));
      persons.add(new Person("Moritz", 7));
      persons.add(new Person("Merten", 38));
      persons.add(new Person("Micha", 42));
      return persons;
   }
```

Nach dem Start des Programms STREAMPEEKEXAMPLE2 werden die Filtervorgänge auf der Konsole protokolliert:

```
Protokollierung jedes Schritts -- Filter 'Mi':
Person [name = Michael / age = 43]
Person [name = Michael / age = 43]
Michael
Michael
MICHAEL
Person [name = Max / age = 5]
Person [name = Moritz / age = 7]
Person [name = Merten / age = 38]
Person [name = Merten / age = 38]
Merten
Person [name = Micha / age = 42]
Person [name = Micha / age = 42]
Micha
Micha
MICHA
```

Anhand der Ausgabe erkennt man, dass die Verarbeitung nicht je Verarbeitungsschritt komplett für den Stream auf einmal, sondern elementweise geschieht: Die Daten werden Element für Element bearbeitet und durchlaufen jeweils einzeln die Stufen der Verarbeitungskette. Diese Art der Ausführung bildet die Grundlage für die Parallelisierbarkeit von Aktionen. Darüber hinaus wird der bereits erwähnte fundamentale Unterschied von Streams zu sonstigen Verarbeitungen klar, nämlich, dass Intermediate Operations wirklich erst dann abgearbeitet werden, wenn eine Terminal Operation eine Berechnung auslöst. Das können Sie prüfen, wenn Sie die letzte Zeile mit `forEach(Consumer<? super T>)` auskommentieren. Dann werden Sie keine Ausgaben sehen.

Im vorherigen Beispiel habe ich die elementweise Verarbeitung dargestellt. Diese bildet die Grundlage für eine mögliche Parallelisierbarkeit. Anhand von Grafiken möchte ich die Abläufe verdeutlichen. Dazu kann man sich zunächst vorstellen, dass die Elemente eines Streams hintereinander aufgereiht sind und dann die Aktionen ausgeführt werden. Schematisch ist dies in Abbildung 3-1 dargestellt: Die Elemente werden nacheinander durch die Pipeline geschickt und jede Pipeline-Stufe wird protokolliert:

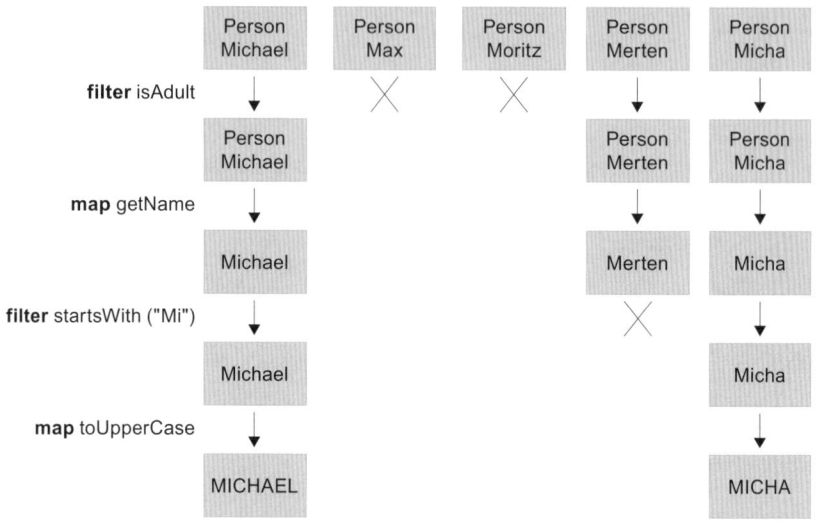

Abbildung 3-1 *Pipeline von Intermediate Operations*

Man erkennt sehr schön die elementweise Pipeline-Verarbeitung. Zur Parallelisierung kann man einfach einige Elemente zu Gruppen zusammenfassen, die man jeweils parallel durch eigene Threads verarbeiten kann. Voneinander unabhängige, zustandslose Operationen kann man maximal parallelisieren. Auch für die im Anschluss betrachteten zustandsbehafteten Operationen kann man eine recht effiziente Parallelisierung erreichen. In Abbildung 3-2 ist dies für das Summieren bzw. Sortieren gezeigt. Hier kann man jeweils Teilbereiche für sich verarbeiten und diese danach vereinigen.

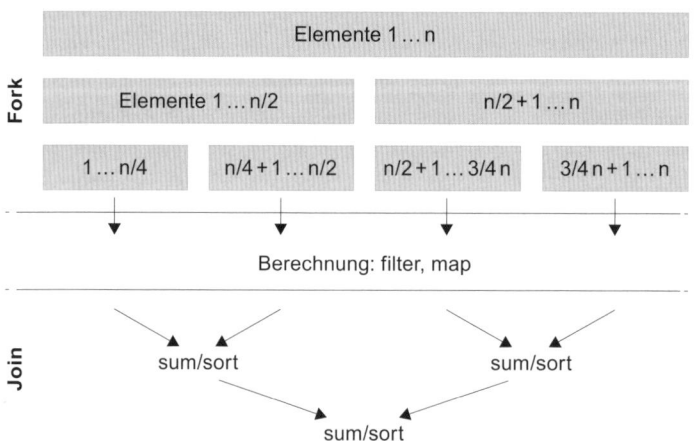

Abbildung 3-2 *Schematische Darstellung der parallelen Sortierung*

3.3.4   Zustandsbehaftete Intermediate Operations

Mit der Vorwegnahme der Sortieroperation leiten wir nun zum Thema zustandsbehafteter Intermediate Operations über. Wir lernen davon verschiedene Varianten kennen: Das Sortieren und Herausfiltern doppelter Einträge zeige ich zuerst. Danach gehe ich auf das Beschränken der Ausgabe auf eine gewisse Anzahl von Elementen ein: Dabei kann sowohl der Startwert als auch die Anzahl der gewünschten, im Stream zu verbleibenden Elemente festgelegt werden.

Die Methoden `distinct()` und `sorted()` – Ausgaben sortieren, Duplikation entfernen

Das Sortieren und das Herausfiltern doppelter Einträge ist im folgenden Listing mithilfe von `sorted()` und `distinct()` realisiert. Dabei betrachten wir zunächst die Ausführung jeder Methode für sich und danach in Kombination:

```java
public static void main(final String[] args)
{
    final Stream<Integer> distinct = createIntStream().distinct();
    final Stream<Integer> sorted= createIntStream().sorted();
    final Stream<Integer> sortedAndDistinct = createIntStream().sorted().
                                                             distinct();

    printResult("distinct:          ", distinct);
    printResult("sorted:            ", sorted);
    printResult("sortedAndDistinct: ", sortedAndDistinct);
}

private static Stream<Integer> createIntStream()
{
    return Stream.of(7, 1, 4, 3, 7, 2, 6, 5, 7, 9, 8);
}

private static void printResult(final String hint,
                                final Stream<Integer> stream)
{
    final List<Integer> result = stream.collect(Collectors.toList());
    System.out.println(hint + result);
}
```

Führt man das Programm SORTEDANDDISTINCTEXAMPLE aus, so werden doppelte Elemente entfernt und die Zahlen sortiert. Man erhält die erwartete Ausgabe:

```
distinct:          [7, 1, 4, 3, 2, 6, 5, 9, 8]
sorted:            [1, 2, 3, 4, 5, 6, 7, 7, 7, 8, 9]
sortedAndDistinct: [1, 2, 3, 4, 5, 6, 7, 8, 9]
```

Wenn Sie im Listing ganz genau hingeschaut haben, dann ist Ihnen vielleicht der Aufruf von `collect(Collectors.toList())` aufgefallen. Dabei handelt es sich wie bei `forEach(Consumer<? super T>)` ebenfalls um eine Terminal Operation. Ein Aufruf von `collect(Collectors.toList())` überträgt die Daten aus einem Stream in eine Liste. Zum Thema Terminal Operations erfahren Sie gleich mehr.

Die Methoden `limit()` und `skip()` – Ausgaben beschränken

Die bereits gezeigte Filterung mit `filter(Predicate<? super T>)` erlaubt es, den Datenbestand einzuschränken. Eine Variante davon ist es, die Ergebnismenge auf n Elemente zu beschränken. Dazu kann man einen Aufruf von `limit(long)` nutzen. In Kombination mit `skip(long)` zum Überspringen von n Datensätzen kann man sogenanntes *Paging* realisieren – eine Aufbereitung von n Ergebnissen auf einer Seite, wie man dies etwa von der Präsentation von Suchergebnissen im Internet kennt. Man kann die Ausgabe folgendermaßen auf 25 Sucheinträge ab dem 75. Eintrag beschränken:

```
searchResults.skip(75).limit(25);
```

Es gibt aber noch weitere Anwendungsfälle für `limit(long)` und `skip(long)`, nämlich im Zusammenhang mit unendlichen Streams, etwa für eine Folge von `int`-Werten:

```
final IntStream iteratingValues = IntStream.iterate(0, x -> x + 1);

iteratingValues.skip(50).limit(12); // => 50,51,52,53,54,55,56,57,58,59,60,61
```

Im Beispiel sehen wir die Begrenzung des unendlichen Streams auf bestimmte Datensätze – hier die 12 Einträge, die auf die ersten 50 Einträge folgen.

3.3.5 Terminal Operations

Bisher haben wir mithilfe von Streams verschiedene Berechnungen ausgeführt und dabei häufig die Terminal Operation `forEach(Consumer<? super T>)` genutzt, um Konsolenausgaben zu produzieren. Betrachten wir Terminal Operations nun ein wenig allgemeiner. Erinnern wir uns zunächst nochmals daran, dass diese zur Abarbeitung der Pipeline führen und dadurch ein Ergebnis produzieren.

Die Methode `forEach()` – Verarbeitung oder Konsolenausgaben

Nachfolgend ist zunächst der Vollständigkeit halber die Aufbereitung von Konsolenausgaben mit `forEach(Consumer<? super T>)` gezeigt:

```
streamFromArray.forEach(System.out::println);
streamFromValues.sorted().distinct().forEach(System.out::println);
```

Die Methode `toArray()` – Streams in Arrays übertragen

Statt Berechnungsergebnisse direkt auf der Konsole auszugeben, ist es meistens sinnvoller, diese etwa in ein Array oder eine Collection zu überführen. Dazu existieren die beiden Methoden `toArray()` und `toCollection()`.

Man könnte sich vorstellen, eine ganz bestimmte Menge von Aktionen ausführen zu müssen, etwa die Aktion »Erzeuge sieben Zufallszahlen von 0 bis 100« und die Berechnungsergebnisse müssten in einem Array bereitgestellt werden. Dazu kann man die Methode `toArray()` aufrufen. Diese liefert gewöhnlich ein `Object[]` – für Streams primitiver Typen werden aber Arrays von diesen Typen erzeugt, hier ein `int[]`:

```
public static void main(final String[] args)
{
    // Zufallszahlen von 0 bis 100
    final Random random = new Random();
    final Supplier<Float> randomSupplier = () -> random.nextFloat() * 100;

    final Object[] randomNumbers = Stream.generate(randomSupplier).
                                    limit(7).toArray();
    System.out.println(Arrays.toString(randomNumbers));
    System.out.println("Element type: " + randomNumbers[0].getClass());

    final int[] intRandoms = Stream.generate(randomSupplier).
                        limit(7).mapToInt(val -> val.intValue()).toArray();
    System.out.println(Arrays.toString(intRandoms));
}
```

Das Programm STREAMTOARRAYEXAMPLE produziert folgende Ausgaben:

```
[82.59304, 92.31408, 33.92508, 44.195183, 59.675797, 16.191816, 99.11495]
Element type: class java.lang.Float
[91, 12, 44, 48, 44, 69, 58]
```

Die Methode `collect()` – Streams in Collections übertragen

Mithilfe von `forEach(Consumer<? super T>)` kann man bekanntermaßen über die Berechnungsergebnisse iterieren, z. B. um diese auszugeben. Viele Anwendungsfälle erfordern es, die Daten aus dem `Stream<E>` in einer `Collection<E>` zu speichern. Mithilfe von `java.util.stream.Collector`-Instanzen kann man die Daten auslesen und in eine Liste übertragen. Ein solcher Collector besteht aus vier Komponenten, einem `Supplier<A>` zum Bereitstellen eines Startwerts, einem `BiConsumer<A,T>` für Berechnungen, einem `BinaryOperator<A>` zum Zusammenführen von Zwischenergebnissen und einer `Function<A,R>` zum Berechnen des Ergebnisses. Wollte man dies selbst implementieren, würde das ziemlich kompliziert und fehlerträchtig. Praktischerweise existieren in der Utility-Klasse `java.util.stream.Collectors` schon diverse vordefinierte Methoden, die passende `Collector`-Instanzen zurückliefern, die die Komplexität stark reduzieren, wie dies nachfolgend gezeigt ist:

```
final List<Integer> ages = agesStream.collect(Collectors.toList());
final List<String> names = namesStream.collect(Collectors.
                                toCollection(ArrayList::new));
```

Im Listing sehen wir den für viele Anwendungsfälle praktischen Aufruf von `toList()`. Benötigt man mehr Kontrolle über den Typ der Ergebnisdatenstruktur, so kann man auch die Methode `toCollection()` aufrufen, der man die Referenz auf den Konstruktor der gewünschten Collection übergibt.

Die Methoden `count()`, `sum()`, `min()`, `max()` **und** `average()`

Neben Konsolenausgaben oder der Übertragung in eine Collection stellen Berechnungen auf den Daten gebräuchliche Terminal Operations dar. Für Zahlenwerte sind etwa Berechnungen wie Minimum, Maximum, Summe oder Durchschnitt typisch. Aber auch die Berechnung der Anzahl an Elementen im Stream gehört dazu.

Nachfolgend ermitteln wir mit `count()` zunächst, wie viele Personen mit dem Buchstaben »T« im Namen starten. Dann berechnen wir mithilfe der Methode `sum()` die Summe aus allen Altersangaben dieser Personen. Das Ergebnis ist vom Typ `int`. Ebenso können wir durch Aufruf von `min()` bzw. `max()` das Minimum bzw. Maximum, also hier das Alter der jüngsten bzw. ältesten Person ermitteln (im Listing nicht gezeigt). Wenn wir nun das Durchschnittsalter berechnen, nutzen wir dazu die Methode `average()`. Dabei gibt es zwei Dinge zu lernen. Zum einen ist das Ergebnis keine Ganzzahl mehr und zum anderen existiert möglicherweise kein Durchschnitt, nämlich dann, wenn die Quelle für den Stream leer ist. Um diesen Sachverhalt ausdrücken zu können, verwenden wir ganz nebenbei noch die Klasse `OptionalDouble` – ähnliche Klassen gibt es auch für andere primitive Typen und mit `Optional<T>` für Referenztypen. Details dazu beschreibt Abschnitt 6.2.

```java
public static void main(final String[] args)
{
    final List<Person> persons = new ArrayList<>();
    persons.add(new Person("Ten", 10));
    persons.add(new Person("Twenty", 20));
    persons.add(new Person("Thirty", 30));
    persons.add(new Person("Forty", 40));

    // Anzahl an Personen, deren Name mit 'T' startet
    final int count = persons.stream().filter(person -> person.getName().
                                startsWith("T")).count();
    System.out.println("count: " + count);

    // Summe berechnen
    final int sum = persons.stream().filter(person -> person.getName().
                                startsWith("T")).
                                mapToInt(Person::getAge).sum();
    System.out.println("sum: " + sum);

    // Durchschnitt berechnen
    final OptionalDouble avg = persons.stream().
                                filter(person -> person.getName().
                                contains("X")).
                                mapToInt(Person::getAge).average();
    System.out.println("avg: " + avg);
}
```

Starten wir das Programm CALCULATIONEXAMPLE, so werden mit `count()` drei Personen gezählt. Die Methode `sum()` liefert für die Alterangaben die Summe sechzig. Die zuletzt gezeigte Berechnung des Durchschnitts der Altersangaben (`average()`) für Personen mit einem »X« im Namen kann allerdings keinen Wert liefern, da keine Einträge dafür existieren. Dies wird durch `OptionalDouble.empty` modelliert. Somit kommt es zu folgenden Ausgaben:

```
count: 3
sum: 60
avg: OptionalDouble.empty
```

Hintergrundwissen: Verarbeitungsmethoden in Wrapper-Klassen

Damit sich verschiedene Stream-Operationen leichter formulieren lassen, wurden die Wrapper-Klassen `Integer`, `Long` und `Double` um verschiedene Methoden erweitert, besonders hervorzuheben sind hier `min()`, `max()` und `sum()`.

Die Methoden `allMatch()`, `anyMatch()`, `noneMatch()`

Recht gebräuchliche Anwendungsfälle beim Verarbeiten von Daten sind Prüfungen, ob alle, einige Elemente oder aber kein Element eine gewisse Bedingung erfüllen, beispielsweise ob alle Personen älter als 18 Jahre sind, Namen mit einem gewissen Buchstaben starten usw. Zur Umsetzung bietet das `Stream`-Interface die drei Methoden

- `allMatch(Predicate<? super T>)`,
- `anyMatch(Predicate<? super T>)` und
- `noneMatch(Predicate<? super T>)`,

die anhand des übergebenen `Predicate<T>` ein Ergebnis vom Typ `boolean` berechnen. Im Listing zeige ich drei Varianten von Tests, die auf den Startbuchstaben »T« prüfen:

```java
public static void main(final String[] args)
{
    final List<String> names = Arrays.asList("Tim", "Tom", "Micha");

    final Predicate<String> startWithT = str -> str.startsWith("T");

    final boolean allStartWithT = names.stream().allMatch(startWithT);
    final boolean anyStartWithT = names.stream().anyMatch(startWithT);
    final boolean noneStartWithT = names.stream().noneMatch(startWithT);

    System.out.println("allStartWithT: " + allStartWithT);
    System.out.println("anyStartWithT: " + anyStartWithT);
    System.out.println("noneStartWithT: " + noneStartWithT);
}
```

Die Ausführung des Programms MATCHEXAMPLE produziert folgende Ausgaben, die die obigen Aussagen zur Arbeitsweise verdeutlichen:

```
allStartWithT: false
anyStartWithT: true
noneStartWithT: false
```

Die Methoden `findFirst()` und `findAny()`

Auch das Suchen ist ein so verbreiteter Anwendungsfall, dass er seit JDK 8 im Interface `Stream` durch die Methoden `findFirst()` bzw. `findAny()` bereitgestellt wird:

```
final Optional<Person> optionalFirst = filteredPersons.findFirst();
final Optional<Person> optionalAny = filteredPersons.findAny();
```

Sinnvollerweise wird man zunächst eine Filterung vornehmen: `findFirst()` liefert dann das erste Element des Streams, falls es ein solches gibt. `findAny()` liefert ein beliebiges Element, falls es ein solches gibt. In beiden Fällen wird `Optional.empty` zurückgeliefert, sofern kein passendes Element bereitgestellt werden kann.

Beispiel zu `anyMatch()` und `findFirst()`

Nehmen wir an, wir wollten in einer Liste von Personen prüfen, ob eine Person mit dem gewünschten Namen enthalten ist bzw. wir möchten jeweils den ersten der gefundenen Einträge ermitteln. Vor JDK 8 könnte man eine entsprechende `containsPersonWithName()` bzw. `findPersonByName()`-Methode wie folgt schreiben:

```
boolean containsPersonWithName(final List<Person> persons, final String desired)
{
    return findPersonByName(person, desired) != null;
}

Person findPersonByName(final List<Person> persons, final String desired)
{
    for (final Person person : persons)
    {
        if (person.getName().equals(desired))
        {
            return person;
        }
    }

    return null;
}
```

Wenn wir Lambdas in Kombination mit Streams nutzen, so schreiben wir kürzer Folgendes:

```
// Namensfilter definieren
final Predicate<Person> nameFilter = person -> person.getName().equals(desired);

// containsPersonWithName()
final boolean personFound = persons.stream().anyMatch(nameFilter);

// findPersonByName()
final Optional<Person> searchedPerson = persons.stream().filter(nameFilter).
                                                               findFirst();
```

Die Filterbedingung vom Typ `Predicate<T>` realisieren wir als Lambda. Diesen `nameFilter` nutzen wir als Eingabe für einen Aufruf von `anyMatch(Predicate<T>)`

zum Ermitteln, ob mindestens ein Element im Stream die übergebene Bedingung erfüllt. Außerdem wird der `nameFilter` an eine Kombination aus `filter(Predicate<T>)` und `findFirst()` übergeben, wodurch eine Filterung erfolgt und der erste Eintrag der Treffermenge ermittelt wird. Diese kann durchaus leer sein. Gewöhnlich wird so etwas durch die Rückgabe von `null` oder Null-Objekten gemäß dem gleichnamigen Entwurfsmuster implementiert. Mit JDK 8 kann man die dort neu eingeführte generische Klasse `java.util.Optional<T>` nutzen, um optionale Werte in Form eines Objekts zu modellieren. Existiert kein gültiger Wert, so wird dies durch `Optional.empty()` ausgedrückt. Auf die Klasse `Optional<T>` gehe ich in Abschnitt 6.2 genauer ein.

Die Methode `reduce()` – Elemente zusammenfassen

Wir haben schon verschiedenste Terminal Operations kennengelernt, beispielsweise solche, die aus einer Menge von Elementen einen akkumulierten Wert wie die Summe oder den Durchschnitt oder einen booleschen Wert berechnet haben.

Nun wollen wir die Methode `reduce(BinaryOperator<T>)` betrachten. Durch deren Einsatz kann man Elemente des gleichen Typs `T` miteinander kombinieren. Das kann eine beliebige Operation sein: Zunächst schauen wir uns dies für Strings und deren Konkatenation an, danach für `Integer`-Objekte und die Addition sowie Multiplikation:

```java
public static void main(final String[] args)
{
    final Stream<String> names = Stream.of("Mike", "Tom", "Peter", "Chris");
    final Stream<Integer> integers = Stream.of(1, 2, 3, 4, 5);
    final Stream<Integer> empty = Stream.of();

    final Optional<String> stringConcat = names.reduce((s1,s2) -> s1 + ", " + s2);
    final Optional<Integer> multiplication = integers.reduce((s1,s2) -> s1 * s2);
    final Optional<Integer> addition = empty.reduce((s1,s2) -> s1 + s2);

    System.out.println("stringConcat:   " + stringConcat);
    System.out.println("multiplication: " + multiplication);
    System.out.println("addition:       " + addition);
}
```

Startet man das obige Programm REDUCEEXAMPLE, so kommt es zu nachfolgend gezeigten Ausgaben. Diese zeigen die Konkatenation bzw. Berechnung. Die von einem `Optional<T>` gespeicherten Werte sind in dessen Stringausgabe in eckigen Klammern angegeben:

```
stringConcat:   Optional[Mike, Tom, Peter, Chris]
multiplication: Optional[120]
addition:       Optional.empty
```

Die Methoden `joining()`, `groupingBy()` und `partitioningBy()`

Neben der Ausgabe auf der Konsole oder der Umwandlung der Daten eines Streams in eine Collection sind weitere Transformationen wünschenswert, etwa das Verknüpfen von Strings sowie die Gruppierung oder Partitionierung von Daten. Dazu bietet die Utility-Klasse `Collectors` verschiedene Hilfsmethoden, die man gewinnbringend in Kombination mit der Methode `collect()` nutzen kann. Nachfolgend wollen wir einen kurzen Blick auf folgende Methoden werfen:

- `joining()` – Fasst Einträge vom Typ `String` zusammen. Das ist nützlich, um etwa eine kommaseparierte Auflistung zu realisieren.
- `groupingBy()` – Nimmt eine Gruppierung anhand eines Kriteriums vor.
- `counting()` – Zählt die Vorkommen in Kombination mit `groupingBy()`.
- `partitioningBy()` – Unterteilt die Eingabedaten basierend auf einer Realisierung eines `Predicate<T>` in zwei Partitionen.

Den Einsatz der obigen Methoden zeigt das folgende Listing, wobei hier zur besseren Lesbarkeit der Berechnungen statische Imports genutzt werden. Als Beispieldaten verwenden wir verschiedene Namen, die wir unter anderem nach Länge gruppieren und die Vorkommen wie folgt zählen:

```java
import static java.util.stream.Collectors.counting;
import static java.util.stream.Collectors.groupingBy;
import static java.util.stream.Collectors.joining;
import static java.util.stream.Collectors.partitioningBy;

// ...

final List<String> names = Arrays.asList("Stefan", "Ralph", "Andi", "Mike",
                                "Florian", "Michael", "Sebastian");

final String joined = names.stream().sorted().collect(joining(", "));

Map<Integer, List<String>> grouped =
                names.stream().collect(groupingBy(String::length));

Map<Integer, Long> counting =
                names.stream().collect(groupingBy(String::length,
                        counting()));

Map<Boolean, List<String>> partitions =
                names.stream().filter(str -> str.contains("i")).
                collect(partitioningBy(str -> str.length() > 4));

// ...
```

Das Programm COLLECTORSSPECIALEXAMPLE produziert folgende Ausgaben, anhand derer sich die zuvor kurz beschriebene Arbeitsweise der Methoden erschließt:

```
joined:     Andi, Florian, Michael, Mike, Ralph, Sebastian, Stefan
grouped:    {4=[Andi, Mike], 5=[Ralph], 6=[Stefan], 7=[Florian, Michael],
            9=[Sebastian]}
counting:   {4=2, 5=1, 6=1, 7=2, 9=1}
partitions: {false=[Andi, Mike], true=[Florian, Michael, Sebastian]}
```

Beispiel: Worthäufigkeitshistogramm

Bei der Besprechung der zustandslosen Intermediate Operations hatte ich im Rahmen der Ausführungen zur Methode `flatMap()` gezeigt, wie man aus einer Eingabe, bestehend aus einer Menge von Sätzen, die Häufigkeit bestimmter Wörter ermitteln kann. Dort waren wir so weit gekommen, alle Wörter sortiert hintereinander ausgeben zu können. Mit den gerade vorgestellten Methoden zur Gruppierung können wir nun ein Worthäufigkeitshistogramm aufbereiten. Zur Erinnerung sind einige der relevanten Zeilen nochmals abgebildet und um die Gruppierung und die case-insensitive Sortierung der Schlüssel ergänzt:

```java
public static void main(final String[] args) throws IOException
{
    final Path exampleFile = Paths.get("src/chxx_jdk8/misc/Example.txt");

    // Datei einlesen neu in JDK 8: Siehe dazu Kapitel 6
    final List<String> contents = Files.readAllLines(exampleFile);

    // ...

    // Filterung basierend auf den Prädikaten
    final Stream<String> filteredContents = words.map(String::trim).
                                    filter(notIsShortWord).
                                    filter(isSignificantWord);

    // Mappings zum Satzzeichen entfernen
    final Function<String, String> removePunctuationMarks = str ->
    {
        if (str.endsWith(".") || str.endsWith(":") || str.endsWith("!"))
        {
            return str.substring(0, str.length()-1);
        }
        return str;
    };

    final Stream<String> mapped = filteredContents.map(removePunctuationMarks);

    // Gruppierung
    Function<String, String> identity = Function.identity(); // str -> str;
    Map<String, Long> grouped = mapped.collect(groupingBy(identity, counting()));

    // Sortierung der Schlüssel mithilfe einer TreeMap<K,V>
    Map<String, Long> sorted = new TreeMap<>(String.CASE_INSENSITIVE_ORDER);
    sorted.putAll(grouped);

    System.out.println(sorted);
}
```

Nach dem Start des Programms FLATMAPANDGROUPINGEXAMPLE erhält man folgende Ausgabe, die ein Worthäufigkeitshistogramm repräsentiert:

```
{contains=1, first=1, goodbye=1, Last=1, line=4, second=1, some=1,
text=3, Third=1}
```

3.3.6   Wissenswertes zur Parallelverarbeitung

Eingangs erwähnte ich, dass Streams als sequenzielle oder parallele Variante erzeugt werden können. Besonders interessant ist, dass man sich zu Beginn der Verarbeitung nicht darauf festlegen muss, wie alle Schritte abgearbeitet werden sollen. Es ist vielmehr möglich, beliebig zwischen paralleler und sequenzieller Abarbeitung hin und her zu schalten, wie es das nachfolgende Beispiel zeigt:

```java
final String adults = persons.parallelStream().filter(Person::isAdult).
                      sequential().map(Person::getName).
                      collect(Collectors.joining(", "));
```

An diesem Beispiel erahnt man die Möglichkeiten zur Parallelisierung von Berechnungen, die sich durch die neuen Sprachfeatures ergeben. Besonders praktisch ist, dass die dahinter stehende Komplexität für den Entwickler verborgen bleibt. Man muss sich somit nicht um Details der Multithreading-Verarbeitung kümmern, sondern beschreibt die Abläufe auf einer höheren Abstraktionsebene.

Besonderheit bei `parallelStream()` und `forEach()`

Wenn Sie eine Verarbeitung parallel mit `parallelStream()` ausgeführt haben, dann entsprechen die Ausgaben über `forEach(Consumer<? super T>)` teilweise nicht dem, was Sie erwarten: Die Reihenfolge der Ausgabe ist oftmals ungeordnet.

Für das Sortieren kann man den geschilderten Sachverhalt gut nachvollziehen. Schauen wir zur Verdeutlichung auf eine Liste von Namen:

```java
public static void main(final String[] args)
{
    final List<String> names = Arrays.asList("Stefan", "Ralph", "Andi", "Mike");
    names.parallelStream().sorted().forEach(System.out::println);
}
```

Das Programm WRONGPARALLELFOREACHEXAMPLE produziert manchmal ungeordnete Ausgaben ähnlich zu folgender, obwohl explizit `sorted()` zur Sortierung aufgerufen wurde.

```
Ralph
Andi
Stefan
Mike
```

Führt man das Programm mehrmals aus, so erkennt man die zufällige Reihenfolge. Um die korrekte Reihenfolge bei Parallelverarbeitung sicherzustellen, muss man Aufrufe der Methode `forEachOrdered(Consumer<? super T>)` wie folgt nutzen:

```java
public static void main(final String[] args)
{
    final List<String> names = Arrays.asList("Stefan", "Ralph", "Andi", "Mike");
    names.parallelStream().sorted().forEachOrdered(System.out::println);
}
```

> **Anmerkung: Sinnhaftigkeit der »Umschalterei«**
>
> Eine Umschaltung von Parallelverarbeitung auf eine anschließend sequenzielle Weiterverarbeitung kann möglicherweise ungünstig sein: Die zuvor durch die Parallelverarbeitung erzielten Performance-Vorteile können so teilweise wieder zunichtegemacht werden, weil am Ende der Parallelverarbeitung eine Abstimmung (Synchronisation) benötigt wird. Ein wiederholtes Umschalten zwischen paralleler und sequenzieller Abarbeitung ist daher in der Regel wenig sinnvoll.

3.4   Filter-Map-Reduce

Wir haben uns mittlerweile so viel Grundlagenwissen zu Streams erarbeitet, dass uns nun das Verständnis der mächtigen neuen Filter-Map-Reduce-Funktionalität – einer speziellen Untermenge des Stream-APIs – recht leicht fallen sollte.

Aufgabenstellung: Filtere eine Liste und extrahiere Daten

Nehmen wir an, unsere Aufgabe bestünde darin, eine Liste von Personen zu filtern, dabei alle im Juli Geborenen zu ermitteln und deren Namen kommasepariert auszugeben. Gegeben sei dazu folgende `List<Person>` als Eingabe:[5]

```
private static final List<Person> persons = Arrays.asList(
                 new Person("Stefan", LocalDate.of(1971, MAY, 12)),
                 new Person("Micha", LocalDate.of(1971, FEBRUARY, 7)),
                 new Person("Andi Bubolz", LocalDate.of(1968, JULY, 17)),
                 new Person("Andi Steffen", LocalDate.of(1970, JULY, 17)),
                 new Person("Merten", LocalDate.of(1975, JUNE, 16)));
```

Die Aufgabe lässt sich in folgende drei Schritte untergliedern:

1. Filtere auf alle im Juli Geborenen
2. Extrahiere ein Attribut, im Beispiel den Namen
3. Bereite eine kommaseparierte Liste auf

Bevor wir uns die mit JDK 8 bereitgestellte Filter-Map-Reduce-Funktionalität anschauen, werfen wir einen Blick darauf, wie man so etwas mit JDK 7 realisiert hätte.

3.4.1   Herkömmliche Realisierung

Der herkömmliche Ansatz bis einschließlich JDK 7 besteht darin, die Funktionalität selbst zu programmieren. Der Übersichtlichkeit halber werden die einzelnen Schritte

---

[5]Aufmerksamen Lesern fallen die hier genutzten Klassen bzw. Aufzählung `LocalDate` und `Month` und deren Konstanten, etwa `MAY` und `JULY`, auf. Diese sind neu im JDK 8 und werden später in Kapitel 4 genauer erläutert.

in Form kurzer Methoden realisiert. Zum besseren Verständnis beginnen wir mit der Implementierung einer `main()`-Methode, die folgende drei Schritte ausführt:

```java
public static void main(final String[] args)
{
    // Schritt 1: Filtere
    final List<Person> bornInJuly = filterByMonth(persons, Month.JULY);

    // Schritt 2: Extrahiere
    final List<String> names = extractNameAttribute(bornInJuly);

    // Schritt 3: Bereite Ergebnis auf
    final String result = joinStrings(names, ", ");

    System.out.println(result);
}
```

Filtere auf alle im Juli Geborenen

Wir konstruieren eine Ergebnisliste `filteredPersons` und fügen dort diejenigen `Person`-Objekte hinzu, die das Kriterium „Geboren im Juli" erfüllen:

```java
static List<Person> filterByMonth(final List<Person> persons, final Month month)
{
    final List<Person> filteredPersons = new ArrayList<>();
    for (final Person person : persons)
    {
        if (person.getBirthday().getMonth().equals(month))
        {
            filteredPersons.add(person);
        }
    }
    return filteredPersons;
}
```

Extrahiere ein Attribut

Als zweiten Schritt nehmen wir eine *Extraktion* von Daten vor (man spricht auch von *Projektion*). Die Namen der Personen werden ausgelesen und als `List<String>` bereitgestellt. Die korrespondierende Implementierung ist in folgendem Listing gezeigt:

```java
static List<String> extractNameAttribute(final List<Person> persons)
{
    final List<String> names = new ArrayList<>();
    for (final Person person : persons)
    {
        names.add(person.getName());
    }
    return names;
}
```

Bereite eine kommaseparierte Liste auf

Zur Aufbereitung der Ausgabe durchlaufen wir die als Parameter übergebene Liste und fügen jedes Element gefolgt von einem Komma (mit Ausnahme des letzten) in ein `StringBuilder`-Objekt per `append()` ein:

```java
static String joinStrings(final List<String> names, final String delimiter)
{
    final StringBuilder sb = new StringBuilder();

    final Iterator<String> it = names.iterator();
    while (it.hasNext())
    {
        sb.append(it.next());
        if (it.hasNext())
            sb.append(delimiter);
    }

    return sb.toString();
}
```

Führen wir die realisierte Funktionalität – wie zuvor in `main()` gezeigt – aus, so werden die beiden im Juli geborenen Personen ausgegeben:

```
Andi Bubolz, Andi Steffen
```

Wenn man die Lösung betrachtet, so fällt negativ auf, dass diese recht lang ist. Erst bei etwas genauerem Überlegen bemerkt man einen weiteren Nachteil: Die Abarbeitung erfolgt sequenziell und die Laufzeit erhöht sich linear zu der Anzahl gespeicherter Personen. Als Alternative kann man die gesamte Funktionalität innerhalb nur einer Methode und ineinander verschränkt realisieren. Das wird zwar minimal schneller, jedoch deutlich unübersichtlicher – insbesondere, wenn die Abfragen komplexer werden. Auch kann man Erweiterungen kaum realisieren und die fehlende Kombinierbarkeit widerspricht dem Gedanken der Orthogonalität. Schauen wir uns jetzt eine mit Java 8 mögliche Variante an.

3.4.2   Filter-Map-Reduce mit JDK 8

Mit JDK 8 wird eine Filter-Map-Reduce-Funktionalität in Java bereitgestellt, die stark vom Einsatz von Lambdas profitiert. Dabei stehen die drei Begriffe Filter, Map und Reduce für die bereits im vorangegangenen Beispiel kennengelernten Aktionen:

- **Filter** – Aus einer Ausgangsmenge von Objekten werden diejenigen herausgefiltert, die den benötigten Anforderungen entsprechen.
- **Map** – Mit Mapping oder Projektion ist der Vorgang gemeint, der aus einem Objekt gewisse Informationen ableitet und diese in einer gewünschten Form aufbereitet. Map beschreibt eine Projektion, d. h. eine Transformation eines Elements in eine andere Repräsentation (wobei die Anzahl Elemente gleich bleibt).

■ **Reduce** – Schlussendlich sollen die Berechnungsergebnisse verarbeitet werden, etwa auf der Konsole ausgegeben oder als Ergebnismenge in einer Collection aufbereitet werden. Reduce beschreibt somit das Zusammenfassen zu einem Resultat.

Diese Schritte sind in der nachfolgenden Abbildung visualisiert:

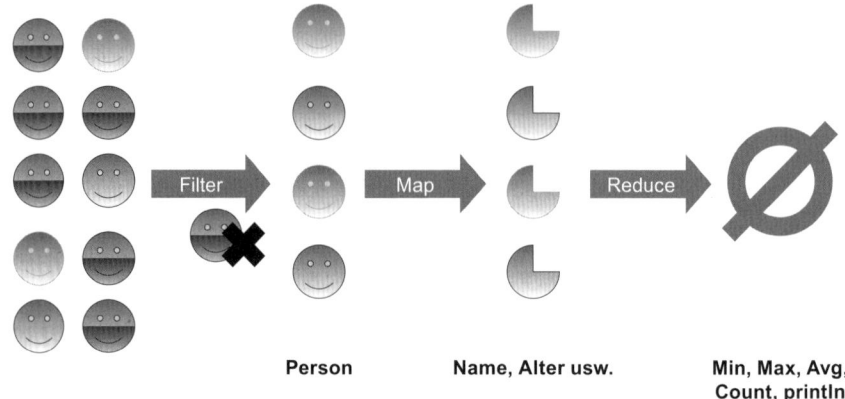

Person	Name, Alter usw.	Min, Max, Avg, Count, println

Abbildung 3-3 *Symbolische Darstellung von Filter-Map-Reduce*

Filter-Map-Reduce im Einsatz

Wir machen uns jetzt daran, die drei Verarbeitungsschritte zur Filterung mithilfe des Filter-Map-Reduce-Frameworks und von Lambdas zu implementieren. Die benötigten Grundlagen haben wir uns zuvor bei der Besprechung der Intermediate und Terminal Operations erarbeitet. Dieses Wissen muss man nur noch geeignet kombinieren:

```
final String bornInJuly = persons.stream().
                    filter(person -> person.getBirthday().getMonth().
                                equals(Month.JULY)).
                    map(Person::getName).
                    reduce("", stringCombiner);
```

Die beiden Schritte Filter und Map sind intuitiv verständlich, beim Reduce-Schritt bedienen wir uns eines Tricks. Hierbei wird die nachfolgend gezeigte Realisierung des funktionalen Interface `BinaryOperator<T>` namens `stringCombiner` genutzt. Dort wird aus zwei Eingaben vom Typ `T` ein Ergebnis vom Typ `T` berechnet. Die Kombination zweier Strings können wir wie folgt implementieren:

```
final BinaryOperator<String> stringCombiner = (str1, str2) ->
{
    if (str1.isEmpty())
    {
        return str2;
    }
    return str1 + ", " + str2;
};
```

Beim Betrachten dieses Lambdas erinnern Sie sich vielleicht an meinen Tipp, Lambdas lediglich für solche Dinge zu nutzen, deren Implementierung nur wenige Zeilen Sourcecode umfasst. Hier ist das schon grenzwertig. Natürlich könnte man hier alternativ einen ternären Ausdruck nutzen, aber auch der ist schon etwas unleserlich:

```java
final BinaryOperator<String> stringCombiner = (str1, str2) ->
{
    return str1.isEmpty() ? str2 : str1 + ", " + str2;
};
```

Zusammenfassen von Werten mit `Collectors`

Das Zusammenfassen von Einträgen ist ein gebräuchlicher Anwendungsfall. Daher bietet das JDK 8 eine spezielle Form einer Reduce-Methode namens `collect()`, die wir bereits kurz im Rahmen der Terminal Operations in Abschnitt 3.3.5 besprochen haben. Vorgefertigte Implementierungen der dort benötigten `Collector`-Instanzen finden sich in der Utility-Klasse `Collectors`. Einige davon haben wir schon zuvor kennengelernt. Wir wählen hier `joining(String)` zur Kombination von Strings wie folgt:

```java
final String bornInJuly = persons.stream().
                    filter(person ->
                            person.birthday.getMonth() == Month.JULY).
                    map(person -> person.name).
                    collect(Collectors.joining(", "));
```

Man erkennt sehr schön, dass die gewählte Form mehr am zu lösenden Problem ausgerichtet ist und nicht ein spezieller Algorithmus zum Filtern programmiert wird. Außerdem versteckt `joining()` die Spezialbehandlung der korrekten Aufbereitung einer kommaseparierten Ausgabe.

Hinweis: Die Methode `String.join()`

Wenn tatsächlich nur textuelle Werte miteinander verknüpft werden sollen, dann kann man die in der Klasse `String` mit JDK 8 neu eingeführte Methode `join(CharSequence delimiter, CharSequence... elements)` nutzen:[a]

```java
final String stringConcat = String.join(", ", names);
```

Etwas unglücklich empfinde ich die Signatur, in der der Delimiter vor den zu verknüpfenden Elementen angegeben werden muss. Das liegt aber einfach daran, dass in Java Varargs nur für den letzten Parameter in einer Signatur auftreten dürfen.

---

[a]Wir haben zuvor mit `joinStrings()` eine ähnliche Methode entworfen.

Aufbereitung/Verknüpfung nicht textueller Werte

Gerade haben wir gesehen, wie einfach die kommaseparierte Aufbereitung von textuellen Werten mithilfe von Lambdas und den Neuerungen im Stream-API geschrieben werden kann.

Etwas mehr Aufwand muss man betreiben, wenn man Zahlen oder Objekte auf diese Weise miteinander verknüpfen möchte. Nehmen wir an, wir wollten die Altersangaben der Personen kommasepariert aufbereiten. Dazu müssen wir die Objekte, hier vom Typ `Integer`, in Strings wandeln, bevor wir sie mit `joining()` verknüpfen können. Die Umwandlung kann explizit durch einen Aufruf von `toString()` erfolgen oder aber implizit durch die Notation `""` + `value`. Im folgenden Listing sind beide Varianten angegeben:

```
// Explizite Umwandlung / Mapping mit toString
final String joined1 = persons.stream().mapToInt(Person::getAge)
                               .mapToObj(Integer::toString)
                               .collect(joining(", "));

// Implizite Umwandlung / Mapping durch "" + value
final String joined2 = persons.stream().map( person -> "" + person.getAge() )
                               .collect(joining(", "));
```

3.5 Fallstricke bei Lambdas und funktionaler Programmierung

In den vorangegangenen Abschnitten haben wir gesehen, wie viel Positives durch den Einsatz von Lambdas in Kombination mit den Bulk Operations on Collections und der Filter-Map-Reduce-Funktionalität erzielbar ist.

Nachfolgend sollen aber zwei mögliche Probleme kurz thematisiert werden: Zum einen ist mit Streams und dem Filter-Map-Reduce-Framework die Lernkurve steiler geworden und Java ist an einigen Stellen recht komplex, da eine Vielzahl von Interfaces neu eingeführt wurde, deren Realisierung nicht immer ganz so intuitiv ist. Zum anderen stellt die funktionale Programmierung auch Ansprüche an die Fähigkeiten der Entwickler, das Paradigma richtig umzusetzen.

3.5.1 Java-Fehlermeldungen werden zu komplex

Wenn man anstelle von Lambdas versucht, die neuen Funktionalitäten mithilfe anonymer innerer Klassen zu nutzen, stößt man mitunter recht schnell auf Probleme und man erhält kaum verständliche Fehlermeldungen. Wir sehen uns hier zur Demonstration lediglich ein kurzes Beispiel an. Danach kann sich jeder Entwickler seine eigene Meinung darüber bilden.

Nachfolgend betrachten wir wieder einige Personen und realisieren ein Mapping von einem `Person`-Objekt auf das Attribut `age` als `Function<Person, Integer>`.

Wir versuchen dann, das Durchschnittsalter mit einer (versehentlich bzw. im folgenden Beispiel zu Demonstrationszwecken) nicht ganz passenden `ToIntFunction<Double>` zu berechnen:

```java
final List<Person> persons = new ArrayList<>();

// ...

// Mapping auf Alter
final Stream<Integer> agesStream = persons.stream().
                            map(new Function<Person, Integer>()
{
    @Override
    public Integer apply(final Person person)
    {
        return person.getAge();
    }
});

// Durchschnittsberechnung
final int averageAge = agesStream.collect(Collectors.
                            averagingInt(new ToIntFunction<Double>()
{
    @Override
    public int applyAsInt(final Double value)
    {
        return value.intValue();
    }
});
```

Wenn man das Programm kompiliert (per javac oder in Netbeans), so bekommt man eine Fehlermeldung, die man erst einmal verdauen und vor allem verstehen muss. Das gestaltet sich allein schon aufgrund der schieren Länge als eine Herausforderung:

```
no suitable method found for collect(Collector<Double,CAP#1,Double>)
    method Stream.<R#1>collect(Supplier<R#1>,BiConsumer<R#1,? super Integer>,
        BiConsumer<R#1,R#1>) is not applicable
      (cannot infer type-variable(s) R#1
        (actual and formal argument lists differ in length))
    method Stream.<R#2,A>collect(Collector<? super Integer,A,R#2>) is not
        applicable
      (inferred type does not conform to upper bound(s)
        inferred: Integer
        upper bound(s): Double,Object)
where R#1,T,R#2,A are type-variables:
  R#1 extends Object declared in method <R#1>collect(Supplier<R#1>,BiConsumer<R
    #1,? super T>,BiConsumer<R#1,R#1>)
  T extends Object declared in interface Stream
  R#2 extends Object declared in method <R#2,A>collect(Collector<? super T,A,R
    #2>)
  A extends Object declared in method <R#2,A>collect(Collector<? super T,A,R#2>)
where CAP#1 is a fresh type-variable:
  CAP#1 extends Object from capture of ?
```

Die von Eclipse produzierte Fehlermeldung ist etwas kürzer:

```
The method collect(Collector<? super Integer,A,R>) in the type Stream<Integer>
is not applicable for the arguments (Collector<Double,capture#1-of ?,Double>)
```

Wie schon bei Intermediate Operations und Berechnungen besprochen, existieren bei der Berechnung von Durchschnittswerten zwei Besonderheiten. Zum einen kann für den Fall eines leeren Streams kein Durchschnitt ermittelt werden. Zum anderen lässt sich der Durchschnitt von `Integer`- oder `Long`-Werten nur durch einen Gleitkommatyp, etwa `Double`, darstellen. Hier hätte man einfach einen anderen Collector sowie einen anderen Ergebnistyp wählen müssen, was aber nur Experten anhand der Fehlermeldung erahnen können. Das Ganze ließe sich wie folgt korrigieren:

```
final Double averageAge = agesStream.collect(Collectors.averagingDouble(
                               new ToDoubleFunction<Integer>()
{
    @Override
    public double applyAsDouble(final Integer value)
    {
        return value.doubleValue();
    }
}
```

Das gezeigte Beispiel müsste auch noch in seiner Funktionalität korrigiert werden, denn möglicherweise lässt sich bei einer leeren Eingabemenge kein Durchschnitt berechnen. Diese Thematik wollen wir hier nicht weiter behandeln, da es in diesem Abschnitt lediglich um die Darstellung der recht verwirrenden und komplexen Fehlermeldungen ging. In Abschnitt 6.2 gehe ich aber im Detail auf die Klasse `Optional<T>` zur Darstellung optionaler Werte sowie korrespondierende Klassen zur direkten Verarbeitung primitiver Typen ein.

3.5.2 Fallstrick: Imperative Lösung 1:1 funktional umsetzen

Jedes Programmierparadigma hat seine spezifischen Stärken und Schwächen. Wenn man aber zwei Paradigmen miteinander mischt, so besteht auch immer die Gefahr, die Schwächen zu kombinieren. Das nachfolgende prägnante Beispiel wurde leicht modifiziert und stammt ursprünglich aus einem Blog[6] von Johannes Weigend, der mir die Erlaubnis gegeben hat, es hier präsentieren zu dürfen.

Schauen wir auf ein Programmstück, das imperativ eine Menge von Personen durchgeht und für alle Personen namens »TheOne« die Methode `action(Person)` aufruft.

```
for (int i = 0; i < persons.size(); i++)
{
    final Person person = persons.get(i);
    if (person.getName().equals("TheOne"))
    {
        action(person);
    }
}
```

---

[6] http://qaware.blogspot.ch/2013/09/lambdas-and-streams-in-jdk-8.html

Die gewünschte Funktionalität ist wie prädestiniert für den Einsatz von Filter-Map-Reduce. Wenn man nun versucht, den Algorithmus mithilfe funktionaler Konstrukte imperativ nachzuprogrammieren, könnte dabei etwa Folgendes herauskommen:

```
IntStream.range(0, persons.size()).
        mapToObj(persons::get).
        filter(person -> person.getName().equals("TheOne")).
        forEach(person -> action(person));
```

Man sieht, dass hier nicht das zu lösende Problem im Mittelpunkt steht, sondern eine 1:1-Umsetzung des Algorithmus: Die `for`-Schleife wird durch `IntStream.range()` und das indizierte Auslesen durch `mapToObj()` abgebildet. Ein solches Vorgehen ist wenig sinnvoll. Schauen wir uns die Korrektur an: Mit dem bisher aufgebauten Wissen können Sie das sicher schon selbst. Wahrscheinlich würden Sie durch Nutzung eines funktionalen Stils die obige Funktionalität wie folgt realisieren:

```
persons.stream().filter(person -> person.getName().equals("TheOne")).
        forEach(person -> action(person));
```

3.6   Fazit

Dieses Kapitel hat einen fundierten Überblick über die Erweiterungen im Zusammenhang mit Bulk Operations on Collections gegeben. Dabei wurden insbesondere die deutlichen Erleichterungen bei der Programmierung anhand kleiner praxisnaher Beispiele hervorgehoben.

Auch wenn ich zum Abschluss noch auf zwei mögliche Probleme beim Einsatz von Lambdas, dem Filter-Map-Reduce-Framework sowie der funktionalen Programmierung eingegangen bin, so überwiegen doch die positiven Seiten.

Neben verschiedenen praktischen Erweiterungen im Collections-Framework sind die neu eingeführten Streams besonders erwähnenswert. Damit ist es endlich möglich, viele Aufgabenstellungen näher am zu lösenden Problem zu beschreiben, als dies mit imperativer Ausformulierung eines Algorithmus möglich ist. Außerdem lassen sich Algorithmen bei Bedarf parallel ausführen. Dadurch kann man von den Multicores in heutigen Prozessoren profitieren, ohne die Parallelisierung aufwendig mit dem Fork-Join-Framework oder in mühevoller Kleinarbeit und fehlerträchtig selbst mit Threads umzusetzen.

4 JSR-310: Date And Time API

In diesem Kapitel stelle ich das im Rahmen von JSR-310 erarbeitete neue Date And Time API vor. Zunächst erläutere ich, wieso es notwendig wurde, einen dritten Wurf zur Datumsverarbeitung zu entwickeln, bevor ich dann auf das neue API eingehe.

4.1 Datumsverarbeitung vor JSR-310

Die Verarbeitung von Datumswerten und Zeitangaben scheint einfach, ist es aber nicht. Tatsächlich ist es sogar ziemlich kompliziert, weil verschiedene Dinge zu beachten sind, etwa der Einfluss von Zeitzonen, Schaltjahren sowie Sommer- und Winterzeit.

Beispielsweise kann man durch Aufruf der Methode `System.currentTimeMillis()` eine Zeitangabe in Form eines `long`-Werts erhalten, der die Anzahl der seit dem 1.1.1970 vergangenen Millisekunden darstellt. Häufig benötigt man aber eine objektorientierte Sichtweise und eine bessere Abstraktion. Das gilt etwa, wenn man Berechnungen anstellen möchte wie »Gehe einen Monat in die Vergangenheit«. So etwas in Millisekunden zu berechnen, ist kompliziert, da gegebenenfalls Schaltjahre und verschiedene Längen von Monaten zu berücksichtigen sind. Mit der Klasse `java.util.Date` lassen sich derartige Berechnungen nur unzureichend abbilden, weil nur eine minimale Abstraktion eines `long` geboten wird. Zudem lauern in der Klasse `Date` einige Fallstricke, weshalb eine Vielzahl der dort definierten Methoden als `deprecated` gekennzeichnet wurden und nicht mehr verwendet werden sollten. Warum dies der Fall ist, möchte ich an einem einfachen Konstruktoraufruf der Klasse `Date` zeigen, der mit dem 7. Februar 1971 den Geburtstag des Autors erzeugt. Intuitiv würde man dies etwa wie folgt realisieren, wobei hier schon die amerikanische Reihenfolge erst Monat, dann Tag genutzt wird:

```java
public static void main(final String[] args)
{
    // Geburtstag des Autors: 7.2.1971
    final int year = 1971;
    final int month = 2;
    final int day = 7;

    System.out.println(new Date(year, month, day));
    System.out.println(new Date(year - 1900, month - 1, day));
}
```

Führt man das Programm DATECTORPROBLEMSEXAMPLE aus, so landet man im März des Jahres 3871! Nur die gezeigten Korrekturwerte führen zum korrekten Datum:

```
Tue Mar 07 00:00:00 CET 3871
Sun Feb 07 00:00:00 CET 1971
```

Selbst diese scheinbar einfache Konstruktion eines Datums ist also gespickt mit Fallstricken: Der Konstruktor addiert auf den Jahreswert das Offset 1900, erwartet Monatsangaben 0-basiert und verarbeitet Tagesangaben 1-basiert!

Als Alternative bzw. Ergänzung zur Klasse Date gibt es im JDK die abstrakte Klasse java.util.Calendar, deren Realisierungen weniger Fallstricke bergen und eine bessere Abstraktion bieten (Konstanten für Monate, Addition von Zeitwerten usw.). Damit werden die Verarbeitung und vor allem Berechnungen erleichtert. Allerdings ist einiges noch immer ziemlich kompliziert, und zwar insbesondere dann, wenn man statt mit Datum und Uhrzeit in Kombination nur mit Zeitangaben oder Datumswerten rechnen möchte. Für diese Fälle beginnen die Spezialisierungen von Calendar recht unhandlich zu werden.

Weitere Probleme des alten Datum-APIs sind:

■ Die Klassen Date, Calendar, SimpleDateFormat und DateFormatter sind veränderlich. Im Zusammenhang mit Multithreading kann es dadurch schnell zu Inkonsistenzen kommen.

■ Von der Klasse Date aus dem Package java.util sind die Klassen Date, Time und Timestamp aus dem Package java.sql abgeleitet. Diese Subklassen stellen aber semantisch keine wirklichen Subtypen dar, weil sie jeweils nur einen speziellen Aspekt eines Datumswerts beschreiben.

■ Es existieren verschiedene Probleme bei der Ausgabe, etwa die fehlende Möglichkeit, Calendar-Objekte formatiert auszugeben.

Beispiel: API-Merkwürdigkeiten bei Berechnungen

Ein besonders kurioses Problem, über das ich erst neulich (wieder) gestolpert bin, möchte ich Ihnen nicht vorenthalten. Die einfache Aufgabe besteht darin, aus zwei Zeitwerten, die als Date-Objekt gegeben sind, deren zeitliche Differenz zu berechnen und im Format HH:mm:ss auszugeben.

```
public static void main(final String[] args) throws ParseException
{
    // Unterschied 1 Stunde, 10 Minuten und 20 Sekunden
    final String startTimeAsString = "10:10:10";
    final String endTimeAsString   = "11:20:30";

    // Umwandlung in Date-Objekte
    final SimpleDateFormat dateFormat = new SimpleDateFormat("HH:mm:ss");
    final Date startTime = dateFormat.parse(startTimeAsString);
    final Date endTime = dateFormat.parse(endTimeAsString);
```

```
// Berechne Differenz basierend auf Millisekunden
final long durationInMs = endTime.getTime() - startTime.getTime();
System.out.println("duration in seconds = " + TimeUnit.MILLISECONDS.
                                         toSeconds(durationInMs));

final String duration1 = dateFormat.format(new Date(durationInMs));
System.out.println("duration 1 = " + duration1);

// DateFormat muss Zeitzone gesetzt bekommen
dateFormat.setTimeZone(TimeZone.getTimeZone("GMT"));
final String duration2 = dateFormat.format(new Date(durationInMs));
System.out.println("duration 2 = " + duration2);
}
```

Startet man das Programm OLDAPIDURATIONCALCULATIONEXAMPLE, so wird die Differenz von 1 Stunde, 10 Minuten und 20 Sekunden korrekt als 4220 Sekunden berechnet. Wenn man diese jedoch mithilfe eines `SimpleDateFormats` ausgeben möchte, erhält man eine Zeitangabe von 2 Stunden 10 Minuten und 20 Sekunden. Erst dann, wenn man im `SimpleDateFormat` die Zeitzone setzt, erhält man die korrekte Ausgabe – darauf muss man erst einmal kommen!

```
duration in seconds = 4220
duration 1 = 02:10:20
duration 2 = 01:10:20
```

Dieses Beispiel illustriert die Merkwürdigkeiten im alten Date-API und zeigt, warum eine Neuentwicklung notwendig wurde.

Somit ist die Verarbeitung von Datumswerten in Java bislang recht umständlich, und weder die Klasse `Date` noch das Interface `Calendar` bieten gelungene APIs zur Datumsverwaltung. Zwar sind diese Probleme schon seit Längerem bekannt, aber seit JDK 1.2 gab es keine Neuerungen mehr, obwohl bereits seit 2007 in Form des JSR-310 an einer Neuentwicklung der Datumsverarbeitung gearbeitet wird. Aufgrund der Unzulänglichkeiten der bisher verfügbaren Implementierungen zur Datumsverarbeitung haben viele größere Projekte vermutlich zunächst eigene kleinere Hilfsmethoden oder Utility-Klassen geschrieben. Das war wohl auch der Grund, dass die Bibliothek Joda-Time entwickelt wurde. Sie hat sich mittlerweile als De-facto-Standard etabliert, weil sich durch deren Nutzung die Datumsverarbeitung stark vereinfacht. Da in Joda-Time alle Klassen immutable und damit Thread-sicher sind, ist deren Einsatz auch im Multithreading-Kontext unkritisch.

Die im Rahmen von JSR-310 entwickelten Klassen adressieren die Probleme mit den bisherigen Datums-APIs des JDKs und nutzen vor allem Ideen aus der Bibliothek Joda-Time, deren Schöpfer Stephen Colebourne eine führende Rolle bei der Entwicklung von JSR-310 innehatte. Die Zielsetzung von JSR-310 ist, alles besser und einfacher nutzbar zu machen und ein gelungenes, hilfreiches API zur Verwaltung und zur Manipulation von Datums- und Zeitwerten bereitzustellen. Diese Ergänzung findet erst mit Java 8 Einzug ins JDK und wird nachfolgend in Form kleinerer Beispiele vorgestellt.

4.2   Überblick über die neu eingeführten Klassen

Das durch JSR-310 realisierte neue Date And Time API fügt dem JDK einige Funktionalität in fünf Packages unter `java.time` hinzu. Dabei unterscheidet man im wesentlichen zwei Konzepte: Zum einen ist dies die kontinuierliche oder Maschinenzeit, bei der durch die Klasse `java.time.Instant` ein spezieller Zeitpunkt repräsentiert wird. Das ist näherungsweise mit der Intention der Klasse `Date` vergleichbar. Im Unterschied dazu wird jedoch eine Auflösung im Bereich von Nanosekunden geboten. Der Referenzzeitpunkt ist, wie bei `Date`, der 1. Januar 1970. Zum anderen existieren Datumsklassen, die eher an menschlichen Denkweisen ausgerichtet sind: Die Klassen `LocalDate` und `LocalTime` aus dem Package `java.time` repräsentieren Datumswerte ohne Zeitzonen in Form eines Datums bzw. einer Zeit. Beide modellieren jeweils nur die durch den Klassennamen beschriebene Zeitkomponente, also Datum oder Zeit.

Wir werden nachfolgend diverse neue Klassen anhand kurzer Beispiele kennenlernen. Dabei werden zur Objektkonstruktion in der Regel folgende Varianten genutzt:

■   `now()` – Datums-/Zeitwert basierend auf dem aktuellen Zeitpunkt
■   `of()`-Methoden – teilweise spezielle Methoden `ofDays()`, `ofMonths()`
■   `parse()` – Parsing von textuellen Angaben

4.2.1   Die Klasse `Instant`

Eine Instanz vom Typ `java.time.Instant` repräsentiert einen Zeitpunkt in Nanosekunden in Bezug auf den Referenzzeitpunkt 1.1.1970 00:00:00 Uhr. Die Zeit schreitet dabei linear voran: Diese Modellierung vereinfacht die Verarbeitung durch Computer, da keine Spezialfälle zu betrachten sind.

Im nachfolgenden Beispiel modellieren wir Abfahrts- und Ankunftszeiten einer Reise mit der Dauer von 5 Stunden (etwa mit der Bahn), die zum jetzigen Zeitpunkt beginnt. Diesen Startzeitpunkt ermitteln wir durch den Aufruf von `now()`. Die resultierende Ankunftszeit wird als `expectedArrivalTime` berechnet. Außerdem nehmen wir eine Verspätung von 7 Minuten an. Auf zweierlei Art wird daraus durch das folgende Programm INSTANTEXAMPLE die reale Ankunftszeit wie folgt berechnet:

```
public static void main(final String[] args)
{
    // Abfahrt jetzt und Reisedauer 5 Stunden
    final Instant departureTime = Instant.now();
    final Instant expectedArrivalTime = departureTime.plus(5, ChronoUnit.HOURS);

    // Verspätung von 7 Minuten auf zwei Arten berechnen
    final Instant realArrival = expectedArrivalTime.plus(7, ChronoUnit.MINUTES);
    final Instant realArrival2 = expectedArrivalTime.plus(Duration.ofMinutes(7));

    System.out.println(departureTime);         // 2014-03-22T13:54:50.818Z
    System.out.println(expectedArrivalTime);   // 2014-03-22T18:54:50.818Z
    System.out.println(realArrival);           // 2014-03-22T19:01:50.818Z
    System.out.println(realArrival2);          // 2014-03-22T19:01:50.818Z
}
```

4.2.2 Die Aufzählung `ChronoUnit`

Im vorherigen Beispiel haben wir vorgreifend die Aufzählung `java.time.temporal.`
`ChronoUnit` und die Klasse `java.time.Duration` genutzt, um Zeitdauern zu spe-
zifizieren. `ChronoUnit` ist eine Aufzählung, die all diejenigen Zeiteinheiten definiert,
mit denen im Date And Time API gerechnet werden kann. In `ChronoUnit` findet man
Definitionen unter anderem für Minuten, Stunden, Wochen usw. Tatsächlich sind dort
Konstanten für Nanosekunden bis hin zu Jahrtausenden sowie Äras und eine spezielle
`FOREVER`-Konstante definiert.

Greifen wir das obige Beispiel auf: Wir nutzen wieder Instanzen von `ChronoUnit`,
um die Zeitdauer in verschiedenen Varianten (Stunden und Minuten) darzustellen. Eine wichtige Eigenschaft ist, dass man mithilfe der Methode `between(Temporal,`
`Temporal)` die Differenz zwischen zwei Zeitpunkten bestimmen kann. Das dort als
Parametertyp genutzte Interface `java.time.temporal.Temporal` ist die Basis für
verschiedenste Klassen aus dem neuen Date And Time API, die Zeitpunkte modellieren wie `Instant`, `LocaleTime` usw. Die Differenz für zwei `Instant`-Objekte wird
durch Aufruf von `between(Temporal, Temporal)` ermittelt:

```
public static void main(final String[] args)
{
    // Abfahrt jetzt und Reisedauer 5 Stunden
    final Instant departureTime = Instant.now();
    final Instant arrivalTime = departureTime.plus(5, ChronoUnit.HOURS);

    System.out.println("departure now:   " + departureTime);
    System.out.println("arrival now + 5h: " + arrivalTime);

    // Berechnungen durchführen: Differenz bilden
    final long inBetweenHours = ChronoUnit.HOURS.between(departureTime,
                                                arrivalTime);
    final long inBetweenMinutes = ChronoUnit.MINUTES.between(departureTime,
                                                arrivalTime);

    System.out.println("inBetweenHours:   " + inBetweenHours);
    System.out.println("inBetweenMinutes: " + inBetweenMinutes);
}
```

Führt man das obige Programm CHRONOUNITEXAMPLE aus, so erhält man in etwa
folgende Ausgaben auf der Konsole, die sehr schön die Berechnungen von 5 Stunden
in die Zukunft sowie die Differenzbildung zwischen zwei Zeitpunkten in verschiedenen
Zeiteinheiten (Stunden und Minuten) zeigen:

```
departure now:    2014-02-19T22:13:50.691Z
arrival now + 5h: 2014-02-20T03:13:50.691Z
inBetweenHours:   5
inBetweenMinutes: 300
```

4.2.3 Die Klasse `Duration`

Die Klasse `java.time.Duration` erlaubt es, eine Zeitdauer in Nanosekunden exakt festzulegen, etwa um Differenzen zwischen zwei `Instant`-Objekten auszudrücken. Instanzen der Klasse `Duration` können durch Aufruf verschiedener Methoden konstruiert werden, wobei die Konstruktion aus übergebenen Werten verschiedener Zeiteinheiten[1] oder aber aus der Differenz zweier `Instant`-Objekte möglich ist:

```
public static void main(final String[] args)
{
    // Erzeugung
    final Duration durationFromSecs = Duration.ofSeconds(15);
    final Duration durationFromMinutes = Duration.ofMinutes(30);
    final Duration durationFromHours = Duration.ofHours(45);
    final Duration durationFromDays = Duration.ofDays(60);

    System.out.println("From Secs:    " + durationFromSecs);
    System.out.println("From Minutes: " + durationFromMinutes);
    System.out.println("From Hours:   " + durationFromHours);
    System.out.println("From Days:    " + durationFromDays);

    // Berechnungen
    final Instant now = Instant.now();
    final Instant silvester2013 = Instant.parse("2013-12-31T00:00:00Z");
    final Instant myBirthday2015 = Instant.parse("2015-02-07T00:00:00Z");
    final Duration duration1 = Duration.between(now, silvester2013);
    final Duration duration2 = Duration.between(now, myBirthday2015);

    System.out.println(now + " -- " + silvester2013 + ": " + duration1);
    System.out.println(now + " -- " + myBirthday2015 + ": " + duration2);
}
```

Führen wir das Programm DURATIONEXAMPLE aus, so kommt es zu folgenden Ausgaben, wobei im Speziellen folgende Dinge von Interesse sind: Zum einen werden Zeitdifferenzen maximal in der Zeiteinheit von Stunden abgebildet, wodurch für 60 Tage der Wert 1440 Stunden zustande kommt. Zum anderen wird ein Sprung in die Vergangenheit bzw. in die Zukunft gezeigt:

```
From Secs:    PT15S
From Minutes: PT30M
From Hours:   PT45H
From Days:    PT1440H
2014-03-23T11:22:54.648Z -- 2013-12-31T00:00:00Z: PT-1979H-22M-54.648S
2014-03-23T11:22:54.648Z -- 2015-02-07T00:00:00Z: PT7692H37M5.352S
```

Weil das Ganze recht intuitiv erscheint, es aber Fallstricke gibt, wollen wir das Thema Berechnungen noch ein wenig genauer betrachten. Neben der zuvor gezeigten Differenzberechnung mit `between(Temporal, Temporal)` ist auch eine Addition einer durch eine `Duration` definierte Zeitspanne zu einem `Instant`-Objekt möglich. Man erhält als Ergebnis wiederum ein `Instant`-Objekt.

Die Addition von Zeitspannen betrachten wir an folgendem Beispiel. Ausgehend vom Heiligabend, dem 24.12.2013, soll eine Woche in die Zukunft zum Silvester-Tag

---

[1]Zeiteinheiten mit variabler Länge, wie Monate, werden nicht unterstützt.

2013 gesprungen werden. Anschließend führen wir einen größeren Zeitsprung zum 18.3.2014, dem Releasedatum von JDK 8, aus. Wir schreiben dazu folgendes Programm:

```
public static void main(final String[] args)
{
    // Erzeugung
    final Instant christmas2013 = Instant.parse("2013-12-24T00:00:00Z");
    final Instant silvester2013 = Instant.parse("2013-12-31T00:00:00Z");
    final Instant jdk8Release = Instant.parse("2014-03-18T00:00:00Z");

    // Vergleichswerte errechnen
    System.out.println("Christmas -> Silvester:    " +
                        Duration.between(christmas2013, silvester2013));
    System.out.println("Silvester -> JDK 8 Release: " +
                        Duration.between(silvester2013, jdk8Release));

    // Berechnungen
    final Instant calcSilvester_1 = christmas2013.plus(Duration.ofDays(7));
    final Instant calcSilvester_2 = christmas2013.plus(7, ChronoUnit.DAYS);

    System.out.println(calcSilvester_1);
    System.out.println(calcSilvester_2);
}
```

Führt man das obige Programm DURATIONCALCULATIONEXAMPLE aus, so kommt es zu folgenden Ausgaben:

```
Christmas -> Silvester:    PT168H
Silvester -> JDK 8 Release: PT1848H
2013-12-31T00:00:00Z
2013-12-31T00:00:00Z
```

Nach diesen einfachen Differenzberechnungen zwischen zwei Datumswerten könnten wir beispielsweise einige Wochen oder Monate in die Vergangenheit oder Zukunft springen wollen. Dazu wären Methoden wie ofWeeks(long) bzw. ofMonths(long) praktisch. Diese existieren jedoch für Instants nicht. Schauen wir uns das genauer an: Während die fehlende Bereitstellung einer Methode von ofWeeks(long) sich noch recht gut durch eigene Berechnungen und der Nutzung von ofDays(long) realisieren lässt, wird dies für Monate ohne ofMonths(long) schwieriger. Das wirkt umständlich und man entdeckt möglicherweise die Methode plus(long, TemporalUnit). Diese scheint für unsere Berechnungen sehr praktisch zu sein, um Wochen oder Monate in die Zukunft zu springen. Setzen wir diese Methode einfach einmal ein:

```
public static void main(final String[] args)
{
    // Achtung: kein Duration ofWeeks(long) oder ofMonths(long)
    final Instant calcSilvester_3 = christmas2013.plus(1, ChronoUnit.WEEKS);
    final Instant calcJdk8Release = silvester2013.plus(3, ChronoUnit.MONTHS).
                                    plus(Duration.ofDays(18));

    System.out.println(calcSilvester_3);
    System.out.println(calcJdk8Release);
}
```

Wenn Sie das obige Programm DURATIONSPECIALEXAMPLE ausführen, werden jedoch statt der gewünschten Berechnungen Exceptions folgender Form ausgelöst:

```
Exception in thread "main" java.time.temporal.UnsupportedTemporalTypeException:
   Unsupported unit: Weeks
   at java.time.Instant.plus(Instant.java:867)
```

Zur Definition einer `Duration` können keine Zeiteinheiten genutzt werden, die sich nicht präzise durch Stunden, Minuten usw. ausdrücken lassen. Man könnte sich fragen: Wir haben doch aber eine `Duration` für die gewünschten Zeiträume basierend auf `Instant`s berechnen können. Wieso war das möglich? Die Antwort ist ganz einfach: Weil wir hier fixe Werte vorliegen haben und somit die Differenz dazwischen eindeutig zu bestimmen war. Die abstrakte Angabe von einer Woche oder einem Monat besitzt kein exaktes Äquivalent in Form einer fixen Zeitspanne. Hier steht die Modellierung in Maschinenzeit in Konflikt mit der komplexeren Wirklichkeit. Später werden wir als Abhilfe die Klasse `Period` kennenlernen.

4.2.4 Die Klassen `LocalDate`, `LocalTime` und `LocalDateTime`

Die Klasse `java.time.LocalDate` repräsentiert eine reine Datumsangabe, also ohne Zeitinformationen. Ein `LocalDate` ist eine Kombination aus Jahr, Monat und Tag. Mit der Klasse `java.time.LocalTime` wird eine Zeitangabe ohne Datumsangabe modelliert, z. B. 18:00 h. Die Klasse `java.time.LocalDateTime` ist eine Kombination aus beiden. Folgendes Programm zeigt die Klassen im Einsatz:

```java
public static void main(final String[] args)
{
    final LocalDate michasBirthday = LocalDate.of(1971, Month.FEBRUARY, 7);
    final LocalDate barbarasBirthday = michasBirthday.plusYears(2).
                                       plusMonths(1).
                                       plusDays(17);
    final LocalDate lastDayInFebruary = michasBirthday.with(TemporalAdjusters.
                                       lastDayOfMonth());

    System.out.println("michasBirthday:    " + michasBirthday);
    System.out.println("barbarasBirthday:  " + barbarasBirthday);
    System.out.println("lastDayInFebruary: " + lastDayInFebruary);

    final LocalTime atTen = LocalTime.of(10,00,00);
    final LocalTime tenFifteen = atTen.plusMinutes(15);
    final LocalTime breakfastTime = tenFifteen.minusHours(2);

    System.out.println("atTen:         " + atTen);
    System.out.println("tenFifteen:        " + tenFifteen);
    System.out.println("breakfastTime:     " + breakfastTime);

    final LocalDateTime jdk8Release = LocalDateTime.of(2014, 3, 18, 8, 30);
    System.out.println("jdk8Release:       " + jdk8Release);
    System.out.printf("jdk8Release:  %s.%s.%s\n", jdk8Release.getDayOfMonth(),
                                       jdk8Release.getMonthValue(),
                                       jdk8Release.getYear());
}
```

Im Listing sehen wir verschiedene Berechnungen mithilfe von `plusXYZ()`- sowie `minusXYZ()`-Methoden. Darüber hinaus haben wir die Utility-Klasse `Temporal-Adjusters` genutzt, in der unterschiedlichste Hilfsmethoden definiert sind. Dies ist etwa die Methode `lastDayOfMonth()` zur Berechnung des letzten Tags im Monat. Damit berechnen wir im Beispiel den letzten Tag des Monats Februar im Jahr 1971. Führt man das Programm LOCALDATEANDTIMEEXAMPLE aus, so kommt es zu folgenden Konsolenausgaben:

```
michasBirthday:     1971-02-07
barbarasBirthday:   1973-03-24
lastDayInFebruary:  1971-02-28
atTen:              10:00
tenFifteen:         10:15
breakfastTime:      08:15
jdk8Release:        2014-03-18T08:30
jdk8Release:    18.3.2014
```

4.2.5   Die Aufzählungen `DayOfWeek` und `Month`

Sowohl `java.time.DayOfWeek` als auch `java.time.Month` sind Aufzählungen, deren Einsatz einerseits den Sourcecode lesbarer macht und andererseits auch einfache Fehler vermeidet, weil man typsichere Konstanten verwendet. Bei Nutzung der alten APIs konnten durch nicht konsistente 0- und 1-basierte Angaben Probleme entstehen. Dass sich der Einsatz von Konstanten vorteilhaft auswirken kann, haben wir im vorangegangenen Beispiel für die Angabe des Monats Februar bereits ansatzweise kennengelernt. Im `Calendar`-API wusste man – ohne Blick in das Javadoc des APIs – nie so genau, ob Februar nun dem Wert 1 oder 2 entsprach. Unter anderem haben wir mit diesem Problem eingangs (schmerzhaft) Erfahrung gemacht, als wir ein Datum als `Date` modellieren wollten.

Neben der Typsicherheit bieten die neuen Aufzählungstypen den Vorteil, dass man Berechnungen mit ihnen durchführen kann. Nachfolgend demonstriere ich dies, indem ich zu einem Sonntag 5 Tage hinzu addiere und zum Februar 13 Monate:

```
public static void main(final String[] args)
{
    final DayOfWeek sunday = DayOfWeek.SUNDAY;
    final Month february = Month.FEBRUARY;

    System.out.println(sunday.plus(5));
    System.out.println(february.plus(13));
}
```

Wie erwartet, landet man an einem Freitag bzw. im März, wenn man das Progamm MONTHANDDAYOFWEEKEXAMPLE ausführt:

```
FRIDAY
MARCH
```

4.2.6 Die Klassen `YearMonth`, `MonthDay` und `Year`

Die schon zuvor beschriebenen `Instant`-Objekte sind zur Modellierung von wiederkehrenden Datumswerten, etwa Geburtstagen oder anderen Jahrestagen, nicht besonders gut geeignet. Das liegt daran, dass man hierzu »unvollständige Zeitangaben« benötigt, etwa Datumsangaben ohne Uhrzeit, Zeitangaben ohne Datum oder Datumsangaben ohne Jahresangaben. Wieso ist das wünschenswert?

Wie eingangs erwähnt, hat die Darstellung von Zeitangaben in Millisekunden, die sehr hilfreich für die Verarbeitung mit Computern ist, recht wenig mit der menschlichen Denkweise und Wahrnehmung von Zeit zu tun. Menschen denken in den Konzepten von Zeitabschnitten oder wiederkehrenden Datumsangaben, etwa 24.12. für Heiligabend, 31.12. für Silvester usw., und auch in Uhrzeiten ohne Bezug zu einem Datum, etwa 18.00 h Feierabend, oder als Kombination: Dienstags und Donnerstags 19 Uhr Karate-Training.[2] Wollten wir so etwas mit dem bisher existierenden API ausdrücken, wäre das recht schwierig. Schauen wir nun auf die neuen Möglichkeiten. Statt einer vollständigen Angabe aus Jahr, Monat und Tag kann man sich auch Kombinationen aus Jahr und Monat, Monat und Tag sowie einfach nur Jahr vorstellen, um gewisse Datumsangaben zu modellieren. Für diese Zwecke wurden im Package `java.time` die Klassen `YearMonth`, `MonthDay` sowie `Year` eingeführt, die wir im folgenden Listing nutzen:

```
public static void main(final String[] args)
{
    // YearMonth: Demonstration jeweils mit und ohne Konstanten
    final YearMonth yearMonth = YearMonth.of(2014, 2);
    final YearMonth february2014 = YearMonth.of(2014, Month.FEBRUARY);

    // MonthDay: Achtung, ISO-Format mit der Reihenfolge: Monat, Tag
    final int dayOfBirthday = 7;
    final MonthDay monthDay1 = MonthDay.of(2, dayOfBirthday);
    final MonthDay monthDay2 = MonthDay.of(Month.FEBRUARY, dayOfBirthday);

    // Year
    final Year year = Year.of(2012);

    System.out.println("YearMonth: " + february2014);
    System.out.println("MonthDay:  " + monthDay2);
    System.out.println("Year:      " + year + " / isLeap? " + year.isLeap());
}
```

Das Progamm YEARANDMOREEXAMPLE produziert folgende Konsolenausgaben:

```
YearMonth: 2014-02
MonthDay:  --02-07
Year:      2012 / isLeap? true
```

Anhand der Ausgaben sieht man verschiedene Notationsformen und insbesondere auch, dass man von der objektorientierten Umsetzung profitiert: Somit lässt sich etwa per Aufruf von `isLeap()` prüfen, ob ein Jahr ein Schaltjahr ist.

---

[2]Insbesondere interessiert uns dabei die Zeitzone, in der die Termine stattfinden, in der Regel nicht – mit Ausnahme von Telefonterminen, die man etwa mit Geschäftspartnern in Übersee hat.

4.2.7 Die Klasse `Period`

Ähnlich wie die Klasse `Duration` modelliert die Klasse `java.time.Period` einen Zeitabschnitt. Beispiele sind etwa »2 Monate« oder »3 Tage«. Diese Art der Darstellung ist oftmals einfacher zu handhaben als eine korrespondierende Repräsentation in Nanosekunden oder Millisekunden. Konstruieren wir ein paar Instanzen von `Period`:

```java
public static void main(final String[] args)
{
    // Erzeuge ein Period-Objekt mit 1 Jahr, 6 Monaten und 3 Tagen
    final Period oneYear_sixMonths_ThreeDays = Period.ofYears(1).withMonths(6).
                                                         withDays(3);

    // Chaining von of() arbeitet anders, als man es eventuell erwartet!
    // Ergibt ein Period-Objekt mit 3 Tagen statt 2 Monate, 1 Woche und 3 Tagen
    final Period twoMonths_OneWeek_ThreeDays = Period.ofMonths(2).ofWeeks(1).
                                                         ofDays(3);

    final Period twoMonths_TenDays = Period.ofMonths(2).withDays(10);
    final Period sevenWeeks = Period.ofWeeks(7);
    final Period threeDays = Period.ofDays(3);

    System.out.println("1 year 6 months ...:  " + oneYear_sixMonths_ThreeDays);
    System.out.println("Surprise just 3 days: " + twoMonths_OneWeek_ThreeDays);
    System.out.println("2 months 10 days:     " + twoMonths_TenDays);
    System.out.println("sevenWeeks:           " + sevenWeeks);
    System.out.println("threeDays:            " + threeDays);
}
```

Startet man das Programm PERIODEXAMPLE, so wird Folgendes ausgegeben:

```
1 year 6 months ...:  P1Y6M3D
Surprise just 3 days: P3D
2 month 10 days:      P2M10D
sevenWeeks:           P49D
threeDays:            P3D
```

Anhand des Beispiels und dessen Ausgaben lernen wir verschiedene Besonderheiten der Klasse `Period` kennen. Zwar lassen sich Aufrufe von `of()` hintereinander ausführen, es gewinnt aber der zuletzt aufgerufene.[3] Man kann also auf diese Weise keine Zeiträume kombinieren, sondern legt einen initialen Zeitraum fest. Sollen weitere Zeitabschnitte hinzugefügt werden, so muss man dafür verschiedene `with()`-Methoden nutzen. Dabei wird ein Implementierungsdetail sichtbar. Die Klasse `Period` verwaltet drei Einzelwerte, nämlich für Jahre, Monate und Tage, aber eben nicht für Wochen. Daher gibt es keine Methode `withWeeks()`, sondern nur eine `ofWeeks()`, die intern eine Umrechnung in Tage vornimmt.

Nachdem wir nun einen ersten Eindruck gewonnen haben, schauen wir, wie einfach und lesbar Berechnungen mit dem neuen Date And Time API gestaltet werden können. Ausgehend vom 7.2.1971 10:11 springen wir 31 Tage sowie einen Monat in die Zukunft. Außerdem nutzen wir die aktuelle Uhrzeit und addieren fünf Minuten sowie alternativ sieben Stunden hinzu. Das Ganze realisieren wir wie folgt:

---

[3]Dass dies problematisch ist, könnte man daran erkennen, dass diese Methoden statisch sind.

```
public static void main(final String[] args)
{
    final LocalDateTime start = LocalDateTime.of(1971, 2, 7, 10, 11);

    final Period thirtyOneDays = Period.ofDays(31);
    System.out.println("7.2.1971 + 31 Tage: " + start.plus(thirtyOneDays));

    final Period oneMonth = Period.ofMonths(1);
    System.out.println("7.2.1971 + 1 Monat: " + start.plus(oneMonth));

    final LocalTime now = LocalTime.now();
    System.out.println("now:            " + now);

    final LocalTime fiveMinutesLater = now.plus(5, ChronoUnit.MINUTES);
    System.out.println("now + 5 min:    " + fiveMinutesLater);

    final LocalTime sevenHoursLater = now.plusHours(7);
    System.out.println("now + 7 hours: " + sevenHoursLater);
}
```

Das Programm PERIODCALCULATIONEXAMPLE erzeugt folgende Ausgaben:

```
7.2.1971 + 31 Tage: 1971-03-10T10:11
7.2.1971 + 1 Monat: 1971-03-07T10:11
now:            20:38:29.937
now + 5 min:    20:43:29.937
now + 7 hours: 03:38:29.937
```

Hintergrundwissen: Warum gibt es Duration und Period?

Zunächst verwundert die Definition von Zeitabschnitten durch zweierlei Klassen – doch die Intention der beiden Klassen ist unterschiedlich. Während Duration einen Zeitabschnitt in Form von Sekunden modelliert, ist die Klasse Period eher zur Modellierung von Zeitabschnitten im Bereich von Tagen, Monaten oder gar Jahren gedacht.

Aufgrund ihrer Ausrichtung auf Sekunden modelliert die Klasse Duration etwa einen Tag als exakt 24 Stunden, also 24 * 60 * 60 = 86.400 Sekunden. Die Klasse Period arbeitet dagegen auf eher konzeptioneller Ebene mit Tagen und Monaten unabhängig von der exakten Länge in Sekunden.

Den daraus entstehenden fundamentalen Unterschied zwischen beiden Modellierungen kann man sich am besten im Zusammenhang mit Winter- und Sommerzeit klarmachen: Es gibt Tage, die 23 Stunden lang sind, und solche, die eine Dauer von 25 Stunden besitzen. Wird die Länge eines Tags jedoch fix als 24 Stunden angenommen und dieser Wert wiederum in Form einer Zeitspanne in Sekunden repräsentiert, so kommt es zu Berechnungsfehlern, wenn an kürzeren oder längeren Tagen ein Tag in die Zukunft oder Vergangenheit »gesprungen« werden soll: Man bewegt sich somit entweder eine Stunde zu wenig oder zu viel in die Zukunft. Nutzt man die Klasse Period, muss man sich um diese Details nicht kümmern, da das »Konzept Tag« und nicht dessen Pendant in Sekunden (eine simple ganze Zahl) zum Einsatz kommt.

4.2.8 Die Klasse `Clock`

In einigen technischen Anwendungsfällen benötigt man Zugriff auf Millisekunden-angaben. Früher hat man dazu Aufrufe von `System.currentTimeMillis()` genutzt, um Zugriff auf die aktuelle Zeit in Millisekunden seit dem 1.1.1970 zu haben. Nun verwendet man die Klasse `java.time.Clock` und schreibt etwa Folgendes:

```java
public static void main(final String[] args)
{
    // Basis UTC
    final Clock clockUTC = Clock.systemUTC();
    System.out.println(clockUTC);
    printClockMillis(clockUTC);

    // Basis Default-Zeitzone
    final Clock clockDefaultZone = Clock.systemDefaultZone();
    System.out.println(clockDefaultZone);
    printClockMillis(clockDefaultZone);
}

private static void printClockMillis(final Clock clock)
{
    final long currentTime = clock.millis();
    System.out.println(currentTime);
}
```

Führen wir das Programm CLOCKEXAMPLE aus, so lassen sich an den Ausgaben die unterschiedlichen Zeitzonen erkennen:

```
SystemClock[Z]
1395495448297
SystemClock[Europe/Berlin]
1395495448365
```

4.2.9 Die Klasse `ZonedDateTime`

Neben der bereits vorgestellten Klasse `LocalDateTime` zur Repräsentation von Datum und Uhrzeit ohne Zeitzonenbezug existiert eine korrespondierende Klasse `java.time.ZonedDateTime`. Diese besitzt eine zugeordnete Zeitzone und berücksichtigt bei Berechnungen nicht nur die Zeitzone, sondern auch die Auswirkungen von Winter- und Sommerzeit. Um die aktuelle Zeit als `ZonedDateTime` zu ermitteln, kann man die Methode `now()` nutzen. Es existieren weitere Methoden, etwa um die Zeitzone und andere Werte abzufragen bzw. Instanzen von `ZonedDateTime` mit geänderter Wertebelegung durch Aufruf von `withXYZ()`-Methoden zu erzeugen. Interessant und etwas schade ist, dass man beim Aufruf von `withMonth(int)` einen `int`-Wert und keine Monatskonstante übergeben muss. Zur besseren Lesbarkeit empfiehlt sich, die Konstanten zu verwenden und auf deren `int`-Wert per `getValue()` zuzugreifen.

Nachfolgend sind verschiedene Beispiele für Berechnungen mit der Klasse `ZonedDateTime` gezeigt:

```
public static void main(final String[] args)
{
    // Aktuelle Zeit als ZonedDateTime-Objekt ermitteln
    final ZonedDateTime now = ZonedDateTime.now();

    // Die Uhrzeit ändern und in neuem Objekt speichern
    final ZonedDateTime nowButChangedTime = now.withHour(11).withMinute(44);

    // Neues Objekt mit verändertem Datum erzeugen
    final ZonedDateTime dateAndTime = nowButChangedTime.withYear(2008).
                                      withMonth(9).
                                      withDayOfMonth(29);

    // Einsatz einer Monatskonstanten
    final ZonedDateTime dateAndTime2 = nowButChangedTime.withYear(2008).
                                       withMonth( Month.SEPTEMBER.getValue()).
                                       withDayOfMonth(29);

    System.out.println("now:          " + now);
    System.out.println("-> 11:44:     " + nowButChangedTime);
    System.out.println("-> 29.9.2008: " + dateAndTime);
    System.out.println("-> 29.9.2008: " + dateAndTime2);
}
```

Führt man das Programm ZONEDDATETIMEEXAMPLE aus, so kommt es zu den nachfolgenden Ausgaben. Diese zeigen insbesondere den Einfluss von Winter- und Sommerzeit, wodurch im September 2008 die Abweichung von +02:00 angegeben wird:

```
now:          2014-03-20T23:15:01.488+01:00[Europe/Berlin]
-> 11:44:     2014-03-20T11:44:01.488+01:00[Europe/Berlin]
-> 29.9.2008: 2008-09-29T11:44:01.488+02:00[Europe/Berlin]
-> 29.9.2008: 2008-09-29T11:44:01.488+02:00[Europe/Berlin]
```

4.2.10   Beispiel: Berechnung einer Zeitdifferenz

Eingangs zeigte ich, dass die Berechnung der Differenz zweier Zeitwerte schon einige recht merkwürdige Besonderheiten des alten APIs offenbart. Insbesondere arbeitet man immer auf einer niedrigen Abstraktionsebene, in der die Klasse Date lediglich eine verzuckerte Version eines long-Werts ist. Auch das Setzen einer Zeitzone zum Erzielen von korrekten Berechnungsergebnissen ist wenig intuitiv und wirkt etwas befremdlich.

Wenn wir nun das Beispiel aufgreifen, so bietet sich hier der Einsatz der Klasse LocalTime geradezu an, weil diese einen Zeitpunkt modelliert. Mithilfe von parse()- Methoden kann man die in Strings gegebenen Zeitangaben leicht in LocalDate- Objekte umwandeln. Auch die Zeitdifferenz lässt sich einfach mithilfe eines Aufrufs von between(Temporal, Temporal) in Form eines Duration-Objekts ermitteln, von dem man dann die Dauer in Sekunden per getSeconds() erfragt. Aus diesem konstruiert man wiederum mit ofSecondOfDay(long) ein korrespondierendes LocalTime-Objekt, das man mit einem passend mit dem Muster "HH:mm:ss" konfigurierten DateTimeFormatter ausgibt:

```java
public static void main(final String[] args) throws ParseException
{
    // Unterschied 1 Stunde, 10 Minuten und 20 Sekunden
    final String startTimeAsString = "10:10:10";
    final String endTimeAsString   = "11:20:30";

    // Umwandlung in LocalTime-Objekte
    final LocalTime startTime = LocalTime.parse(startTimeAsString);
    final LocalTime endTime = LocalTime.parse(endTimeAsString);

    // Berechne Differenz als Duration und in Sekunden
    final Duration duration = Duration.between(startTime, endTime);
    final long durationInSecs = duration.getSeconds();

    System.out.println("duration = " + duration + " / secs = " + durationInSecs);

    // Umwandlung in LocalTime und Ausgabe
    final DateTimeFormatter dateFormat = DateTimeFormatter.ofPattern("HH:mm:ss");
    final LocalTime asLocalTime = LocalTime.ofSecondOfDay(durationInSecs);
    System.out.println("durationInHHmmss = " + dateFormat.format(asLocalTime));
}
```

Führt man das obige Programm NEWAPIDURATIONCALCULATIONEXAMPLE aus, so erkennt man, dass man die Berechnungen mit dem neuen Date And Time API einfach und überraschungsfrei durchführen kann:

```
duration = PT1H10M20S in secs = 4220
durationInHHmmss = 01:10:20
```

4.2.11 Interoperabilität mit Legacy-Code

Zum Abschluss unserer Entdeckungsreise mit dem neuen Date And Time API wollen wir noch erkunden, wie man bestehenden Sourcecode stückweise migrieren kann. Insbesondere ist von Interesse, welche Klassen sich von der Idee her im alten JDK und im neuen Date And Time API entsprechen und wie man zwischen Instanzen der alten und neuen Klassen hin und her konvertieren kann. Wie eingangs schon erwähnt, besteht eine Analogie zwischen den Klassen Date und Instant. Die Klasse GregorianCalendar kann man am ehesten mit der Klasse ZonedDateTime vergleichen. Folgende Aufzählung nennt passende Konvertierungsmethoden:

- Date.from(Instant)
- Date.toInstant()
- Calendar.toInstant()
- GregorianCalendar.toZonedDateTime()
- GregorianCalendar.from(ZonedDateTime)

Im nachfolgenden Listing zeige ich einige der Methoden im Einsatz und darüber hinaus noch die beiden Methoden ofInstant(Instant,ZoneId), die sowohl in der Klasse LocalDateTime und auch ZonedDateTime existieren:

```
public static void main(final String[] args)
{
    //  Berechnungen basierend auf Date
    final Date now = new Date();
    final Instant nowAsInstant = now.toInstant();

    final ZoneId systemZone = ZoneId.systemDefault();
    final LocalDateTime localDateTime = LocalDateTime.ofInstant(nowAsInstant,
                                                            systemZone);
    final ZoneId zoneCalifornia = ZoneId.of("America/Los_Angeles");
    final ZonedDateTime zonedDateTime = ZonedDateTime.ofInstant(nowAsInstant,
                                                            zoneCalifornia);

    System.out.println("LocalDateTime: " + localDateTime);
    System.out.println("ZonedDateTime: " + zonedDateTime);

    //  Berechnungen basierend auf Calender
    final GregorianCalendar nowAsCalendar = new GregorianCalendar();
    final ZonedDateTime nowAszonedDateTime = nowAsCalendar.toZonedDateTime();

    final Instant instant = nowAszonedDateTime.toInstant();
    System.out.println("Instant:       " + instant);
}
```

Das Programm LEGACYEXAMPLE erzeugt in etwa folgende Ausgaben:

```
LocalDateTime: 2014-05-22T21:08:36.089
ZonedDateTime: 2014-05-22T12:08:36.089-07:00[America/Los_Angeles]
Instant:       2014-05-22T19:08:36.172Z
```

Im obigen Listing sehen wir neben der Konvertierung in und aus Klassen des alten APIs auch noch die Verarbeitung von Zeitzonen mithilfe der Klasse `java.time.ZoneId`. Etwas unschön ist, dass man hier Strings als IDs nutzt. Praktischerweise erhält man die gültiger Zeitzonen-IDs durch Aufruf von `ZoneId.getAvailableZoneIds()`.

4.3 Fazit

Wir haben uns nun einen ersten Überblick über das neue Date And Time API zur Datumsverarbeitung verschafft, das jetzt in JDK 8 enthalten ist. Wie bereits erwähnt, sind beim Entwurf die Erfahrungen mit der Bibliothek Joda-Time eingeflossen. Viele Ideen wurden daraus entnommen und weiterentwickelt. Insgesamt macht die Arbeit mit dem neuen API durchaus Freude.

Beim Kennenlernen der Klassen anhand einfacher Beispiele haben wir gesehen, dass sich viele Aufgabenstellungen unter Zuhilfenahme des neuen Date And Time APIs einfach realisieren lassen. Es wurde auch deutlich, dass dort eine Vielzahl neuer, für eine spezifische Aufgabe spezialisierter Klassen existiert, die intuitiv zu verwenden sind. Das zeigte sich insbesondere am abschließenden Beispiel der Berechnung einer Zeitdauer: Zu Beginn dieses Kapitels haben wir eine Variante mit den herkömmlichen Klassen implementiert und daran die resultierende Komplexität sowie einige Fallstricke kennengelernt.

5 Einstieg JavaFX 8

In diesem Kapitel stelle ich Ihnen mit JavaFX das aktuellste und modernste GUI-Framework von Java vor, das Swing als Oberflächentechnologie ablösen soll. Dieser Schritt ist notwendig, weil Java in den letzten Jahren im Desktop-Bereich deutlich an Einfluss an die aufstrebende Konkurrenz aus dem Microsoft-Lager (.NET/WPF) aber auch an immer populärer werdende Webapplikationen verloren hat. JavaFX tritt nun an, die GUI-Programmierung zu erleichtern und attraktive GUIs entwickeln zu können.

Weil derzeit die Literatur zu JavaFX doch noch recht überschaubar ist, ganz besonders bei deutschsprachigen Titeln, beschreibe ich Ihnen zunächst die Grundlagen von JavaFX in Version 2.2. Das ist die Version, in der JavaFX im JDK 7 ausgeliefert wird. Abschnitt 5.1 beginnt mit einer Einführung in JavaFX. Danach schauen wir uns in Abschnitt 5.2 die deklarative Gestaltung von GUIs an, wodurch eine gute Trennung von Design und Funktionalität möglich wird. In Abschnitt 5.3 lernen wir die Vorzüge von JavaFX in Form von Effekten und Animation u. v. m. kennen. Anhand meiner Ausführungen erhalten Sie einen fundierten Überblick und eine gute Basis sowohl für eigene Experimente als auch zum Nachvollziehen der Beschreibungen zu den Neuerungen von JavaFX 8 in Abschnitt 5.4.

Weil ich nicht jedes Detail beschreiben kann, gehe ich davon aus, dass Sie sich schon etwas intensiver mit GUIs und Swing beschäftigt haben, um dem Text inhaltlich gut folgen zu können.[1]

5.1 Einführung – JavaFX im Überblick

In diesem Abschnitt gebe ich Ihnen einen kurzen Überblick und Einstieg in JavaFX. Wir lernen zunächst einige Grundbegriffe und dann eine einfache Form von Action Handling kennen. Anschließend schauen wir uns das Layoutmanagement an.

5.1.1 Motivation für JavaFX und Historisches

Neben .NET-Anwendungen bieten mittlerweile auch viele Webanwendungen häufig moderne, ansprechende GUIs mit hohem Bedienkomfort. Diesbezüglich wurden Webanwendungen früher aufgrund ihrer rudimentären Interaktivität und insbesondere wegen des fehlenden Komforts von Desktop-Entwicklern oftmals belächelt. Mittlerweile

---

[1]Literaturempfehlungen finden Sie in Abschnitt 7.3.

hat sich die Situation aber geändert: Webanwendungen haben beträchtliche Fortschritte gemacht und einige klassische Desktop-Applikationen vom Bedienkomfort her mitunter sogar überholt. Erschwerend kommt hinzu, dass in Webanwendungen grafische Effekte und Animationen bereits zum guten Ton gehören, wodurch bei vielen Entwicklern und vor allem Nutzern der Wunsch entsteht, Derartiges auch zur Verbesserung der Benutzbarkeit in Desktop-Anwendungen einsetzen zu können.

Aus dem Gesagten wird klar, dass sich eine ernsthafte Konkurrenz zu Java-Desktop-GUIs entwickelt hat. Der schwindende Einfluss von Java im GUI-Bereich war wohl ein wichtiger Grund, weshalb JavaFX entwickelt wurde. Es wurde zunächst als Skriptsprache entworfen, die die grafische Gestaltung ansprechender GUIs z. B. durch Effekte sowie Animationen unterstützt. Die Programmierung mithilfe von Skriptcode stellte jedoch für viele Swing-Entwickler eine gewisse Hürde dar, weil zuerst die Skriptsprache erlernt werden musste und außerdem keine gute Integration in das Java-API stattfand. In Form der Skriptsprache hat sich JavaFX nie wirklich durchgesetzt. Nach diesem erfolglosen Versuch wurde es zunächst ruhig um JavaFX, bis dann Ende 2011 auf der Java One, einer bedeutenden Java-Konferenz in San Francisco, die Version 2 von JavaFX vorgestellt wurde. Mit JavaFX 2 findet eine Abkehr von der Skriptsprache statt und es wird eine Integration in das Java-API vorgenommen. Nachdem JavaFX längere Zeit eher ein Schattendasein geführt hat, wird es nun von Oracle stark gefördert sowie aktiv weiterentwickelt. Aktuell ist JavaFX in Version 8. Diese enthält diverse Neuerungen und ist Bestandteil von JDK 8.

5.1.2   Grundsätzliche Konzepte

In diesem Abschnitt lernen wir wichtige Grundlagen von JavaFX anhand einer Hello-World-Applikation kennen. Dieses Programm gibt einen Text in einem Fenster aus. Bevor wir jedoch mit der Implementierung der Anwendung beginnen, möchte ich auf folgende zentrale Hauptbestandteile einer JavaFX-Applikation eingehen:

- **Stage** — Die sogenannte Stage vom Typ `javafx.Stage` bildet die »Bühne« oder den Rahmen für eine JavaFX-Applikation und stellt die Verbindung zum genutzten Betriebssystem dar – vergleichbar mit einem `JFrame` in Swing.
- **Scene** — Eine sogenannte Scene ist vom Typ `javafx.scene.Scene`. Sie entspricht grob der Containerkomponente `ContentPane` in Swing, und ist dasjenige Element eines JavaFX-GUIs, in dem alle Bedienelemente platziert werden (eventuell indirekt durch Verschachtelungen ähnlich zu den Containern in Swing).
- **Scenegraph** und **Nodes** — Ähnlich wie bei AWT, SWT oder Swing ist auch bei JavaFX die Benutzeroberfläche hierarchisch organisiert: Der Inhalt einer `Scene` ist ein Baum, bestehend aus Knoten mit dem Basistyp `javafx.scene.Node`. Man spricht bei dem Baum auch vom *Scenegraph*. Die Anordnung der Bedienelemente (`Nodes`) wird durch spezielle Container ähnlich zu den `LayoutManagern` in Swing bestimmt. Diese Container besitzen selbst wieder den Basistyp `Node` und sind Bestandteil des Scenegraphs.

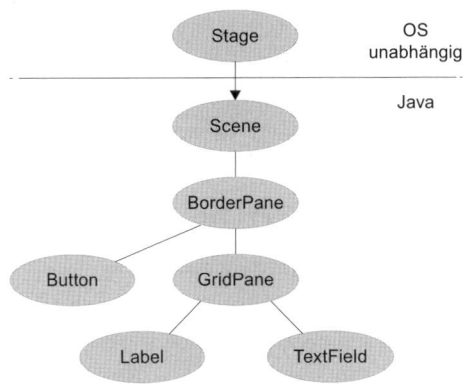

Abbildung 5-1 *Verbindung von Stage, Scene und Node*

Um einen ersten Eindruck davon zu gewinnen, wie man JavaFX-Applikationen erstellt, realisieren wir nun die Hello-World-Applikation. Praktischerweise gibt es im JDK die Basisklasse `javafx.application.Application`, die diverse Funktionalitäten bereitstellt, sodass lediglich noch die abstrakte Methode `start(Stage)` implementiert werden muss. Dort wird das GUI konstruiert. Als Container nutzen wir den Typ `javafx.scene.layout.StackPane`, in der die Bedienelemente wie in einem Kartenstapel übereinander angeordnet werden. Zur Darstellung eines Textes fügen wir dort ein Label vom Typ `javafx.scene.control.Label` folgendermaßen ein:

```java
import javafx.application.Application;
import javafx.scene.Node;
import javafx.scene.Scene;
import javafx.scene.control.Label;
import javafx.scene.layout.StackPane;
import javafx.stage.Stage;

public class FirstJavaFxExample extends Application
{
    @Override
    public void start(final Stage stage) throws Exception
    {
        final StackPane stackPane = new StackPane();

        // Label erzeugen und hinzufügen
        final Node labelNode = new Label("Hello JavaFX World!");
        stackPane.getChildren().add(labelNode);

        // Stage, Scene und Stackpane verbinden
        stage.setScene(new Scene(stackPane, 250, 75));
        // Titel und Resizable-Eigenschaft setzen
        stage.setTitle("FirstJavaFxExample");
        stage.setResizable(true);
        // Positionierung und Sichtbarkeit
        stage.centerOnScreen();
        stage.show();
    }
    // ...
}
```

Weil wir im Listing diverse unbekannte Klassen sehen und die Aktionen zum Aufbau des GUIs in JavaFX-Applikationen in etwa immer einem ähnlichen Muster folgen, werden hier einmalig die `import`-Anweisungen gezeigt und zudem einführend
die obigen Programmzeilen detaillierter beschrieben. Das `Label` ist eine Spezialisierung einer `Node`. Eine Instanz davon wird der `StackPane` hinzugefügt, indem über
`getChildren()` die `Node`s im Container ermittelt und dann über `add(Node)` erweitert werden. Anschließend dient die `StackPane` als Eingabe für die Konstruktion einer
`Scene`, die dann der `Stage` per Methodenaufruf von `setScene(Scene)` zugewiesen
wird. Für die `Stage` werden noch verschiedene Eigenschaften wie Titel und Größen-
veränderlichkeit gesetzt. Abschließend wird durch Aufrufe von `centerOnScreen()`
sowie `show()` ein Fenster mit dem zuvor konstruierten Inhalt zentriert auf dem
Bildschirm dargestellt. Führen wir die Applikation FIRSTJAVAFXEXAMPLE aus, so
erscheint ein Fenster mit einem Text, etwa wie in Abbildung 5-2.

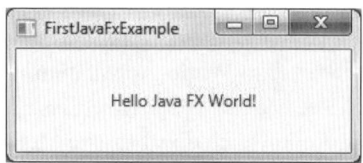

Abbildung 5-2 *Erste JavaFX-Applikation*

Zwei Dinge möchte ich noch explizit erwähnen:

1. Im Gegensatz zu Swing-Applikationen muss man als Anwender das Fenster bzw.
   die Stage nicht selbst erstellen, etwa per Konstruktoraufruf `new JFrame()`, sondern die `Stage` wird vom JavaFX automatisch erzeugt und an die Methode
   `start(Stage)` übergeben. Dadurch erreicht man eine gute Plattformunabhängig-
   keit, weil der Inhalt der `Scene` und alle dort dargestellten Elemente den Basistyp
   `Node` besitzen und so eine Abstraktion von den tatsächlichen Bedienelementen des
   Betriebssystems ermöglichen.
2. Wiederum im Gegensatz zu Swing nimmt JavaFX viele Schritte beim Starten der
   Applikation ab und sorgt auf diese Weise für einen Thread-sicheren Start. Dabei
   wird die Methode `start(Stage)` automatisch aufgerufen, wenn wir die Methode
   `launch()` ausführen. Dies geschieht in der `main()`-Methode wie folgt:

```
public static void main(final String[] args)
{
    launch(args);
}
```

Erweiterung des Hello-World-Beispiels um Action Handling

Das vorherige Beispiel hat einen einführenden Überblick über die grundlegenden
Zusammenhänge beim Entwurf einer JavaFX-Applikation gegeben. Nun wollen wir

Benutzerinteraktionen unterstützen und einen ersten Eindruck von der Verarbeitung bekommen. Dazu ändern wir das Beispiel folgendermaßen leicht ab: Statt eines `Label`s nutzen wir einen `javafx.scene.control.Button`, den wir in einer `javafx.scene.layout.FlowPane` platzieren. Zur Interaktion registrieren wir einen `javafx.event.EventHandler<javafx.event.ActionEvent>`. Als Reaktion auf das Drücken des Buttons erzeugen wir neue `Label`s, die wir der `FlowPane` dynamisch hinzufügen. Das Beschriebene realisieren wir wie folgt:

```java
@Override
public void start(final Stage stage)
{
    final Button button = new Button();
    button.setText("Add 'Hello World' Label");

    final FlowPane pane = new FlowPane();
    pane.getChildren().add(button);

    // EventHandler registrieren
    button.setOnAction(new EventHandler<ActionEvent>()
    {
        @Override
        public void handle(final ActionEvent event)
        {
            pane.getChildren().add(new Label("- Hello World! -"));
        }
    });

    stage.setScene(new Scene(pane, 400, 100));
    stage.setTitle("JavaFxActionHandlingExample");
    stage.setResizable(true);
    stage.centerOnScreen();
    stage.show();
}
```

An diesem Beispiel wird neben dem Action Handling ein dynamisch veränderliches Layout gezeigt. Das Programm JAVAFXACTIONHANDLINGEXAMPLE produziert nach ein paar Klicks auf den Button eine Ausgabe ähnlich zu der in Abbildung 5-3.

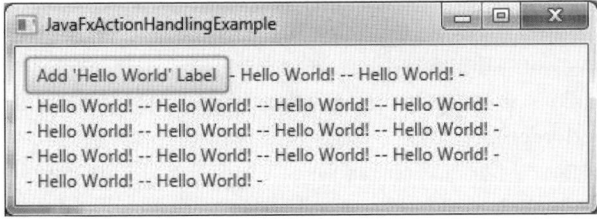

Abbildung 5-3 *JavaFX und Action Handling*

Relativ schnell wird diese Applikation langweilig und wir drücken das Schließkreuz. Ganz natürlich wird die Applikation dadurch beendet. Tatsächlich könnte uns das als praktisches Feature auffallen, denn in Swing wurde die Applikation nur dann beendet, wenn man eine passende Default-On-Close-Operation oder einen speziellen `java.awt.event.WindowListener` registriert hatte.

Wenn Sie bereits Erfahrung mit Swing haben, ist Ihnen bestimmt positiv aufgefallen, dass JavaFX das Layout der Applikation automatisch aktualisiert und dies nicht wie bei Swing einige Aktionen erfordert. Das führt uns zum Thema Layoutmanagement.

5.1.3   Layoutmanagement

In den bisherigen Beispielen haben wir bereits zwei verschiedene Layout-Containerkomponenten von JavaFX kennengelernt, die folgende Ausrichtungen bereitstellen:

- `StackPane` – Die `StackPane` platziert die einzelnen `Node`s wie in einem Stapel Karten übereinander. Damit ist es auf einfache Weise möglich, `Node`s miteinander zu kombinieren. Sofern die einzelnen `Node`s unterschiedlich groß oder teilweise transparent sind, kann man einen Überlagerungseffekt erzielen.
- `FlowPane` – Die `FlowPane` erinnert an das `FlowLayout` aus Swing. Hier werden `Node`s sukzessive dargestellt und je nach Verlaufsrichtung horizontal oder vertikal umbrochen. Dies geschieht auf Grundlage der Breite bzw. Höhe der `FlowPane`.

In JavaFX ist eine Vielzahl weiterer Layouts definiert, unter anderem folgende:

- `BorderPane` – Die `javafx.scene.layout.BorderPane` ist sehr ähnlich zum `java.awt.BorderLayout` in Swing. Analog dazu bietet auch die `BorderPane` die bekannten fünf Bereiche, in denen `Node`s platziert werden können (oder die auch unbelegt bleiben können). Diese Anordnung eignet sich für gebräuchliche Layouts mit einer Toolbar oder einer Menüzeile oben sowie einer Statuszeile unten. Auf der linken Seite kann eine Navigation dargestellt werden sowie zusätzliche Informationen auf der rechten Seite. Die Hauptinformation ist mittig platziert.
- `GridPane` – Mithilfe der `javafx.scene.layout.GridPane` lassen sich Anordnungen an einem Raster realisieren, ähnlich wie mit dem aus Swing bekannten `java.awt.GridLayout` oder dem komplexeren `java.awt.GridBagLayout` respektive dem `FormLayout` aus der GUI-Bibliothek JGoodies (verfügbar unter `http://www.jgoodies.com/`). In einer `GridPane` können `Node`s beliebigen Zellen im Raster zugeordnet werden und sich auch über den Bereich mehrerer Zellen erstrecken. Mithilfe von `GridPane`s lassen sich sehr gut Eingabemasken realisieren, die eine in Spalten und Zeilen ausgerichtete Darstellung von Bedienelementen erfordern.
- `HBox` und `VBox` – Die `javafx.scene.layout.HBox` ist ein einfaches Layout: Die `Node`s werden horizontal in einer Zeile ausgerichtet. Für die `javafx.scene.layout.VBox` erfolgt die Ausrichtung in der Vertikalen, ähnlich einer Spalte.

Layouts am Beispiel

Im folgenden Beispiel verwende ich exemplarisch die zuletzt genannten und zuvor noch unbenutzten Layouts, um eine recht typische Oberfläche zu gestalten, die eine Toolbar oben, eine Navigationsleiste links und verschiedene Textfelder zentral anbietet.

Bereits bei nur etwas komplexeren Programmen lohnt es sich, dem Design und der Strukturierung im Vorfeld einige Gedanken zu widmen. Würde man stattdessen direkt loslegen und das GUI vollständig innerhalb der `start(Stage)`-Methode aufbauen, so wäre diese selbst für das Beispiel schon recht lang und etwas unübersichtlich. Das gilt in zunehmendem Maße, wenn das zu konstruierende GUI komplexer wird. Dann bietet sich oftmals an, die einzelnen Bestandteile des GUIs mithilfe von eigenen Methoden zu konstruieren, wie dies nachfolgend durch die drei `createXYZ()`-Methoden und die entsprechende Platzierung der erzeugten Container in der `BorderPane` gezeigt ist:

```java
@Override
public void start(final Stage primaryStage)
{
    final BorderPane borderPane = new BorderPane();
    borderPane.setTop(createToolbarPane());
    borderPane.setCenter(createInputPane());
    borderPane.setLeft(createNavigationPane());

    primaryStage.setTitle(LayoutCombinationExample.class.getSimpleName());
    primaryStage.setScene(new Scene(borderPane, 350, 200));
    primaryStage.show();
}

private Pane createToolbarPane()
{
    final HBox hbox = new HBox(5);
    hbox.getChildren().addAll(new Text("TOP"), new Button("HBox1"),
                                         new Button("HBox2"));

    return hbox;
}

private Pane createInputPane()
{
    final GridPane gridPane = new GridPane();
    final Label label1 = new Label("Label1");
    final TextField textfield1 = new TextField();
    final Label label2 = new Label("Label2");
    final TextField textfield2 = new TextField();
    final Button button = new Button("Button");

    gridPane.add(label1, 0, 0);
    gridPane.add(textfield1, 1, 0);
    gridPane.add(label2, 0, 1);
    gridPane.add(textfield2, 1, 1);
    gridPane.add(button, 1, 2);
    return gridPane;
}

private Pane createNavigationPane()
{
    final VBox vbox = new VBox(5);
    vbox.getChildren().addAll(new Text("LEFT"), new Button("VBox1"),
                                        new Button("VBox2"));

    return vbox;
}
```

Im Listing sehen wir verschiedene Besonderheiten und Methodenaufrufe, die wir noch nicht kennen. Da hier lediglich die Erstellung des Layouts mithilfe von Methoden von größerem Interesse ist, gehe ich auf die anderen Details später ein.

Starten Sie das Programm LAYOUTCOMBINATIONEXAMPLE, so kommt es zu folgender Ausgabe, die die Arbeitsweise der genannten Layouts verdeutlicht.

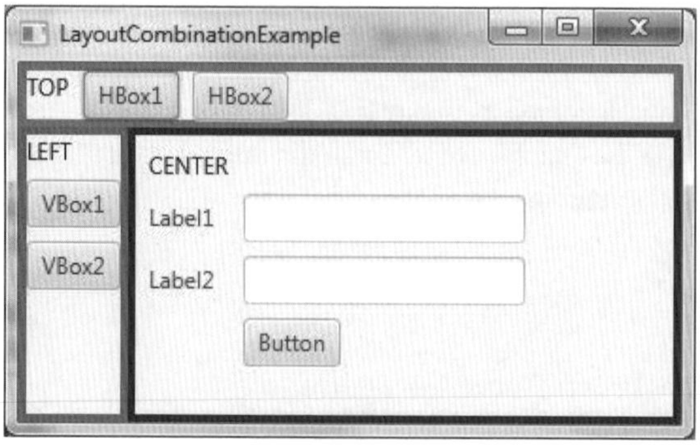

Abbildung 5-4 *Kombination von Layouts*

Hinweis: Komponentenbildung – Gestaltung komplexerer Layouts

Um grafische Elemente zu verschachteln und komplexere Strukturen aus Basis-bausteinen zusammenzusetzen, kann man die einzelnen Bestandteile des GUIs mithilfe von Methoden erzeugen. Spielt der Aspekt Komponentenbildung und Wiederverwendbarkeit eine Rolle, so kann man statt Methoden besser eigenständi-ge Klassen nutzen.

Man kann die beiden Ansätze sogar gewinnbringend kombinieren. Nachfolgend ver-deutliche ich dies für die Toolbar. Diese ist nun in Form einer Klasse `ToolbarPane` implementiert und wird mithilfe der Fabrikmethode `createToolbarPane()` er-zeugt. Somit ändert sich für die nutzende (obige) Applikation nichts an ihrem struk-turellen Aufbau. Das Beschriebene kann man wie folgt umsetzen:

```java
private Pane createToolbarPane()
{
    return new ToolbarPane();
}


static class ToolbarPane extends Pane
{
    public ToolbarPane()
    {
        final HBox hbox = new HBox(5);
        hbox.getChildren().addAll(new Text("TOP"),
                            new Button("HBox1"), new Button("HBox2"));

        this.getChildren().add(hbox);
    }
}
```

Die HBox am Beispiel

Weil die HBox ein einfach zu verstehendes Layout realisiert, kann ich bei dessen Nutzung auf ein paar praktische Besonderheiten von JavaFX aufmerksam machen.

Dazu schauen wir auf folgendes Beispiel, in dem in einer HBox drei Bedienelemente, nämlich ein Label, ein TextField und ein Button mit auf 24pt vergrößerter Schriftart wie folgt hinzugefügt werden:

```
@Override
public void start(final Stage primaryStage)
{
    final Label label = new Label("Label");
    final TextField textfield = new TextField();
    final Button button = new Button("Button");
    button.setFont(Font.font(24));

    final HBox root = new HBox();
    root.getChildren().addAll(label, textfield, button);

    primaryStage.setTitle(FirstHBoxExample.class.getSimpleName());
    primaryStage.setScene(new Scene(root, 250, 70));
    primaryStage.show();
}
```

Führen wir das Programm FIRSTHBOXEXAMPLE aus, so erhalten wir eine Ausgabe wie in Abbildung 5-5.

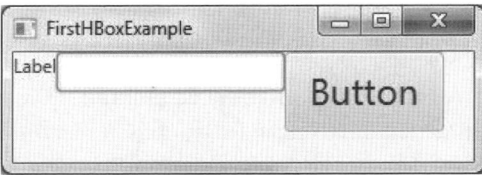

Abbildung 5-5 Erstes Beispiel einer HBox

Man erkennt sehr schön, dass die Bedienelemente horizontal, also innerhalb einer Zeile, angeordnet werden, wie wir dies von der HBox erwarten. Allerdings fallen gleich mehrere Dinge negativ auf:

- Die Bedienelemente werden ohne jeglichen Abstand direkt aneinander gezeichnet.
- Die Bedienelemente sind an ihrer oberen Kante ausgerichtet, was unruhig wirkt.

Besonderheiten von Layouts

Die beiden zuvor aufgelisteten kleineren Probleme im Layout inklusive möglicher Abhilfen wollen wir nachfolgend ein wenig genauer betrachten. Mit den gewonnenen Erkenntnissen bauen wir das obige Beispiel aus.

Besonderheit 1: Abstände   Häufig ist es sinnvoll, zwischen den Bedienelementen einen gewissen Abstand vorzugeben, anstatt sie direkt aneinander zu zeichnen. Dazu kann man für die meisten Layouts die Methoden `setHgap(double)` und `setVgap(double)` nutzen. Für die Klassen `HBox` und `VBox` werden diese Methoden jedoch nicht angeboten – nur jeweils eine davon wäre für die `HBox` bzw. die `VBox` passend. Daher lassen sich die Abstände für diese beiden Layouts spezifisch über Konstruktorparameter festlegen. Außerdem existiert alternativ dazu die Methode `setSpacing(double)`.

Neben Abständen zwischen Bedienelementen bietet es sich an, auch insgesamt um alle Bedienelemente einen Abstand zum Fensterrand vorzugeben. Dies kann man mithilfe der Klasse `javafx.geometry.Insets` und einem Aufruf von `setPadding(Insets)` erreichen:

```
// Abstand 10 Pixel zwischen Bedienelementen
final FlowPane pane = new FlowPane();
pane.setHgap(10);
pane.setVgap(10);

// Spezialbehandlung HBox und VBox
final HBox hbox = new HBox(10);
final VBox vbox = new VBox(10);

// 7 Pixel Abstand vom Rand
pane.setPadding(new Insets(7,7,7,7));
hbox.setPadding(new Insets(7,7,7,7));
vbox.setPadding(new Insets(7,7,7,7));
```

Besonderheit 2: Ausrichtung an der Basislinie   Die Darstellung ungleich hoher Bedienelemente direkt hintereinander ist optisch recht unharmonisch. Deutlich besser ist es, die Bedienelemente an einer virtuellen Linie auszurichten, die sich durch die in den Bedienelementen dargestellten Texte ergibt. Das spezifiziert man in JavaFX ganz einfach folgendermaßen:

```
// Linksbündige Ausrichtung an der Basislinie
hbox.setAlignment(Pos.BASELINE_LEFT);
```

Hier kommt die Aufzählung `javafx.geometry.Pos` zum Einsatz, in der verschiedene Positionierungen für X- und Y-Ausrichtung definiert sind, unter anderem etwa `TOP_LEFT`, `CENTER`, `BOTTOM_RIGHT` oder aber das oben verwendete `BASELINE_LEFT`, das eine linksbündige Ausrichtung auf der Höhe der Basislinie vornimmt.

Abhilfen im Einsatz   Mit den gerade gewonnenen Erkenntnissen wollen wir die angesprochenen Probleme lösen. Zunächst geben wir bei der Konstruktion der `HBox` einen Abstand vor, der zwischen den einzelnen Bedienelementen eingehalten werden soll. Zudem setzen wir einen Rand über `setPadding(Insets)`. Darüber hinaus sorgen wir durch Angabe von `Pos.BASELINE_LEFT` im Aufruf von `setAlignment(Pos)` dafür, dass die Bedienelemente an der Basislinie ausgerichtet sind:

```
@Override
public void start(final Stage primaryStage)
{
    final Label label = new Label("Label");
    final TextField textfield = new TextField();
    final Button button = new Button("Button");
    button.setFont(Font.font(24));

    // Besonderheit 1a: Abstand 10 Pixel zwischen Bedienelementen
    final HBox root = new HBox(10);
    // Besonderheit 1b: 7 Pixel Abstand vom Rand
    root.setPadding(new Insets(7,7,7,7));
    // Besonderheit 2: Ausrichtug an der Basislinie
    root.setAlignment(Pos.BASELINE_LEFT);

    root.getChildren().addAll(label, textfield, button);

    primaryStage.setTitle(HBoxWithAlignmentsExample.class.getSimpleName());
    primaryStage.setScene(new Scene(root, 300, 70));
    primaryStage.show();
}
```

Wenn wir das Programm HBOXWITHALIGNMENTSEXAMPLE starten, dann sehen wir die Verbesserung im Layout: Die Bedienelemente sind an einer Basislinie ausgerichtet. Beim Betrachten von Abbildung 5-6 erkennen wir auch, dass die Größe des Fensters nicht mehr ausreicht, um die Texte in den Bedienelementen vollständig darzustellen. Dann sorgt JavaFX dafür, dass die Texte durch Auslassungszeichen (eine sogenannte *Ellipsis*, meistens als drei Punkte (...) dargestellt) abgekürzt werden. Insbesondere bei einem größenveränderlichen Fenster ist dies eine wünschenswerte Eigenschaft, die man nun out-of-the-Box mitgeliefert bekommt und besser noch, die sich zudem noch vielfältig konfigurieren lässt, wie wir dies im nachfolgenden Absatz kennenlernen werden.

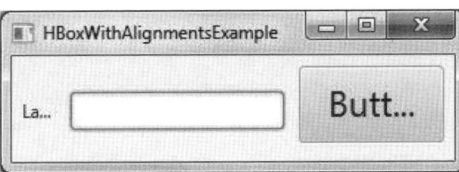

Abbildung 5-6 *Beispiel eines Layouts mit* HBox *mit Ausrichtung*

Besonderheit bei Größenveränderungen

Wir haben zuvor erkannt, dass JavaFX bereits diverse kleinere Verbesserungen und Bequemlichkeitsfunktionalitäten (Convenience) bereitstellt. Diese helfen unter anderem dabei, auf Größenveränderungen eines Fensters zu reagieren.

Nachfolgend möchte ich auf weitere Convenience-Funktionalitäten von JavaFX eingehen. Zunächst einmal auf die Konfigurierbarkeit der automatischen Verkürzung eines Textes durch Darstellung einer Ellipsis. Dabei lässt sich festlegen, an welcher Position die Ellipsis dargestellt werden soll. Zudem kann man auch die zur Abkürzung genutzte Zeichenfolge abändern. Des Weiteren kann man bestimmen, wie und welche Bedienelemente bei Größenanpassungen des Containers in ihrer Größe verändert werden sollen und welche nicht. Das wird über die Konstanten ALWAYS, SOMETIMES und NEVER aus der Aufzählung javafx.scene.layout.Priority gesteuert.

Mit diesem Wissen wollen wir das vorherige Beispiel anpassen: Wir legen für das Label und den Button durch Aufruf von setTextOverrun(OverrunStyle) das Verhalten beim Kürzen sowie mit setEllipsisString(String) die Zeichenfolge der Ellipsis fest. Für das TextField bestimmen wir durch Aufruf von setHgrow(Priority) mit der Priorität ALWAYS, dass Größenänderungen der HBox-Containerkomponente immer auch zu Größenänderungen des Textfelds führen. Zunächst sorgt die HBox aber dafür, dass alle enthaltenen Elemente ihre gewünschte Größe erhalten. Der darüber hinaus zur Verfügung stehende Platz wird dann an das TextField vergeben. All dies implementieren wir folgendermaßen:

```java
@Override
public void start(final Stage primaryStage)
{
    final Label label = new Label("Label");
    label.setTextOverrun(OverrunStyle.ELLIPSIS);   // Standard
    final TextField textfield = new TextField();
    final Button button = new Button("This is a button");
    button.setFont(Font.font(24));

    // Setzen des Strings "##~##" als Ellipsis-Abkürzung
    button.setEllipsisString("##~##");
    button.setTextOverrun(OverrunStyle.CENTER_ELLIPSIS);

    final HBox root = new HBox(10);
    root.setPadding(new Insets(7,7,7,7));
    root.setAlignment(Pos.BASELINE_LEFT);
    root.getChildren().addAll(label, textfield, button);

    // Größenveränderung
    HBox.setHgrow(textfield, Priority.ALWAYS);

    primaryStage.setTitle(ResizableHBoxExample.class.getSimpleName());
    primaryStage.setScene(new Scene(root, 390, 120));
    primaryStage.show();
}
```

Nach dem Start des Programms RESIZABLEHBOXEXAMPLE kommt es in etwa zu einer Darstellung wie in Abbildung 5-7. Verändern Sie ein wenig die Größe des Fensters und beobachten Sie die Auswirkungen der zuletzt durchgeführten Erweiterungen.

Abbildung 5-7 *Größenveränderliches Layout mit einer* HBox

Die GridPane am Beispiel

Für professionelle Anwendungen benötigt man recht häufig eine Platzierung von Bedienelementen, die anhand eines Rasters erfolgt. Innerhalb der einzelnen Rasterzellen
sollen Bedienelemente individuell ausgerichtet werden können (links-, rechtsbündig
oder zentriert). Während in Swing das `GridLayout` nicht so viel Flexibilität bietet und
man mit dem `GridBagLayout` häufig bezüglich der Konfigurationsangaben kämpfen
musste, gestaltet sich die Arbeit mit dem JavaFX-Layoutcontainer `GridPane` deutlich
angenehmer, weil die Zuordnung zum Raster auf einfache Weise erfolgt. Außerdem
kann man bei Bedarf, etwa zu Debugging-Zwecken, Rasterlinien einblenden.

Mithilfe einer `GridPane` wollen wir nun einen recht einfachen Login-Dialog gestalten. Dort werden in zwei Zeilen jeweils in einer eigenen Spalte ein `Label` gefolgt
von einem `TextField` platziert. In einer dritten Zeile wird in der zweiten Spalte ein
Login-Button angeordnet. Zur Demonstration unterschiedlicher Ausrichtungen wählen
wir für die `Label`s einmal links- und einmal rechtsbündig. Der `Button` wird auch
rechtsbündig ausgerichtet. Um das praktische Feature der Gitterlinien demonstrieren
zu können, nutzen wir eine `Checkbox` und einen `EventHandler<ActionEvent>`,
über den diese Hilfslinien ein- bzw. ausgeschaltet werden können. Die beschriebenen
Funktionalitäten realisieren wir folgendermaßen:

```
@Override
public void start(final Stage primaryStage) throws Exception
{
    final GridPane gridPane = new GridPane();
    gridPane.setPadding(new Insets(10, 10, 10, 10));
    gridPane.setHgap(7);
    gridPane.setVgap(7);

    final Label lblName = new Label("Name:");
    final TextField tfName = new TextField();

    final Label lblPassword = new Label("Password:");
    final PasswordField pfPassword = new PasswordField();

    final Button btnLogin = new Button("Login");

    // Bereitstellung von Gitterlinien
    final CheckBox checkBoxShowGridLines = new CheckBox("Show Gridlines");
    checkBoxShowGridLines.setOnAction(new EventHandler<ActionEvent>()
    {
        @Override
        public void handle(final ActionEvent event)
        {
            gridPane.setGridLinesVisible(checkBoxShowGridLines.isSelected());
        }
    });

    // Zuordnung zum Grid (Node, X-Position, Y-Position)
    gridPane.add(lblName, 0, 0);
    gridPane.add(tfName, 1, 0);
    gridPane.add(lblPassword, 0, 1);
    gridPane.add(pfPassword, 1, 1);
    gridPane.add(btnLogin, 1, 2);
    gridPane.add(checkBoxShowGridLines, 0, 5);
```

```
    // Layoutbesonderheiten
    GridPane.setHalignment(lblName, HPos.LEFT);
    GridPane.setHalignment(lblPassword, HPos.RIGHT);
    GridPane.setHalignment(btnLogin, HPos.RIGHT);

    primaryStage.setScene(new Scene(gridPane, 300, 150));
    primaryStage.setTitle("GridPaneExample");
    primaryStage.show();
}
```

Abbildung 5-8 zeigt die Ausgabe des Programms GRIDPANEEXAMPLE mit und ohne aktivierte Gitterlinien.

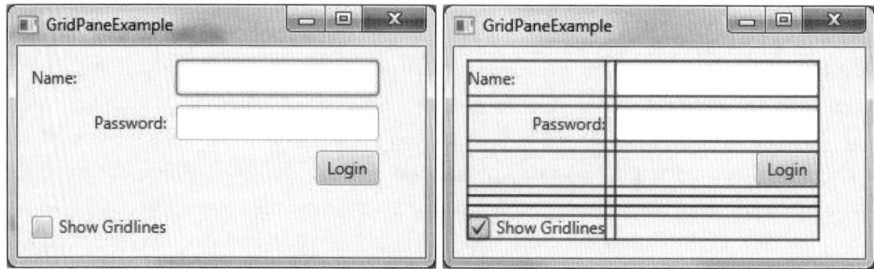

Abbildung 5-8 *Beispiel eines Layouts mit einer* `GridPane`

Durch die in der Abbildung gezeigten Gitterlinien erkennt man die Positionierung durch spezielle Abstandsspalten/-zeilen. Das ist eine mögliche Form der Nutzung. Alternativ dazu kann man die Abstände auch über die bereits kennengelernten Vorgaben über `Insets` erzielen. Bei komplexeren Eingabemasken kann das durchaus der bessere Weg sein, da das Gitter möglicherweise nicht die benötigte Flexibilität erlaubt.

Abschließend möchte ich noch kurz auf einige Dinge eingehen, die Ihnen vielleicht schon beim Betrachten des Listings als Fragen in den Sinn gekommen sind.

Frage: Sollte man Präfixe für Bedienelemente nutzen?   In diesem Beispiel werden Präfixe für Bedienelemente verwendet. Wann sollte man diese verwenden? Eine allgemeingültige Antwort auf diese Frage gibt es sicher nicht. Zum Teil bietet es sich an, für Bedienelemente verschiedene Kürzel wie `lbl` für `Label` oder `tf` für `TextField` zu nutzen, etwa um das Label `lblName` deutlich von dem korrespondierenden Textfeld `tfName` unterscheiden zu können. Es gibt noch eine andere Form der Namensgebung: Man kann eine Suffix-Notation nutzen. Damit ergeben sich teilweise lesbare Namen wie `loginButton`. Aber für `nameLabel` und `nameTextfield` stößt auch diese Notation an ihre Grenzen.

Manchmal empfinde ich Präfixe bzw. Suffixe als hilfreich, manchmal als störend. Wichtig ist vor allem, dass der Rest des Namens aussagekräftig ist.

Merkwürdigkeit: Statische Positionierungsmethoden   Im Listing sehen wir die Verwendung statischer Methoden (`GridPane.setHalignment()`), um Attribute zur Ausrichtung zu setzen. Das wirkt eher unnatürlich, ist aber laut Cay S. Horstmanns empfehlenswerten Buchs »Java SE 8 for the Really Impatient« [3] der deklarativen Konstruktion von GUIs mithilfe von FXML (JavaFX Markup Language) und der Reihenfolge von Methodenaufrufen und Initialisierungen geschuldet.

Frage: Gibt es nicht ein GUI-Design-Tool?   Je komplexer die zu erstellenden Layouts werden, desto mehr tendiert der Sourcecode dazu, unübersichtlich und auch schlechter wartbar zu werden. Schnell kommt der Wunsch nach einem GUI-Design-Tool auf. Praktischerweise bietet Oracle das Tool SCENEBUILDER an. Es kann unter `http://www.oracle.com/technetwork/java/javafx/tools/index.html?ssSourceSiteId=ocomen` heruntergeladen werden. Die mit dem SceneBuilder erstellten Layouts produzieren als Ergebnis keinen Sourcecode, sondern die Oberfläche wird deklarativ mithilfe von FXML beschrieben, was wir im nächsten Unterkapitel kennenlernen werden.

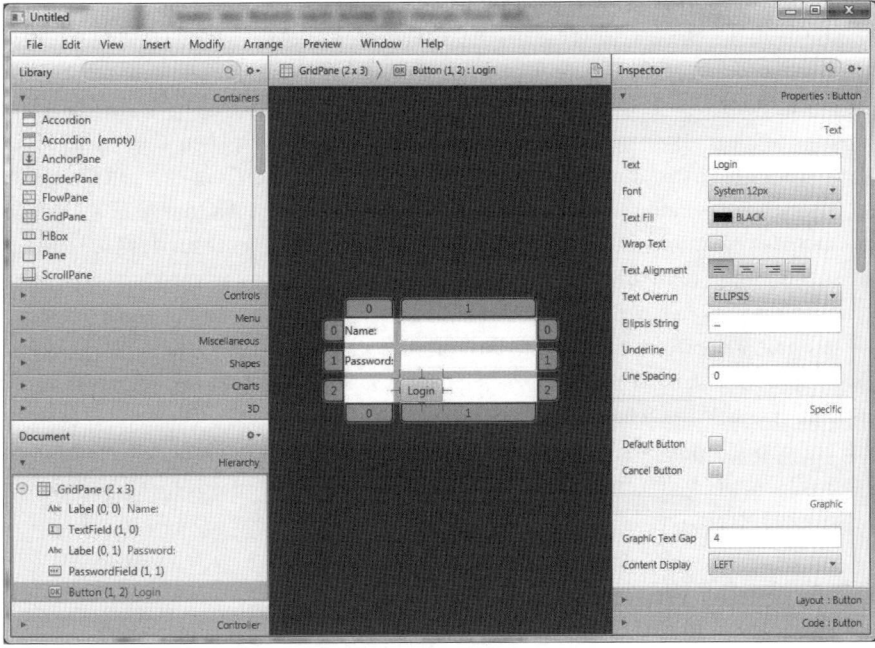

Abbildung 5-9 *Das Tool SceneBuilder*

5.2   Deklarativer Aufbau des GUIs

Ein GUI bzw. die Anordnung und der Zusammenhang der Bedienelemente wird in AWT, SWT und Swing gewöhnlich im Sourcecode ausprogrammiert, indem explizit Bedienelemente und Container erzeugt und miteinander verbunden werden. In den vorangegangenen Beispielen haben wir dies genauso mit JavaFX gemacht.

Die Erfahrung zeigt, dass diese Art der GUI-Erzeugung recht schnell zu schlecht wartbarem Spaghetticode führt – insbesondere dann, wenn Layouts komplexer werden. Eine mögliche Abhilfe besteht darin, Hilfsmethoden zu definieren, die die einzelnen Bestandteile des GUIs konstruieren, wie ich es bei der Vorstellung des Layoutmanagements gezeigt habe.

5.2.1   Deklarative Beschreibung von GUIs

Als Alternative zum programmatischen Zusammenbau kann man GUIs deklarativ beschreiben, wodurch sich häufig die zugrunde liegende hierarchische Struktur besser erkennen lässt, als dies für die Konstruktion im Sourcecode der Fall ist.

Für Swing gab es keinen Standard für die deklarative Beschreibung von GUIs. Mit JavaFX ändert sich dies. Mithilfe der XML-basierten FXML (JavaFX Markup Language) ist eine deklarative Beschreibung möglich. Dazu wird die Darstellung des GUIs (View) in Form von FXML definiert und das Verhalten (Controller) sowie das Datenmodell (Model) als Java-Klassen programmiert. Dieses Vorgehen folgt dem Model-View-Controller-Ansatz und bietet den Vorteil einer besseren Trennung von Darstellung und Modelldaten[2] und kann daher leichter verständlich sowie wartbar sein. Zudem wird es durch die Trennung (zumindest theoretisch) möglich, den Entwurf des GUIs von Designern durchführen zu lassen und nicht von Entwicklern. Letztere können sich dann ganz auf ihre Stärken in der Programmierung der GUI-Funktionalität konzentrieren.

Es gibt sogar noch einen weiteren Vorteil der deklarativen Gestaltung: Wenn man Programme für verschiedene Ausgabegeräte (Desktop, Tablet oder Handy) schreibt, so kann man für die jeweiligen Gerätegattungen eigene FXML-Dateien bereitstellen, die ein optimal passendes Layout definieren. Das führt oftmals zu ansprechenderen Ergebnissen, als wenn man versucht, eine allgemeingültige Größenanpassbarkeit ins Layout zu integrieren.

5.2.2   Hello-World-Beispiel mit FXML

Schauen wir nun, wie wir FXML für das Beispiel des Login-Dialogs nutzen können. Beginnen wir mit der Darstellung des GUIs. Nachfolgend ist dessen Definition als FXML-Datei `fxml_example.fxml` gezeigt — wobei ich einige Vereinfachungen am Layout vorgenommen habe, um für diese Einführung das Verständnis zu erleichtern.

---

[2]Allerdings besteht die Gefahr von Fehlkonfigurationen und Namensinkonsistenzen zwischen FXML und korrespondierendem Java-Code durch Tippfehler oder nach Umbenennungen.

```
<?xml version="1.0" encoding="UTF-8"?>

<?import java.lang.*?>
<?import java.net.*?>
<?import javafx.geometry.*?>
<?import javafx.scene.control.*?>
<?import javafx.scene.layout.*?>
<?import javafx.scene.text.*?>

<GridPane alignment="CENTER" hgap="7.0" vgap="7.0"
      xmlns:fx="http://javafx.com/fxml/1"
      xmlns="http://javafx.com/javafx/2.2"
      fx:controller="javafx.fxml.FXMLExampleController">

  <children>
      <Label text="Name:" GridPane.columnIndex="0" GridPane.rowIndex="0" />
      <TextField fx:id="nameField" GridPane.columnIndex="1"
                                   GridPane.rowIndex="0" />

      <Label text="Password:" GridPane.columnIndex="0" GridPane.rowIndex="1" />
      <PasswordField fx:id="pwdField" GridPane.columnIndex="1"
                                      GridPane.rowIndex="1" />

      <Button onAction="#handleSubmitButtonAction" text="Login"
              GridPane.columnIndex="1" GridPane.rowIndex="2" />
  </children>
</GridPane>
```

Im Listing sehen wir, dass es zu den Bedienelementen aus JavaFX korrespondierende Elemente in FXML gibt, etwa `TextField` oder `Label`, aber auch `GridPane`. Diese den Elementnamen entsprechenden Klassennamen sind im Listing bei ihrem ersten Auftreten fett markiert.

Wenn wir FXML zur Definition des GUIs nutzen, entfällt im Java-Code selbst logischerweise der Aufbau des GUIs. Stattdessen nutzen wir die Klasse `FXMLLoader` und deren Methode `load(URL)`, die aus der gezeigten deklarativen Beschreibung des GUIs in der FXML-Datei korrespondierende Container und Bedienelemente erstellt. Die Root-Komponente wird in Form eines Containers vom Typ `javafx.scene.Parent` zurückgeliefert. Mit diesem Wissen implementieren wir die `start(Stage)`-Methode folgendermaßen:

```
@Override
public void start(final Stage stage) throws Exception
{
    final Parent root = FXMLLoader.load(getClass().
                               getResource("fxml_example.fxml"));

    stage.setScene(new Scene(root, 300, 150));
    stage.setTitle("FirstFxmlExample");
    stage.show();
}
```

Führen wir das Programm FIRSTFXMLEXAMPLE aus, so erhalten wir in etwa eine Ausgabe wie in Abbildung 5-10 gezeigt, die abgesehen von Ausrichtungen und der Checkbox zur Aktivierung von Gitterlinien dem zuvor programmatisch realisierten Layout eines Login-Dialogs stark ähnelt.

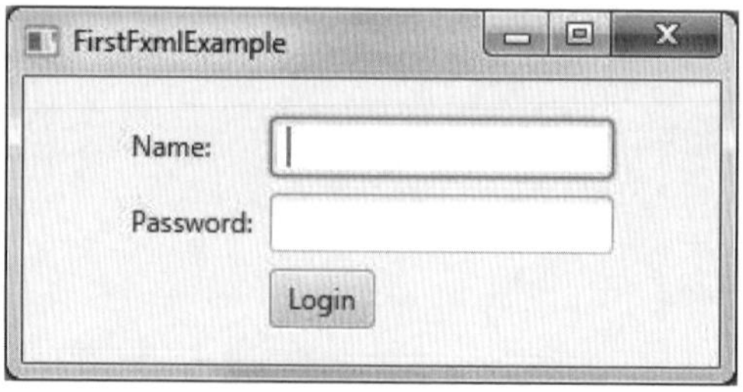

Abbildung 5-10 *Beispiel für GUI-Design und FXML*

Interessanterweise lässt sich das per FXML erstellte GUI schon bedienen und beim Drücken des Buttons werden die für Name und Passwort eingegebenen Werte auf der Konsole ausgegeben. Wir sollten uns fragen, wieso das Action Handling denn eigentlich funktioniert. Schauen wir kurz auf die dafür verantwortlichen, fett markierten Zeilen im FXML:

```
<GridPane alignment="CENTER" hgap="7.0" vgap="7.0"
    xmlns:fx="http://javafx.com/fxml/1"
    xmlns="http://javafx.com/javafx/2.2"
    fx:controller="javafx.fxml.FXMLExampleController">

    ...

  <Button onAction="#handleSubmitButtonAction" text="Login"
      GridPane.columnIndex="1" GridPane.rowIndex="2" />

</GridPane>
```

Im Listing verweisen die Angaben `fx:controller` auf eine Klasse und `onAction` auf eine `EventHandler`-Methode. Beides lernen wir nun kennen.

Controller

Für dieses Beispiel nutzen wir die nachfolgende Implementierung eines Controllers. Dieser realisiert die vom obigen Programm ausgeführte Funktionalität:

```
public class FXMLExampleController
{
    @FXML
    private TextField nameField;
    @FXML
    private PasswordField pwdField;

    @FXML
    protected void handleSubmitButtonAction(final ActionEvent event)
    {
        System.out.println("Login button pressed! name: " + nameField.getText()
                + " pwd: " + pwdField.getText());
    }
}
```

Im Listing des Controllers sehen wir, dass der Klassenname mit der Angabe in `fx:controller` übereinstimmt. Ähnliches gilt für die Angabe des korrespondierenden Methodennamens in `onAction` im FXML. Dort wird lediglich das #-Zeichen entfernt und nach einer gleichnamigen Methode im Controller gesucht. Das wird mithilfe der Annotation `@FXML` möglich. Diese nutzt man auch zur Verbindung von den durch FXML beschriebenen Bedienelementen zu den im Controller definierten Attributen: Ist ein Attribut mit `@FXML` annotiert, so wird in der FXML-Datei nach einem passenden Pendant gesucht. Hierzu wird der Name des Attributs mit der in FXML angegebenen `fx:id` abgeglichen. Schauen wir auf die dafür relevanten Zeilen in FXML:

```
<TextField fx:id="nameField" GridPane.columnIndex="1" GridPane.rowIndex="0"/>
...
<PasswordField fx:id="pwdField" GridPane.columnIndex="1" GridPane.rowIndex="1"/>
```

5.2.3 Diskussion: Design und Funktionalität strikt trennen

Die Trennung von Zuständigkeiten ist in der Regel etwas Erstrebenswertes. Wenn man FXML nutzt, so kann das GUI mithilfe eines GUI-Design-Tools entworfen werden (am besten von UI-Experten) und die Entwickler können sich um die Realisierung von Funktionalität kümmern.

Wenn man Design und Funktionalität strikt voneinander trennen möchte, so dürfen konsequenterweise deren Verknüpfungen nicht in FXML verdrahtet werden, sondern müssen nachträglich programmatisch realisiert werden. Demnach darf in FXML streng genommen nicht einmal die Controllerklasse angegeben werden. Auf jeden Fall sind aber die Angaben von Methoden zum Action Handling zu vermeiden, wenn man das Ziel hat, Design und Funktionalität möglichst gut gegeneinander abzuschirmen.

Notwendige Anpassungen in FXML

Die Trennung von GUI-Design in FXML und Controller erfordert ein paar Änderungen. Die bisher automatisch ablaufende Verknüpfung zwischen FXML und Controllerklasse sowie der Methode zum Event Handling muss nun programmatisch vorgenommen werden. Als Erstes ist in FXML die Angabe von `fx:controller` zu entfernen und als Zweites benötigen wir für den Button statt der Angabe von `onAction` eine ID:

```
<GridPane alignment="CENTER" hgap="7.0" vgap="7.0"
      xmlns:fx="http://javafx.com/fxml/1"
      xmlns="http://javafx.com/javafx/2.2">

  ...

  <Button fx:id="loginButton" text="Login"
        GridPane.columnIndex="1" GridPane.rowIndex="2" />

</GridPane>
```

Damit ist das FXML frei von Verweisen auf den Controller und die Programmlogik. Nun muss der Controller derart angepasst werden, dass die Verknüpfung erstellt wird.

Notwendige Anpassungen im Controller

Zunächst führen wir ein weiteres Attribut ein. Darüber hinaus lassen wir den Controller das Interface `Initializable` erfüllen, was eine `initialize()`-Methode deklariert, die wir passend implementieren:

```java
public class FXMLExampleSpecialController implements Initializable
{
    @FXML
    private PasswordField passwordField;
    @FXML
    private TextField nameField;
    @FXML
    private Button loginButton;

    @Override
    public void initialize(final URL location, final ResourceBundle resources)
    {
        loginButton.setOnAction(this::handleSubmitButtonAction);
    }

    protected void handleSubmitButtonAction(ActionEvent event)
    {
        System.out.println("Login button pressed! name: " +
                        nameField.getText() + " pwd: " + pwdField.getText());
    }
}
```

Notwendige Anpassungen in der Applikation

Schließlich muss noch eine kleine Anpassung in der Applikation selbst erfolgen, um den eigenen Controller explizit zu setzen:

```java
@Override
public void start(final Stage stage) throws Exception
{
    final URL fxmlUrl = getClass().getResource("fxml_example_no_controller.fxml");
    final FXMLLoader fxmlLoader = new FXMLLoader(fxmlUrl);
    fxmlLoader.setController(new FXMLExampleSpecialController());
    final Parent root = fxmlLoader.load();

    // Fehler: würde den Controller wieder überschreiben
    // final Parent root = FXMLLoader.load(getClass().
    //                   getResource("fxml_example_no_controller.fxml"));

    stage.setScene(new Scene(root, 450, 175));
    stage.setTitle("FXMLExampleWithSpecialController");
    stage.show();
}
```

Bitte beachten Sie, das ein versehentlicher Aufruf der statischen Methode `load()` – wie oben im Kommentar angedeutet –, die zuvor gemachte Angabe übersteuern würde.

Fazit

Wie man sieht, muss man recht wenig Aufwand treiben, um eine saubere Trennung zwischen Design in FXML und Funktionalität im Java-Code sicherzustellen. Es ist nun an Ihnen, sich dafür oder dagegen zu entscheiden. Zumindest besitzen Sie jetzt das dazu notwendige Handwerkszeug.

> **Hinweis: Komponentenbildung – Gestaltung komplexerer Layouts**
>
> Bei der Vorstellung des Layoutmanagements bin ich darauf eingegangen, dass man Bestandteile des GUIs mithilfe von Methoden oder durch eigenständige Klassen realisieren sollte. Letzteres ist insbesondere für Wiederverwendbarkeit empfehlenswert.
>
> Wenn man den Aufbaus des GUIs mithilfe von FXML beschreibt, gilt das Gesagte ähnlich. Um grafische Elemente zu verschachteln und komplexere Strukturen aus Basisbausteinen zusammenzusetzen, kann man die Informationen in FXML in mehrere Dateien aufspalten und diese durch die Anweisung `fx:include` in die Haupt-FXML-Datei inkludieren. Damit lässt sich eine FXML-Datei aus anderen Dateien hierarchisch zusammenbauen. Die Controller können ebenfalls passend pro Subkomponente bereitgestellt werden. Damit wird eine GUI-Komponenten-orientierte Arbeitsweise erleichtert, die es erlaubt, wiederverwendbare Bausteine zu erzeugen. Für eine ausführlichere Darstellung verweise ich auf die am Ende dieses Buchs angegebene Literatur.

5.3   Rich-Client Experience

Die bisher beschriebenen Funktionalitäten unterscheiden sich kaum von denen herkömmlicher GUI-Frameworks. Warum wurde also JavaFX entwickelt und was unterscheidet es von bzw. zeichnet es gegenüber anderen GUI-Frameworks aus?

Wenn Sie schon einmal selbst ansprechende GUIs realisiert haben, die visuelle Anpassungen an Bedienelementen und möglicherweise sogar eigene Controls oder Effekte und Animationen zur Verbesserung der User Experience enthalten sollten, dann wissen Sie aus leidvoller Erfahrung, wie schnell Dinge recht komplex und manchmal sogar frustrierend werden können. In JavaFX wird vieles deutlich einfacher. Werfen wir zunächst einen einführenden Blick auf die in JavaFX genutzten Cascading Style Sheets (CSS), mit denen man starken Einfluss auf die grafische Gestaltung nehmen kann. Danach schauen wir kurz auf Effekte und Animationen.

5.3.1   Gestaltung mit CSS

Das bisher entwickelte, noch wenig funktionale GUI wirkt doch recht blass und unscheinbar. Mit ein wenig CSS lässt sich das ändern, weil auf diese Weise GUI-Elemente mit einem gewünschten Aussehen versehen werden können.

Bedienelemente mit CSS optisch gestalten

Ich zeige exemplarisch für zwei Buttons, wie man Bedienelemente von JavaFX mit CSS optisch gestalten (und aufpolieren) kann. Dabei wird deutlich, dass man mit CSS sehr weitreichende Gestaltungsmöglichkeiten besitzt. Wir gestalten das Aussehen mit folgenden CSS-Angaben:

- `-fx-text-fill` – Legt die Schriftfarbe fest.
- `-fx-background-color` – Legt die Hintergrundfarbe fest.
- `-fx-font-family` – Legt die Schriftart fest.
- `-fx-font-size` – Bestimmt die Schriftgröße.
- `-fx-font-weight` – Wählt zwischen Normal- und Fettschrift.
- `-fx-effect` – Legt einen Effekt fest.
- `linear-gradient` – Definiert einen linearen Gradienten mit den angegebenen Farbwerten und Zwischenabstufungen.
- `radial-gradient` – Beschreibt einen radialen Gradienten mit den angegebenen Farben sowie einen definierten Mittelpunkt.

Neben denjenigen aus der Aufzählung existiert eine Vielzahl von CSS-Angaben, die (größtenteils) das Präfix `-fx` tragen, wodurch gekennzeichnet wird, dass es sich um JavaFX-spezifische Erweiterungen von CSS handelt.

CSS an Beispielen   Im nachfolgenden Listing werden wir ausnutzen, dass man das gewünschte CSS per `setStyle(String)` einem Bedienelement zuweisen kann. Schon vorab möchte ich darauf hinweisen, dass dieses Vorgehen nur für kleinere Programme oder wie hier zum ersten Kennenlernen und Ausprobieren eingesetzt werden sollte. Ansonsten kommt es recht schnell zu unübersichtlichem Sourcecode und verstößt gegen die Trennung von Zuständigkeiten, weil Funktionalität und Design vermischt werden. Eine Abhilfe lernen wir im Anschluss an dieses Beispiel kennen.

Nach diesem Hinweis kommen wir zu den CSS-Stilmitteln zurück und gestalten damit die Bedienoberfläche wie folgt:

```java
public class FirstCssExample extends Application
{
    @Override
    public void start(Stage primaryStage) throws Exception
    {
        final Button loginButton = new Button("Login Button");
        loginButton.setStyle("-fx-text-fill: silver; -fx-font-size: 18pt;" +
                             "-fx-font-weight: bold; " +
                             "-fx-background-color: " +
                             "radial-gradient(center 25% 25%, radius 50%, " +
                             "reflect, dodgerblue,darkblue 75%,dodgerblue);");

        final Button fancyButton = new Button("Fancy Login");
        fancyButton.setStyle("-fx-font-weight: bold;"
                + "-fx-font-family: \"Dialog\"; -fx-font-size: 36pt;"
                + "-fx-effect: dropshadow( three-pass-box , black, 5, 0.2 , 2 , 3);"
                + "-fx-text-fill: linear-gradient(to left, darkviolet 15%,yellow 45%,"
                + " red 75%,firebrick 85%);"
```

```
          + "-fx-background-color: linear-gradient(darkblue 10%, #ABCDEF 65%,"
          + "dodgerblue 90%)");

      final FlowPane flowPane = new FlowPane();
      flowPane.setHgap(7);
      flowPane.setVgap(7);
      flowPane.setPadding(new Insets(7,7,7,7));
      flowPane.getChildren().addAll(loginbutton, fancyButton);

      primaryStage.setScene(new Scene(flowPane, 550, 110));
      primaryStage.setTitle(this.getClass().getSimpleName());
      primaryStage.show();
    }
  // ...
}
```

Welche Auswirkungen die Angaben haben, wird durch Abbildung 5-11 recht gut nachvollziehbar oder durch den Start der Applikation FIRSTCSSEXAMPLE.

Abbildung 5-11 *JavaFX mit CSS*

Für die beiden Buttons mag das realisierte Design gerade noch fancy aussehen. Es ist
aber optisch schon leicht überfrachtet.

Wenn Sie miterleben möchten, wie sich der CSS-Effekt sogar dynamisch auf eingegebenen Text auswirkt, so starten Sie bitte das Programm FXMLEXAMPLEWITHCSS,
das das FXML-Beispiel des recht faden Login-Dialog mit CSS sehr bunt gestaltet.

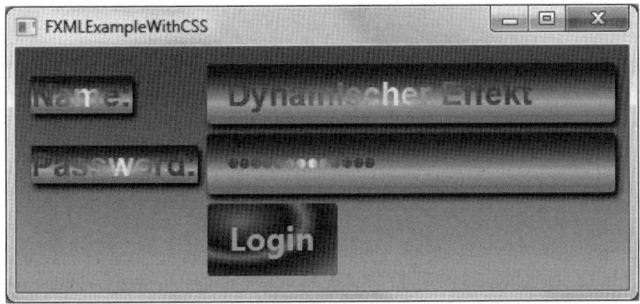

Abbildung 5-12 *Login-Dialog mit CSS*

Besonders am letzten Beispiel erkennt man die optische Überfrachtung des von mir
stammenden Informatiker-Designs – im Normalfall sollten Sie das Design daher besser
ausgewiesenen CSS-Profis überlassen.

CSS in eine eigene Datei auslagern

Wenn wir uns vorstellen, dass man die Bedienelemente durch Angaben im Sourcecode mit CSS-Informationen versehen wollte, kann man sich ausmalen, wie unleserlich es wird, wenn der Sourcecode mit CSS durchmischt ist. Was kann man dagegen tun?

Generell bietet es sich an, die CSS-Angaben in eine eigene Datei auszulagern. Das gilt umso mehr, je umfangreicher die Styling-Informationen werden. Neben mehr Klarheit im Sourcecode besitzt diese Separation von Styling und Sourcecode noch einen weiteren Vorteil: Die grafische Gestaltung kann beliebig, auch dynamisch gewechselt werden – indem kurzerhand das gesamte CSS gewechselt wird oder spezielle Stile angegeben werden. Gleich dazu mehr.

Wir wollen die CSS-Angaben für die beiden Buttons in eine Datei `buttons.css` auslagern. Um verschiedene Varianten des Stylings mit CSS zu demonstrieren, füge ich dem Beispiel einen weiteren Button hinzu und nutze nachfolgend

- den allgemeinen Selektor `.button`, der das Styling für alle (nicht durch andere Stylings übersteuerten) Buttons in JavaFX bestimmt,
- einen Gruppenselektor `.customloginbutton`, der das Styling für eine Klasse von Bedienelementen, hier Login-Buttons, definiert,
- eine spezielle ID `#fancybutton`, mit der sich das Aussehen von Bedienelementen festlegen lässt, denen diese CSS-ID zugewiesen ist.

Mit diesem Vorwissen erstellen wir die CCS-Datei und verwenden dabei weitestgehend die zuvor in `setStyle(String)` gemachten Angaben wie folgt:

```
.button
{
    -fx-text-fill: firebrick; -fx-font-size: 18pt; -fx-font-weight: bold;
}

.customloginButton
{
    -fx-text-fill: silver; -fx-font-size: 18pt; -fx-font-weight: bold;
    -fx-background-color: radial-gradient(center 25% 25%, radius 50%,
                          reflect, dodgerblue, darkblue 75%, dodgerblue);
}

#fancybutton
{
    -fx-font-weight: bold; -fx-font-family: Dialog; -fx-font-size: 36pt;
    -fx-text-fill: linear-gradient(to left,
                   darkviolet 15%,yellow 45%,red 75%,firebrick 85%);
    -fx-background-color: linear-gradient(darkblue 10%, #ABCDEF 65%,
                          dodgerblue 90%);
    -fx-effect: dropshadow(three-pass-box, black, 5, 0.2, 2, 3);
}
```

Um die Bedienelemente mit den obigen CSS-Definitionen in Verbindung zu bringen, verwendet man Selektoren. Für eine Menge von Bedienelementen eines Typs kann man allgemeine Selektoren etwa `.label`, `.button` nutzen. Damit haben wir den Stil für den Button `plainButton` vorgegeben. Zudem kann man für spezifische Gruppen einen gemeinsamen Selektor verwenden, wie wir dies für den `loginButton` mit seinem Stil `customloginbutton` getan haben. Die Verknüpfung mit dem Bedienelement geschieht über einen Aufruf von `getStyleClass().add(String)`. Zudem nutzen wir die Möglichkeit, die Bedienelemente individuell mit einem Stil zu versehen. Dazu wird der ID-Selektor für das gewünschte Bedienelement durch `setID(String)` gesetzt.

Basierend auf den vorangegangenen Informationen ändern wir die `start(Stage)`-Methode folgendermaßen ab:

```java
@Override
public void start(final Stage primaryStage) throws Exception
{
    final Button plainButton = new Button("Plain Red Text Button");
    final Button loginButton = new Button("Login Button");
    final Button fancyButton = new Button("Fancy Login");

    // Verknüpfung mit CSS über Style Class bzw. ID
    loginButton.getStyleClass().add("customloginbutton");
    fancyButton.setId("fancybutton");

    final FlowPane flowPane = new FlowPane();
    flowPane.setHgap(7);
    flowPane.setVgap(7);
    flowPane.setPadding(new Insets(7,7,7,7));
    flowPane.getChildren().addAll(plainButton, loginButton, fancyButton);

    primaryStage.setScene(new Scene(flowPane, 420, 160));
    // Verknüpfung von Scene und CSS
    primaryStage.getScene().getStylesheets().add(this.getClass().
                      getResource("buttons.css").toExternalForm());

    primaryStage.setTitle(this.getClass().getSimpleName());
    primaryStage.show();
}
```

Für das Anwenden des CSS müssen wir nichts weiter tun, als es mit der `Scene` zu verknüpfen. Dazu rufen wir `getStylesheets().add(String)` auf und dort die Methode `toExternalForm()`, die eine Stringrepräsentation für eine URL liefert. Diese URL haben wir mithilfe von `getResource(String)` ermittelt und diese referenziert das gewünschte CSS. Führen Sie das Programm EXTERNALCSSEXAMPLE aus, so erhalten Sie ein Fenster ähnlich zu Abbildung 5-13.

Abbildung 5-13 *Darstellung mit externer CSS-Datei*

Dynamische Gestaltung Eingangs erwähnte ich, dass man das Styling auch dynamisch modifizieren kann. Statt aber gleich auf ein vollständig neues Look-and-Feel umzuschalten, das durch eine andere CSS-Datei festgelegt ist, wollen wir uns eine Variante anschauen, die Dynamik rein deklarativ ermöglicht.

Das wird dadurch realisiert, dass man im CSS für verschiedene Zustände eines Bedienelements unterschiedliche CSS-Angaben aufführt. Man kann ein Design für das Darüberfahren (`:hover`), das Drücken (`:pressed`), mit Fokus (`:focused`) usw. angeben. Wir ergänzen das CSS wie folgt:

```
.button:hover
{
    -fx-background-color: linear-gradient(blue, skyblue, white, skyblue, blue);
}

.button:focused
{
    -fx-background-color: linear-gradient(skyblue, dodgerblue, darkblue);
    -fx-text-fill: white;
    -fx-border-color: firebrick, red, orange, yellow;
    -fx-border-insets: 5, 10, 15, 20;
    -fx-border-width: 3;
}

.button:pressed
{
    -fx-background-color: lightblue;
    -fx-background-radius: 10 10 10 10;
    -fx-text-fill: black;
}
```

Im Sourcecode müssen wir nichts ändern[3], sondern wir sehen die Änderungen und dynamischen Anpassungen, wenn wir das Programm DYNAMICCSSEXAMPLE starten ähnlich zu Abbildung 5-14.

Abbildung 5-14 *Dynamische Anpassungen mit CSS*

Die Grafik deutet die Dynamik lediglich an. Um das Verhalten zu erleben, selektieren und fokussieren Sie die Buttons und schauen, wie sich die Darstellung ändert.

---

[3]Ich habe lediglich die Größe des Fensters und die Referenz auf die CSS-Datei angepasst.

Fazit

Dieser Abschnitt hat einen Einstieg in die vielfältigen Möglichkeiten zur Gestaltung von JavaFX-GUI mithilfe von CSS gegeben. Dabei konnte ich nur an der Oberfläche kratzen. Es gibt viel mehr zu entdecken.

Bei Interesse an den weiteren Möglichkeiten und verfügbaren CSS-Tags sollten Sie einen Blick auf die Dokumentation werfen. Diese finden Sie auf folgender Oracle-Seite: `http://docs.oracle.com/javafx/2/api/javafx/scene/doc-files/cssref.html`.

5.3.2 Effekte

Grafische Benutzeroberflächen, die mit Swing erstellt sind, wirken meistens ein wenig altbacken und fade. Visuelle Effekte kommen dort eher spärlich zum Einsatz. Das liegt einfach daran, dass Effekte aufwendig selbst implementiert werden müssen. JavaFX macht einem das Leben hier wirklich sehr leicht: Es ist auf einfache Weise möglich, die Bedienoberfläche durch grafische Effekte wie Reflexionen, Schatten, Weichzeichner usw. optisch aufzuwerten und dadurch interessant zu gestalten. Praktischerweise bietet JavaFX bereits eine Vielzahl an vordefinierten Effekten zur Auswahl, wodurch sich ohne viel eigenen Implementierungsaufwand recht ansehnliche Ergebnisse erzielen lassen. Zudem können viele Effekte parametriert werden (z. B. lässt sich die Richtung und Intensität eines Schattenwurfs beeinflussen). Außerdem lassen sich Effekte miteinander kombinieren und darüber hinaus zur Laufzeit dynamisch anpassen bzw. verändern.

Das folgende Listing zeigt diverse Effekte, die durch einen Druck auf einen Button aktiviert werden. Die Funktionalität realisieren wir in einem `EventHandler<Action-Event>`, der mit einem Button verbunden wird:

```java
@Override
public void start(final Stage stage) throws Exception
{
    final Node labelNode = new Label("Hello Effects World!");

    final Image image = new Image("example.png", true);
    final Node imageView = new ImageView(image);

    final Button buttonNode = new Button("Activate effects");

    // EventHandler mit Button verbinden
    addEffectHandler(labelNode, imageView, buttonNode);

    final HBox hbox = new HBox(7);
    hbox.setPadding(new Insets(7,7,7,7));

    final VBox vbox = new VBox(20);
    vbox.getChildren().addAll(labelNode, buttonNode);
    hbox.getChildren().addAll(vbox, imageView);

    stage.setScene(new Scene(hbox, 400, 300));
    stage.setTitle(EffectExample.class.getSimpleName());
    stage.show();
}
```

```
private void addEffectHandler(final Node labelNode, final Node imageView,
                             final Button buttonNode)
{
    buttonNode.setOnAction(new EventHandler<ActionEvent>()
    {
        @Override
        public void handle(final ActionEvent event)
        {
            // Schatteneffekt
            final Effect effect = new DropShadow(2, 7, 7, Color.BLACK);
            labelNode.setEffect(effect);

            // Kombination von Effekten: Schatten, Weichzeichner und Reflexion
            final Effect dropShadoweffect = new DropShadow(5, 3, 5, Color.BLACK);
            final GaussianBlur gaussianEffect = new GaussianBlur(3);
            gaussianEffect.setInput(dropShadoweffect);
            final Reflection reflectionEffect = new Reflection();
            reflectionEffect.setInput(gaussianEffect);

            // Dynamisch zuweisen
            buttonNode.setEffect(reflectionEffect);
            imageView.setEffect(reflectionEffect);
        }
    });
}
```

Im Listing sehen wir im EventHandler<ActionEvent>, dass zunächst ein Schatten-wurf für ein Label angegeben ist. Danach werden drei Effekte kombiniert und auf den Button selbst sowie auf ein Bild vom Typ javafx.scene.image.Image mit der kor-respondierenden Node vom Typ javafx.scene.image.ImageView angewendet: ein Schatten, ein Unschärfefilter sowie eine Reflexion. Die drei genutzten Effekte sind vom Typ DropShadow, GaussianBlur und Reflection, besitzen den Basistyp Effect und entstammen dem Package javafx.scene.effect.

Führen Sie das Programm JAVAFXEFFECTSEXAMPLE aus, so erhalten Sie beim Drücken des Buttons eine Ausgabe ähnlich zu Abbildung 5-15.

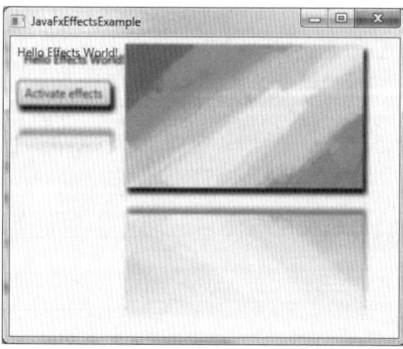

Abbildung 5-15 *Effekte mit JavaFX*

Dieses Beispiel zeigt, wie einfach es ist, Effekte zu verwenden, zu kombinieren und so-gar dynamisch einzusetzen. Den gezeigten Unschärfeeffekt könnte man beispielsweise dann nutzen, wenn bei einem Druck auf einen Button eine längere Berechnung ausgeführt wird. Dieser Effekt macht optisch intuitiv klar, dass das betroffene Bedienelement derzeit deaktiviert ist.[4]

Wenn Sie schon einmal versucht haben, ähnliche Effekte, wie die eben gezeigten, mit Java 2D zu zaubern, dann wissen Sie, dass dies einiges an Mühe kostet. Insbesondere gilt dies, wenn Effekte für eine Gruppe von mehreren Bedienelementen wirksam werden sollen. In JavaFX ist das alles kein Problem, denn hier werden Effekte auf konzeptioneller Ebene und nicht auf Pixelebene angewendet. Dadurch wirken Effekte pro Knoten vom Typ `Node`. Ist dieser im Speziellen ein Container, so bedeutet dies, dass sich der Effekt auf alle darin enthaltenen `Nodes` auswirkt. Dort enthaltene einzelne `Nodes` können darüber hinaus aber natürlich mit weiteren, spezifischen Effekten versehen werden. Aber es kommt noch besser. Werfen wir nun einen Blick auf Animationen.

5.3.3 Animationen

Durch den gezielten Einsatz von Effekten kann man eine moderne, ansprechende Bedienoberfläche optisch gestalten. Dies kann jedoch durch die Verwendung von Animationen, wie Ein- und Ausblenden, noch gesteigert werden. Sehr wirksam für eine visuelle Rückmeldung ist auch eine Vergrößerung oder ein Aufglühen, wenn der Benutzer ein Element selektiert oder mit der Maus darüberfährt.

Nachfolgend schauen wir uns eine einfache Transition an, die ein `Label` mehrmals in Folge vergrößert und wieder verkleinert. Um das Ganze aufzupeppen, fügen wir noch eine Rotation um 270 Grad hinzu. Den beiden Animationen werden durch die Angabe verschiedener `Duration`-Instanzen unterschiedliche Ablaufdauern zugewiesen. Um die Gesamtausführungsdauer der mit 1500 ms schneller ablaufenden Rotation mit der 3 Sekunden dauernden Größenänderung in Einklang zu bringen, wählen wir entsprechende Werte bei den jeweiligen Aufrufen von `setCycleCount(int)`. Durch einen Aufruf von `setAutoReverse(boolean)` wird festgelegt, dass die Animationen zunächst vorwärts und danach automatisch in umgekehrter Richtung abgespielt werden.

Im Listing ist die Kombination zweier Animationen realisiert und durch fett geschriebene Kommentare verdeutlicht:

```
@Override
public void start(final Stage stage)
{
    final Button buttonNode = new Button("Start Animations");
    final VBox vbox = new VBox(10.0);
    vbox.getChildren().addAll(buttonNode);

    addAnimation(buttonNode, vbox);

    stage.setScene(new Scene(vbox, 300, 250));
    stage.setTitle(AnimationExample.class.getSimpleName());
    stage.show();
}
```

---

[4]Durch den Effekt allein wird das Bedienelement aber noch nicht deaktiviert. Die Deaktivierung muss selbst programmiert werden.

```
private static void addAnimation(final Node buttonNode, final VBox vbox)
{
    buttonNode.setOnAction(new EventHandler<ActionEvent>()
    {
        @Override
        public void handle(final ActionEvent event)
        {
            final Node labelNode = new Label("Hello Java FX World!");
            vbox.getChildren().addAll(labelNode);

            // Schatteneffekt
            final Effect effect = new DropShadow(2, 5, 5, Color.BLACK);
            labelNode.setEffect(effect);

            // Größenänderung
            final ScaleTransition scaleTransition = new ScaleTransition(
                                            Duration.millis(3000),
                                            labelNode);
            scaleTransition.setByX(4);
            scaleTransition.setByY(6);
            scaleTransition.setCycleCount(10);
            scaleTransition.setAutoReverse(true);

            // Rotation
            final RotateTransition rotateTransition = new RotateTransition(
                                            Duration.millis(1500),
                                            labelNode);
            rotateTransition.setByAngle(270f);
            rotateTransition.setCycleCount(20);
            rotateTransition.setAutoReverse(true);

            // Kombination der Rotation und Größenänderung
            final ParallelTransition parallelTransition =
                            new ParallelTransition(labelNode,
                                            scaleTransition,
                                            rotateTransition);
            parallelTransition.play();
        }
    });
}
```

Im EventHandler<T> wird ein Label erzeugt und diesem ein Schlagschatten hinzu-gefügt und danach der Text in x-Richtung 4-fach und in y-Richtung 6-fach vergrößert sowie um 270 Grad in die eine Richtung und dann automatisch zurück gedreht. Einen Einblick geben die folgenden Screenshots in Abbildung 5-16. Zur Verdeutlichung soll-ten Sie das Programm ANIMATIONEXAMPLE starten.

Abbildung 5-16 *Animationen mit JavaFX*

5.4 Neuerungen in JavaFX 8

Mittlerweile haben wir uns ein recht gutes Grundlagenwissen zu JavaFX erarbeitet. Neben dem Einsatz von Bedienelementen mit Action Handling können wir die Benutzeroberfläche auch mit Effekten und Animationen interessant gestalten. Mit diesem Know-how wollen wir uns nun anschauen, welche Neuerungen JavaFX in Version 8 erfahren hat. Es bietet u. a. folgende Erweiterungen und Änderungen:

- Unterstützung von Lambdas als `EventHandler<T extends Event>` (implizit durch die Sprache)
- Texteffekte
- Zwei neue Controls, nämlich `DatePicker` zur Datumsauswahl und `TreeTableView` als Kombination von Tabellen- und Baumdarstellung
- 3D-Support
- Verbesserungen der Performance
- Optische Auffrischung durch ein neues Look-and-Feel namens Modena

Nachfolgend gehen einzelne Abschnitte auf die zuvor aufgelisteten Neuerungen ein, wobei die Verbesserungen der Performance sowie das neue Look-and-Feel namens Modena nicht explizit thematisiert werden. Letzteres wird lediglich im Rahmen der Beschreibung der neuen Bedienelemente gezeigt.

5.4.1 Unterstützung von Lambdas als `EventHandler`

Wie schon bei der Vorstellung der Lambdas kurz gesehen, kann man statt anonymer innerer Klasse nun Lambdas einsetzen, um `EventHandler<T extends Event>` zu realisieren. Das ist möglich, weil das Interface `EventHandler<T extends Event>` ein Functional Interface ist, also genau eine abstrakte, zu realisierende Methode deklariert. Wir beschränken uns auf ein kurzes Beispiel, da die nachfolgenden Beispiele noch Gebrauch von Lambdas als `EventHandler<T extends Event>` machen werden.

```java
// Old Style
btn.setOnAction(new EventHandler<ActionEvent>()
{
    @Override
    public void handle(final ActionEvent event)
    {
        System.out.println("Hello World!");
    }
});

// New Style
btn.setOnAction( event -> System.out.println("Hello World!") );
```

5.4.2 Texteffekte

Texte ließen sich bis JavaFX 2.X im Gegensatz zu anderen `Nodes` nicht im gleichen Umfang per CSS stylen. Mit JavaFX 8 ist dies nun möglich. Schauen wir uns ein Beispiel an, das einfarbige Füllungen, solche mit linearem Gradienten sowie unterschiedliche Strichstärken und auch eine Rotation auf verschiedene Texte anwendet.

Abbildung 5-17 *RichTextExample*

Das Beispiel lässt sich als Programm RICHTEXTEXAMPLE starten und basiert vollständig auf FXML und CSS. Das zugehörige FXML sieht wie folgt aus:

```
<Scene width="600" height="250" fill="white" xmlns:fx="http://javafx.com/fxml">
    <stylesheets>
        <URL value="@richtext.css" />
    </stylesheets>
    <VBox>
        <TextFlow styleClass="paragraph">
            <Text styleClass="text1">Hello </Text>
            <Text text=" " />
            <Text styleClass="text2, big">Bold</Text>
            <Text text=" " />
            <Text styleClass="text3, dropshadow">Effect</Text>
        </TextFlow>

        <TextFlow styleClass="paragraph">
            <Text styleClass="underlinefancy">
                fancy underline
                <effect>
                    <DropShadow color="BLACK" offsetX="3.0" offsetY="3.0" />
                </effect>
            </Text>
        </TextFlow>

        <TextFlow styleClass="paragraph">
            <Text styleClass="rotatedThai">Thai: ?????????????????</Text>
        </TextFlow>
    </VBox>
</Scene>
```

Im Listing sieht man im Tag `stylesheets`, wie man aus einer FXML-Datei direkt auf das gewünschte CSS verweist. Die korrespondierende CSS-Datei `richtext.css` zeige ich aus Platzgründen nur verkürzt:

```
.paragraph {
    -fx-font-family: Dialog;
    -fx-font-size: 60.0px;
    -fx-vgap: 30.0px;
}

.text1 {
    -fx-stroke: darkblue;
    -fx-stroke-width: 2.5;
    -fx-fill: darkgoldenrod;
}

.text2 {
    -fx-font-weight: bold;
    -fx-fill: linear-gradient(from 0.0% 0.0% to 100.0% 100.0%, repeat,
                              orange 0.0%, red 50.0%);
    -fx-stroke: black;
    -fx-stroke-width: 2.0;
}

...

.rotatedThai {
    -fx-stroke: black;
    -fx-stroke-width: 2.0;
    -fx-rotate: -5.0;
    -fx-fill: linear-gradient(from 0.0% 0.0% to 100.0% 100.0%, yellow 0.0%,
                              red 50.0%, blue 75.0%, green 100.0%);
    -fx-font-weight: bold;
}
...
```

5.4.3   Neue Controls

Zwar bot JavaFX auch schon vor Version 8 eine Menge an Bedienelementen, aber es fehlten solche zur Datumsauswahl und zur Darstellung von baumartigen Inhalten in Tabellen, die in anderen grafischen Bibliotheken existieren.[5] Mit JavaFX 8 gibt es nun im Package `javafx.scene.control` die zwei wichtigen und lang ersehnten Bedienelemente `DatePicker` und `TreeTableView`, die nachfolgend vorgestellt werden.

DatePicker

An einem Beispiel wollen wir uns kurz das Bedienelement `DatePicker` anschauen. Dabei verwenden wir die zuvor besprochenen Sprachfeatures Lambdas und das neue Date And Time API. Letzteres nutzen wir dafür, die `DatePicker`-Komponente mit dem aktuellen Datum zu initialisieren sowie das gewählte Datum aus dem Bedienelement wieder auszulesen. Ein `DatePicker` bietet dazu einen Konstruktor mit einem Parameter vom Typ `LocalDate`. Zum Auslesen dient die Methode `getValue()`, die ein `LocalDate`-Objekt liefert:

---

[5]Während es derartige Bedienelemente für Swing leider nicht im Standard gab, musste die Entwicklergemeinde für JavaFX bis zu dessen Version 8 darauf warten.

```java
public class DatePickerExample extends Application
{
    @Override
    public void start(final Stage primaryStage)
    {
        // DatePicker mit Date And Time API-Funktionalität initialisieren
        final LocalDate localDate = LocalDate.now();
        final DatePicker datepicker = new DatePicker(localDate);

        datepicker.setOnAction(event ->
        {
            // Gewähltes Datum ermitteln
            final LocalDate selectedDate = datepicker.getValue();
            System.out.println("Selected date: " + selectedDate);
        });

        final FlowPane root = new FlowPane();
        root.getChildren().add(datepicker);

        final Scene scene = new Scene(root, 300, 250);
        primaryStage.setTitle("DatePickerExample");
        primaryStage.setScene(scene);
        primaryStage.show();
    }
    // ...
}
```

Führen wir das Programm DATEPICKEREXAMPLE aus, so bekommen wir eine Datumsauswahl wie in Abbildung 5-18 präsentiert.

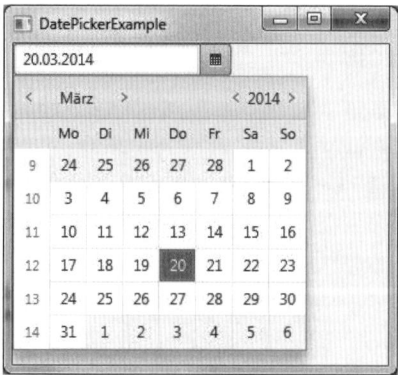

Abbildung 5-18 *Beispiel für den* DatePicker

TreeTableView

Während der DatePicker ein recht einfaches, aber sehr praktisches Bedienelement ist, ist der TreeTableView wohl eines der komplexesten Bedienelemente in JavaFX. Um das Bedienelement und vor allem auch das dahinter liegende Datenmodell zu verstehen, schauen wir uns die einzelnen Teile genauer an. Neben den Spalten einer

Tabelle stellt ein `TreeTableView` Informationen hierarchisch dar. Nachfolgend wollen wir eine Liste von Personen, die in eine Gruppenhierarchie eingeordnet sind, mit einem `TreeTableView` visualisieren.

Basisdatenmodell und die Klasse `Person`   Die Personen modellieren wir in Form der Klasse `Person`. Diese besitzt die drei Attribute `name`, `age` und `size` und ist wie folgt implementiert:

```
public class Person
{
    private final String name;
    private final Integer age;
    private final Integer size;

    public SimplePerson(final String name, final Integer age,
                        final Integer size)
    {
        this.name = name;
        this.age = age;
        this.size = siz);
    }

    public String getName()
    {
        return name;
    }

    public Integer getAge()
    {
        return age;
    }
    // ...
}
```

Hierarchisches Datenmodell   Das (vereinfachte) Datenmodell besteht aus einer Menge von `Person`-Instanzen. Verschiedene Personen bilden jeweils eine Gruppe. Die Gruppen werden in einer Hauptgruppe `root` namens »All Persons« gebündelt. Die hierarchischen Daten werden über Instanzen vom Typ `TreeItem<T>` modelliert, die auch für den einfacheren `TreeView` zum Einsatz kommen. Sie legen die Baumstruktur fest, die aus Instanzen vom Typ `T` besteht. In diesem Fall sind es `TreeItem<Person>`.

Im folgenden Listing sieht man die Erstellung des Baums aus Objekten vom Typ `TreeItem<T>` durch die Methode `createTreeData()`, die für die Gruppenelemente auf eine Hilfsmethode zurückgreift:

```
private TreeItem<Person> createTreeData()
{
    // Vereinfachtes Datenmodell
    final Person micha = new Person("Micha", 43, 184);
    final Person tom = new Person("Tom", 22, 177);
    final Person lili = new Person("Lili", 34, 170);

    final Person tim = new Person("Tim", 43, 181);
    final Person jens = new Person("Jens", 47, 175);
    final Person andy = new Person("Andy", 31, 178);
```

```
// Hauptgruppe erzeugen
final TreeItem<Person> root = createGroupTreeItem("All Persons");

// Gruppe 1 und Subelemente erzeugen
final TreeItem<Person> group1 = createGroupTreeItem("Group 1");
final TreeItem<Person> childNode1_1 = new TreeItem<>(micha);
final TreeItem<Person> childNode1_2 = new TreeItem<>(tom);
final TreeItem<Person> childNode1_3 = new TreeItem<>(lili);

// Gruppe 2 und Subelemente erzeugen
final TreeItem<Person> group2 = createGroupTreeItem("Group 2");
final TreeItem<Person> childNode2_1 = new TreeItem<>(tim);
final TreeItem<Person> childNode2_2 = new TreeItem<>(jens);
final TreeItem<Person> childNode2_3 = new TreeItem<>(andy);

// Hierarchie und Gruppenzugehörigkeit festlegen
group1.getChildren().setAll(childNode1_1, childNode1_2, childNode1_3);
group2.getChildren().setAll(childNode2_1, childNode2_2, childNode2_3);
root.getChildren().setAll(group1, group2);

// Aufklappzustand festlegen
root.setExpanded(true);
group1.setExpanded(true);

return root;
}

private TreeItem<Person> createGroupTreeItem(final String groupName)
{
    return new TreeItem<>(new Person(groupName, null, -1));
}
```

Bereits während der Modellierung fällt auf, dass wir für die Gruppenelemente keine sinnvollen Werte für die Attribute `age` und `size` angeben können Das könnte man durch den Wert `null` ausdrücken. Als Abhilfe kann man sich folgenden Tricks bedienen: Man nutzt einen für das Alter oder die Größe ungültigen Wert, nämlich die zuvor schon eingesetzte `-1`, und sorgt dann in der Darstellung dafür, dass dieser Wert entsprechend behandelt wird. Später erfahren Sie mehr zu dieser Variante.

Erwähnenswert ist noch, dass die Eigenschaft des Aufklappzustands durch `set-Expanded(boolean)` gesetzt wird.

Data Binding – Daten und View verknüpfen   Nachdem wir die hierarchische Struktur vorgegeben haben, müssen wir für die Darstellung das sogenannte Data Binding festlegen. Damit ist gemeint, wie die darzustellenden Werte aus den vorliegenden Daten ermittelt (oder im besten Fall bei Änderungen sogar abgeglichen) werden. In diesem Beispiel bestimmen die Attribute der Klasse `Person` die Werte in den Spalten. Die Verbindung zu den Spalten einer `TreeTableView` wird durch Instanzen vom Typ `TreeTableColumn<T,V>` beschrieben, wobei `T` den Typ der Elemente aus den `TreeItem<T>`s repräsentiert. Der Typ `V` entspricht dem Typ des in der Spalte darzustellenden Attributs. Zum Auslesen von Werten nutzt man Instanzen der Klasse `TreeItemPropertyValueFactory`, der man den Namen des Attributs als Text übergibt. Der Wert wird dann per Reflection ausgelesen.

```
private List<TreeTableColumn<Person,?>> createColumns()
{
    return Arrays.asList(createColumn("Name", "name", 125),
                         createColumn("Age", "age", 50),
                         createColumn("Size in cm", "size", 100));
}


private <V> TreeTableColumn<Person, V> createColumn(final String columnTitle,
                                                    final String attributeName,
                                                    final int prefWidth)
{
    final TreeTableColumn<Person, V> column = new TreeTableColumn<>(columnTitle);
    column.setPrefWidth(prefWidth);
    column.setCellValueFactory(
                new TreeItemPropertyValueFactory<Person, V>(attributeName));
    return column;
}
```

Kombination zu einem Beispiel   Die beiden zuvor erstellten Methoden kombinieren wir nun zu einem Beispiel für den `TreeTableView` wie folgt:

```
public void start(final Stage stage)
{
    final TreeItem<Person> root = createTreeData();
    final TreeTableView<Person> treeTableView = new TreeTableView<Person>(root);
    treeTableView.getColumns().addAll(createColumns());

    final VBox vbox = new VBox();
    vbox.getChildren().addAll(treeTableView);

    stage.setScene(new Scene(vbox, 300, 250));
    stage.setTitle("TreeTableViewExample");
    stage.show();
}
```

Starten wir das Programm TREETABLEVIEWEXAMPLE, so sehen wir eine Darstellung ähnlich wie in Abbildung 5-19.

Name	Age	Size in cm
▼ All Persons		-1
▼ Group 1		-1
Micha	43	184
Tom	22	177
Lili	34	170
▼ Group 2		-1
Tim	43	181
Jens	47	175
Andy	31	178

Abbildung 5-19 `TreeTableView`-*Beispiel*

Mit dem Erreichten können wir schon recht zufrieden sein. Es wird bereits einiges an Standardfunktionalität geboten: So wird die Spaltenbreite automatisch dem vom Inhalt benötigten Platz angepasst. Ein Doppelklick auf die Trennlinie zwischen Spalten führt zu einer Größenanpassung und insbesondere lassen sich die Werte einer Spalte durch einen Klick auf den Spalten-Header sortieren.

Hinweis: Sortierbarkeit von Spalten

Die einzelnen Spalten eines `TreeTableView` lassen sich sortieren. Die Sortierung erfolgt automatisch, wenn die Werte das Interface `Comparable<T>` erfüllen und man auf die Spaltenüberschrift klickt. Die Gruppierung bleibt bei einer Sortierung erhalten, es wird also jeweils innerhalb der Gruppen sortiert. Es werden zudem auch mehrere Sortierkriterien unterstützt. Dazu muss man als Benutzer lediglich die Shift-Taste gedrückt halten, wenn man auf den Spalten-Header klickt.

Darstellung anpassen   Bei genauerer Betrachtung stört uns möglicherweise für die Gruppeneinträge der Wert -1 in der Spalte der Größe. Dieser Wert ist durch die gewählte Modellierung bedingt. Zur speziellen Behandlung bei der Darstellung registriert man einen eigenen Renderer, der in JavaFX aus einer Kombination eines Callbacks sowie einer speziellen `Cell<T>`, in diesem Fall einer `TreeTableCell<S,T>`, besteht. Hier wird gezeigt, welche Aktionen man durchführen kann und was dabei ansonsten noch zu beachten ist (siehe fett geschriebene Kommentare). Dazu wird der Aufruf der nachfolgend dargestellten Methode `registerRenderer()` in der Methode `createColumns()` ergänzt und die Methode auch ansonsten minimal angepasst:

```
private List<TreeTableColumn<Person, ?>> createColumns()
{
    final TreeTableColumn<Person, Integer> sizeColumn = createColumn("Size",
                                                         "size", 70);
    registerRenderer(sizeColumn, " cm");

    return Arrays.asList(createColumn("Name", "name", 125),
                         createColumn("Age", "age", 50),
                         sizeColumn);
}

private void registerRenderer(final TreeTableColumn<Person, Integer> sizeColumn,
                         final String unitPostfix)
{
    sizeColumn.setCellFactory(new Callback<TreeTableColumn<Person, Integer>,
                                 TreeTableCell<Person, Integer>>()

    {
        @Override
        public TreeTableCell<Person, Integer> call(
                         final TreeTableColumn<Person, Integer> p)
        {
            return new TreeTableCell<Person, Integer>()
            {
                @Override
                protected void updateItem(final Integer item,
                                 final boolean empty)
```

```
                {
                    super.updateItem(item, empty);

                    if (!empty)
                    {
                        if (item.intValue() == -1)
                        {
                            // Spezialbehandlung für Kein-Wert-Indikator -1
                            setText(null);
                        }
                        else
                        {
                            // Textuelle Ergänzung
                            setText(item + unitPostfix);
                        }
                    }
                    else
                    {
                        // Ganz wichtig, sonst werden Texte dargestellt,
                        // obwohl Parent zugeklappt ist!
                        setText(null);
                    }
                }
            };
        }
    });
}
```

Diese Korrektur führt dazu, dass keine Werte für den Wert -1 dargestellt werden und dass die Größenangaben mit dem Zusatz "cm" versehen werden, wodurch diese Angabe der Einheit nicht in der Spaltenüberschrift aufgeführt wird.

Zum Ausprobieren können Sie das Programm TREETABLEVIEWEXAMPLE2 starten. Sie erhalten eine Darstellung ähnlich wie in Abbildung 5-20.

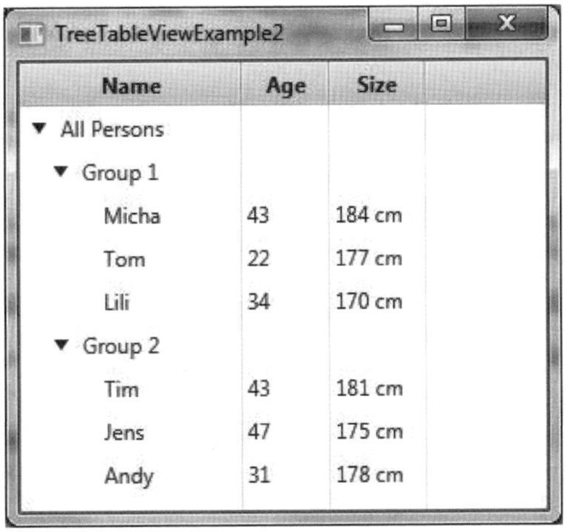

Abbildung 5-20 *Zweites Beispiel zum* `TreeTableView`

5.4.4   JavaFX 3D

Mit JavaFX lassen sich recht ansprechende Anwendungen entwickeln. Teilweise besteht für besondere Visualisierungen aber Bedarf nach einer Darstellung in 3D. Ein Beispiel ist die Simulation eines Containerterminals. Bei Interesse kann man es unter `http://www.youtube.com/embed/AS26gZrYNy8?rel=0` als YouTube-Video anschauen.

Mit JavaFX 8 wurde der Support für die Darstellung von dreidimensionalen Figuren integriert. Zuvor waren lediglich Pseudo-3D-Darstellungen mithilfe perspektivischer Transformationen möglich. Befassen wir uns nun aber mit ein wenig Basiswissen, das wir zur Programmierung eines einfachen 3D-Beispiels benötigen.

Materialien und primitive 3D-Objekte

Objekte in einer Simulation einer dreidimensionalen Welt können durch die Anwendung verschiedener Oberflächen, Materialien und Texturen realitätsnäher gestaltet werden. Als Basis dienen Instanzen von `javafx.scene.paint.PhongMaterial`. Der etwas ungewöhnliche Name geht auf Herrn Phong zurück, der das sogenannte Phong Shading erfunden hat. Ebenso gibt es ein Phong-Beleuchtungsmodell. Beides sorgt dafür, dass 3D-Darstellungen realitätsnah wirken, indem man Polygonflächen mit Farbschattierungen bzw. -abstufungen einfärbt. Dabei bestimmen verschiedene Farben das Reflexionsverhalten.[6] Die Farbbestandteile lassen sich durch Methoden für Instanzen der Klasse `PhongMaterial` setzen. Für Details verweise ich auf die Oracle-Dokumentation.[7]

Zur Erstellung einfacher 3D-Szenarien existieren mit den Klassen `Box`, `Cylinder` und `Sphere` drei vordefinierte Figuren: Diese sind von der abstrakten Klasse `javafx.scene.shape.Shape3D` abgeleitet, die wiederum den Basistyp `Node` besitzt.

Den Figuren können Materialen zugeordnet werden. Zudem lässt sich die Position im dreidimensionalen Raum festlegen und beliebig manipulieren. Beispielsweise ist neben einer Verschiebung entlang der x-, y- oder z-Achse auch eine Rotation möglich.

```
@Override
public void start(Stage primaryStage)
{
    // Zwei Materialien definieren
    final PhongMaterial redMaterial = new PhongMaterial();
    redMaterial.setSpecularColor(Color.FIREBRICK);
    redMaterial.setDiffuseColor(Color.RED);

    final PhongMaterial blueMaterial = new PhongMaterial();
    blueMaterial.setSpecularColor(Color.DODGERBLUE);
    blueMaterial.setDiffuseColor(Color.BLUE);
```

---

[6]Vereinfachend nach folgendem Modell: $Light_{out} = Light_{ambient} + Light_{diffus} + Light_{specular}$. Details finden Sie unter `http://de.wikipedia.org/wiki/Phong_Shading`.

[7]Diese finden Sie unter `http://docs.oracle.com/javase/8/javafx/api/javafx/scene/paint/PhongMaterial.html` und `http://docs.oracle.com/javafx/8/3d_graphics/materials.htm`.

```
// Box als Figur definieren
final Box redBox = new Box(400, 400, 200);
redBox.setMaterial(redMaterial);
redBox.setTranslateX(100);
redBox.setTranslateY(150);
redBox.setTranslateZ(500);
redBox.setRotationAxis(Rotate.Y_AXIS);
redBox.setRotate(30);

// Cylinder als Figur definieren
final Cylinder blueCylinder = new Cylinder(200, 100);
blueCylinder.setMaterial(blueMaterial);
blueCylinder.setTranslateX(350);
blueCylinder.setTranslateY(350);
blueCylinder.setTranslateZ(150);

// Gruppieren und etwas nach hinten versetzen
final Group root = new Group(redBox, blueCylinder);
root.setTranslateZ(100);
root.setRotationAxis(Rotate.X_AXIS);
root.setRotate(25);

final Scene scene = new Scene(root, 500, 500);

// PerspectiveCamera zuordnen
final PerspectiveCamera perspectiveCamera = new PerspectiveCamera();
scene.setCamera(perspectiveCamera);

primaryStage.setTitle("Figures3DExample");
primaryStage.setScene(scene);
primaryStage.show();
}
```

Schlussendlich wird die Darstellung durch eine Instanz einer `PerspectiveCamera` bestimmt. Diese kann man beliebig im 3D-Raum positionieren und sie entspricht etwa dem eigenen Blickwinkel – etwas Ähnliches kennt man z. B. von Google Maps, wo man das Beobachter-Figürchen auch an beliebige Orte setzen kann. Wenn wir das Programm FIGURES3DEXAMPLE starten, erhalten wir eine 3D-Darstellung wie links in Abbildung 5-21.

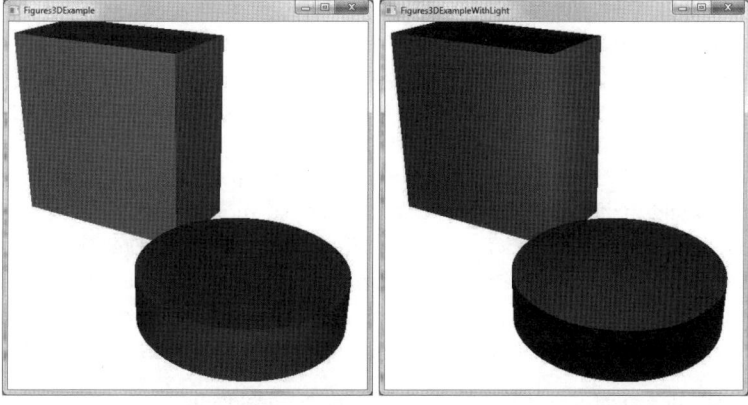

Abbildung 5-21 *3D-Basisfiguren in JavaFX 8 ohne (links) und mit Beleuchtung (rechts)*

Light

Wie in Abbildung 5-21 schon angedeutet, gewinnt eine 3D-Darstellung durch Licht-quellen und Beleuchtung an Authentizität. Jeder `Scene` können Lichtquellen zugewiesen werden.[8] Mit dem Typ `javafx.scene.LightBase` lassen sich zwei Formen von Lichtquellen modellieren, die den Typ `Node` besitzen und daher Bestandteil des Scene-graphs sein können.

- `AmbientLight` — Darunter versteht man eine Lichtquelle, die alle Objekte gleich-artig ausleuchtet. Ein `javafx.scene.AmbientLight` ist eine Art indirektes Licht, etwa vergleichbar mit Tageslicht.
- `PointLight` – Modelliert eine Lichtquelle mit einer spezifischen Position. Somit besitzt diese Lichtquelle eine gewisse Entfernung zu anderen Objekten. In der rea-len Welt sind `javafx.scene.PointLight`s etwa Glühbirnen oder Kerzen.

Um den Beleuchtungseffekt auszuprobieren, ergänzen wir einfach folgende vier Zeilen und fügen die Lichtquelle der Gruppe hinzu, wobei wir deren Koordinaten im Raum über verschiedene `setTranslate()`-Methoden festlegen:

```
final PointLight pointLight = new PointLight(Color.ANTIQUEWHITE);
pointLight.setTranslateX(300);
pointLight.setTranslateY(100);
pointLight.setTranslateZ(0);

// Figuren und Lichtquelle bilden eine Gruppe
final Group root = new Group(red, blue, pointLight);
```

Das zugehörige Progamm FIGURES3DEXAMPLEWITHLIGHT produziert eine Aus-gabe, wie sie rechts in Abbildung 5-21 gezeigt ist.

5.5   Fazit

Mit den Beispielen zu 3D-Darstellungen endet unser Überblick über JavaFX und des-sen Neuerungen in Version 8. Dabei wurde Anfangs des Kapitels eine schrittweise Ein-führung gegeben. Sie sollten mittlerweile einen guten Fundus haben, um mit eigenen Experimenten zu beginnen. Dabei hilft das gelungene und recht intuitive API. Damit kommt man schnell zu ersten Erfolgen, die sich dann leicht zu größeren Beispielen ausbauen lassen.

Abschließend möchte ich noch auf einen Punkt hinweisen: Zwar ist JavaFX ein wirklich umfangreiches GUI-Framework, aber es ist im Gegensatz zu den Werbever-sprechungen von Oracle lediglich ein Rich-Client-Framework, aber keine Rich-Client-Plattform (RCP). Letztere definiert sich darüber, dass dort diverse allgemeine Basis-funktionalitäten, die für verschiedenste Applikationen in ähnlicher Form erforderlich sind, bereitgestellt werden. Auf diese Weise vermeidet man einiges an Aufwand bei

---

[8]Geschieht dies nicht, so existiert immer eine Standardlichtquelle.

der Applikationsentwicklung durch die Nutzung der Funktionalitäten aus der RCP. Ein interessanter Artikel, der das Thema im Detail behandelt, ist im Java Magazin 1.14 unter dem Titel »Wo ist die Rich-Client-Plattform für JavaFX?« erschienen.

6 Weitere Änderungen in JDK 8

Dieses Kapitel enthält ein Potpourri verschiedenster Änderungen in JDK 8, von denen man einige in der täglichen Arbeit möglicherweise etwas seltener benötigen wird, aber zumindest sollte man einmal davon gehört haben.

Zunächst stelle ich in Abschnitt 6.1 die praktischen Erweiterungen im Interface `Comparator<T>` vor. In Abschnitt 6.2 wird dann die Klasse `Optional<T>` beschrieben, die optionale Werte als Objekte modelliert. Im Anschluss gehe ich in Abschnitt 6.3 auf parallele Verarbeitungen auf Arrays ein. Danach werden in Abschnitt 6.4 verschiedene Neuerungen im Interface `Map<K,V>` besprochen. Mit JDK 8 wurden auch im Bereich von NIO diverse Erweiterungen vorgenommen. In Abschnitt 6.5 zeige ich einige davon aus der Klasse `Files`. Anschließend besprechen wir mögliche Vereinfachungen bei der Ausführung nebenläufiger Aktionen in Abschnitt 6.6. Darüber hinaus schauen wir uns einführend die neue JavaScript-Engine namens Nashorn an und wie man damit kleine JavaScript-Programme ausführen kann (Abschnitt 6.7). Dann beschreibe ich eine Änderung am Speicheraufbau der JVM (Abschnitt 6.8). Zudem erläutere ich in Abschnitt 6.9 kurz die Möglichkeit, Parameternamen per Reflection abzufragen. Schlussendlich gehe ich in den Abschnitten 6.10 und 6.11 noch überblicksartig auf Erweiterungen bei Base64-Codierungen sowie Annotations ein.

6.1 Erweiterungen im Interface `Comparator<T>`

Wenn man für Objekte eine Sortierung vorgeben möchte, so kann man dazu das Interface `Comparator<T>` passend implementieren. Aus der Beschreibung von Lambdas ist bekannt, dass bei der Realisierung eines `Comparator<T>` in Form einer Klasse einiges an Boilerplate-Code entsteht. Außerdem möchte man meistens nicht den Typ `T` selbst, sondern einige seiner Attribute vergleichen. Zur Verdeutlichung gehen wir von einer Liste von Personen aus. Naheliegend sind die Sortierungen nach Vor- bzw. Nachnamen. Diese kann man durch einen `Comparator<Person>` durchführen, dessen `compareTo(Person, Person)`-Methode aus den zwei übergebenen `Person`-Objekten den jeweiligen Namensbestandteil extrahiert und dann vergleicht.

Zunächst werfen wir einen Blick auf eine herkömmliche Realisierung, um zu erkennen, wie umständlich und aufwendig das sein kann. Im Anschluss schauen wir auf einige Erweiterungen im Interface `Comparator<T>` aus JDK 8, die das Erstellen von Komparatoren deutlich vereinfachen.

Herkömmliche Realisierung von Komparatoren bis JDK 7

Zum besseren Verständnis der nachfolgenden Erläuterungen wird im folgenden Listing eine typische Implementierung eines Komperators gezeigt, welche Personen anhand deren Namen sortiert:

```
final Comparator<Person> compareByName = new Comparator<Person>()
{
    @Override
    public int compare(final Person person1, final Person person2)
    {
        // Spezifische Extraktion eines zu vergleichenden Attributs
        final String value1 = person1.getName();
        final String value2 = person2.getName();

        // Vergleich basierend auf Comparable<T>
        return value1.compareTo(value2);
    }
};
```

Das hier verwendete Prinzip ist für Komparatoren im Grunde immer wieder das gleiche, und der konkrete Ablauf variiert lediglich in der Extraktion der Attribute.

Kurzschreibweise in JDK 8

Seit JDK 8 lässt sich die obige Implementierung mithilfe eines Lambdas deutlich kürzer schreiben. Das gilt nachfolgend im Speziellen, weil dort die Extraktion nicht als einzelne Zwischenschritte aufgeführt ist:

```
final Comparator<Person> compareByName = (person1, person2) ->
{
    return person1.getName().compareTo(person2.getName());
};
```

Erweiterungen in JDK 8

Weil derartige Vergleiche ein recht häufiger Anwendungsfall sind, wurde das Interface Comparator<T> mit JDK 8 um einige nützliche Methoden ergänzt. Diese werde nun aufgezählt und danach anhand kleiner Beispiele genauer vorgestellt:

- comparing() – Definiert einen Komparator basierend auf der Extraktion zweier Werte, die sich mithilfe des Interface Comparable<T> vergleichen lassen.
- comparingInt()/-Long()/-Double() – Definiert einen Comparator<T>, wobei der int-/long-/double-Wert eines speziellen Attributs des Typs T zum Vergleich genutzt wird.
- naturalOrder(), reverseOrder(), reversed() – Diese Methoden erzeugen Komparatoren gemäß der natürlichen, der dazu entgegengesetzten sowie einer zu einem bestehenden Komparator inversen Sortierung.
- thenComparing(), thenComparingInt()/-Long() und -Double() – Hiermit wird die Hintereinanderschaltung von Komparatoren ermöglicht.

`comparing()` – auf `Comparable<T>` basierende Komparatoren

Mithilfe der statischen Methode[1] `Comparator.comparing(Function<? super T,? extends U>)` wird ein Komparator erzeugt. Dazu wird als Parameter ein sogenannter Key-Extractor übergeben, der bestimmt, wie das Attribut aus den zu sortierenden Instanzen, im Beispiel den `Person`-Objekten, ermittelt wird. Der Gewinn dabei ist, dass der fixe Ablauf des Vergleichs basierend auf `Comparable<T>` nicht selbst realisiert werden muss, sondern nur der variable Anteil (die Extraktion) einer klassischen Lösung als Parameter übergeben wird. Nachfolgendes Beispiel zeigt, wie man einen `Comparator<Person>`, der den Namensbestandteil extrahiert und vergleicht, durch Aufruf von `comparing()` erzeugen kann:

```
// Varianten mit Comparator.comparing
Comparator<Person> byName1 = Comparator.comparing(person -> person.getName());
Comparator<Person> byName2 = Comparator.comparing(Person::getName);
```

Hinweis: Internationalisierung und Umlaute

Der zuvor dargestellte Vergleich von Namen basiert auf `compareTo(String)` und vergleicht zwei Strings textuell (basierend auf deren Zeichencode), ohne auf Umlaute und regionale Besonderheiten Rücksicht zu nehmen. Als Abhilfe lässt sich jedoch ein sogenannter Collator vom Typ `java.text.Collator` nutzen. Das ist eine Spezialisierung des Typs `Comparator<T>`, die sprachspezifische Eigenheiten beim Vergleich beachtet, z. B. die Umlaute ä, ö, ü korrekt einsortiert. Weitere Details finden Sie in meinem Buch »Der Weg zum Java-Profi« [4].

`thenComparing()` – Hintereinanderschaltung von Komparatoren

In gewissen Fällen ist eine Sortierung nach nur einem Kriterium nicht immer ausreichend. Für Personen gilt im Speziellen, dass diese durchaus den gleichen Nachnamen besitzen können. Somit wäre ein zweites Sortierkriterium wünschenswert, um bei Menschen mit gleichen Nachnamen eine eindeutige Reihenfolge zu haben. Dazu werden wir mehrere Komparatoren hintereinander ausführen. Als Basisbausteine definieren wir zunächst verschiedene Komparatoren für einzelne Attribute und kombinieren diese dann durch Aufrufe der Methode `thenComparing(Comparator<? super T>)`:

```
// Komparatoren für ein spezielles Attribut
Comparator<Person> byFirstname = Comparator.comparing(Person::getFirstname);
Comparator<Person> byName = Comparator.comparing(Person::getName);
Comparator<Person> byAge = Comparator.comparing(Person::getAge);

// Kombination von Komparatoren
Comparator<Person> byNameAndFirstname = byName.
                                thenComparing(byFirstname);
Comparator<Person> byNameAndAge = byName.thenComparing(byAge);
```

---

[1]Hier sieht man ein nützliches Beispiel für eine statische Methode in einem Interface. Es wäre aber ebenso gut möglich gewesen, dies durch eine separate Utility-Klasse bereitzustellen.

Im Listing ist gezeigt, wie einfach sich Komparatoren hintereinander ausführen lassen. Für die Alterswerte erfolgt jedoch ständig ein Auto-Boxing aus einem `int` in ein `Integer`-Objekt, da `thenComparing()` einen auf `Comparable<Integer>` basierender Komparator erzeugt, `getAge()` aber den Rückgabetyp `int` besitzt.

Verarbeitung primitiver Typen

Nicht in allen Anwendungsfällen ist dieses Auto-Boxing gewünscht oder akzeptabel. Insbesondere bei der Verarbeitung sehr großer Datenmengen oder auf kritischen Pfaden kann sich der Auto-Boxing-Automatismus ungünstig auf die Performance auswirken. Als Abhilfe finden sich im Interface `Comparator<T>` spezialisierte Varianten der `comparing()`-Methode für die primitiven Typen `int`, `long` und `double`. Damit kann man einen Komparator für `Person`-Objekte und deren Attribut `age` als `int`-Wert mithilfe von `comparingInt()` folgendermaßen konstruieren:

```
Comparator<Person> byAge = Comparator.comparingInt(Person::getAge);
```

Spezielle Ordnungen

Manchmal besteht das Bedürfnis, die Sortierreihenfolge zu beeinflussen, z. B. um die Reihenfolge der Elemente umzudrehen. Das gilt etwa für das Sortieren von Tabellenspalten. Das Interface `Comparator<T>` bietet seit JDK 8 die Methode `reversed()` an, hier genutzt, um eine absteigende Sortierung nach Namen zu definieren:

```
final Comparator<Person> byName = Comparator.comparing(Person::getName);
final Comparator<Person> byNameDescending = byName.reversed();
```

Zum Teil möchte man eine natürliche Ordnung mit einem Komparator abbilden. Dazu dient die Methode `naturalOrder()`, die für Strings eine alphabetische und für Zahlen eine aufsteigende Sortierung liefert. Die entgegengesetzte Sortierung erhält man mit der Methode `reverseOrder()`. Wenn man diese umkehrt, erhält man wieder die natürliche Ordnung. Im Listing sind die entsprechenden Methodenaufrufe gezeigt und die resultierende Sortierung durch fett geschriebene Kommentare angedeutet:

```
public static void main(final String[] args)
{
    final Integer[] primes = { 1, 7, 3, 13, 11, 5, 17, 19 };

    // aufsteigend
    final Comparator<Integer> naturalOrder = Comparator.naturalOrder();
    // absteigend
    final Comparator<Integer> reverseOrder = Comparator.reverseOrder();
    // aufsteigend
    final Comparator<Integer> naturalOrderAgain = reverseOrder.reversed();

    sortAndPrint("naturalOrder     ", primes, naturalOrder);
    sortAndPrint("reverseOrder     ", primes, reverseOrder);
    sortAndPrint("naturalOrderAgain", primes, naturalOrderAgain);
}
```

```
private static void sortAndPrint(final String name, final Integer[] primes,
                                 final Comparator<Integer> sortOrder)
{
    Arrays.sort(primes, sortOrder);
    System.out.println(name + ": " + Arrays.toString(primes));
}
```

Das obige Programm NATURALORDEREXAMPLE produziert folgende Ausgaben:

```
naturalOrder     : [1, 3, 5, 7, 11, 13, 17, 19]
reverseOrder     : [19, 17, 13, 11, 7, 5, 3, 1]
naturalOrderAgain: [1, 3, 5, 7, 11, 13, 17, 19]
```

Behandlung von `null`-Werten

Ab und zu sieht man sich der Herausforderung gegenüber, dass die zu sortierenden Datensätze potenziell auch `null`-Werte enthalten. Die üblicherweise genutzten Komparatoren lösen dann eine `NullPointerException` aus. Es gibt aber Anwendungsfälle, bei denen `null`-Werte am Anfang oder am Ende einsortiert werden sollen. Dazu gibt es die beiden Methoden `nullsFirst(Comparator<? super T> comparator)` und `nullsLastComparator<? super T> comparator)`, die wir nachfolgend nutzen, um eine mit `null`-Werten durchsetzte Liste mit Namen zu sortieren:

```
public static void main(final String[] args)
{
    final List<String> names = Arrays.asList("A", null, "B", "C", null, "D");

    // Null-sichere Komparatoren zur Dekoration bestehender Komparatoren
    final Comparator<String> naturalOrder = Comparator.naturalOrder();
    final Comparator<String> nullsFirst = Comparator.nullsFirst(naturalOrder);
    final Comparator<String> nullsLast = Comparator.nullsLast(naturalOrder);

    names.sort(nullsFirst);
    System.out.println("nullsFirst: " + names);
    names.sort(nullsLast);
    System.out.println("nullsLast: " + names);
}
```

Führt man das Programm NULLSAFECOMPARATOREXAMPLE aus, kommt es zu folgenden Ausgaben, die die beschriebene Arbeitsweise zeigen:

```
nullsFirst: [null, null, A, B, C, D]
nullsLast: [A, B, C, D, null, null]
```

Oftmals sind in einer Liste komplexere Objekte gespeichert, und die Sortierung basiert auf einem oder mehreren Attributen. Wenn man dafür einen `null`-sicheren Komparator definieren möchte, muss man achtsam sein (vgl. folgenden Praxistipp). Für die Klasse `Person` und ein über die Methode `getFavoriteColor()` ermitteltes optionales Attribut vom Typ `String` müssen die Komparatoren wie folgt zusammengebaut werden:

```
Comparator<Person> byFavoriteColor = Comparator.comparing(
                        Person::getFavoriteColor,
                        Comparator.nullsFirst(String::compareTo));
```

Hier kommt eine spezielle Variante der Methode `comparing()` zum Einsatz, bei der als erster Parameter der bekannte Key-Extractor übergeben wird. Der zweite Parameter ist ein Komparator, allerdings einer, der für den Typ des zu extrahierenden Attributs spezialisiert ist, hier also für den Typ `String`.

> ### Hinweis: Die Methoden `nullsFirst()` und `nullsLast()`
>
> Trotz ihres sprechenden Namens sind die Methoden `nullsFirst()` und `nulls-Last()` nicht ganz so leicht in der Anwendung. Intuitiv könnte man versuchen, sie um eine Komparatorimplementierung zu wickeln. Nachfolgend ist dies etwa zur Sortierung der optionalen Lieblingsfarbe, die als String mit `getFavoriteColor()` ermittelt wird und gegebenenfalls den Wert `null` zurückliefert, gezeigt:
>
> ```
> Function<Person, String> keyExtractor = Person::getFavoriteColor;
> Comparator<Person> byFavoriteColor = Comparator.comparing(keyExtractor);
> Comparator<Person> wrongNullsFirst = Comparator.nullsFirst(byFavoriteColor);
> ```
>
> Diese Variante kompiliert zwar, führt aber zur Laufzeit beim Vergleich von `null`-Werten zu `NullPointerException`s.
>
> Folgende Variante kompiliert erst gar nicht:
>
> ```
> Comparator<Person> invalidNullsFirst = Comparator.nullsFirst(keyExtractor);
> ```
>
> Das liegt daran, dass hier statt eines `Comparator<Person>` ein Key-Extractor übergeben wird. Dies führt zu einer ziemlich unverständlichen Fehlermeldung:
>
> ```
> method nullsFirst in interface Comparator<T#2> cannot be applied to given
>         types;
>     required: Comparator<? super T#1>
>     found: Person::ge[...]Color
>     reason: cannot infer type-variable(s) T#1
>       (argument mismatch; invalid method reference
>         method getFavoriteColor in class Person cannot be applied to given
>             types
>           required: no arguments
>           found: T#1,T#1
>           reason: actual and formal argument lists differ in length)
>     where T#1,T#2 are type-variables:
>       T#1 extends Object declared in method <T#1>nullsFirst(Comparator<? super
>           T#1>)
>       T#2 extends Object declared in interface Comparator
>
> invalid method reference
>     non-static method getFavoriteColor() cannot be referenced from a static
>         context
> ```
>
> Sofern man nicht sehr tief in der Materie steckt, wird man wohl aus solchen Fehlermeldungen nicht schlau. Man kann sich zu Recht fragen, ob man dies nicht hätte verständlicher ausdrücken können.

6.2 Die Klasse `Optional<T>`

Für einige Berechnungen kann mitunter kein Ergebnis ermittelt werden. Das ist etwa bei einer erfolglosen Suche oder bei der Bestimmung des Minimums, Maximums usw. für eine leere Menge von Eingaben der Fall. Die Modellierung optionaler oder nicht vorhandener Werte geschah bis JDK 8 in Form von `null`-Werten oder idealerweise mithilfe des NULL-OBJEKT-Musters. Mit JDK 8 bietet sich der Einsatz der Klasse `Optional<T>` an. Ein `Optional<T>` ist ein simpler Container für Werte vom Typ `T` oder aber den Wert `null`. Auf diese Weise können optionale Werte klar ausgedrückt werden und so `NullPointerExceptions` leichter vermieden werden.

6.2.1 Grundlagen zur Klasse `Optional<T>`

Nachfolgend betrachten wir die Berechnung des Maximums und des Minimums für zwei Arrays von `Integer`-Werten. Das zweite Array enthält allerdings keine Elemente. Hierfür lässt sich das Minimum nicht sinnvoll berechnen. Statt der schon angedeuteten Möglichkeiten zur Modellierung von optionalen Werten wollen wir dies eleganter durch den Einsatz der Klasse `Optional<T>` umsetzen. In unserem Beispiel liefern dazu beide Berechnungen ein `Optional<Integer>` zurück, das einen Wrapper um ein `Integer`-Objekt darstellt. Durch Aufruf von `isPresent()` kann man das `Optional<Integer>`-Objekt befragen, ob tatsächlich ein Wert vorhanden ist. Mit `get()` greift man auf diesen zu. Abschließend sehen wir noch, wie man ein `Optional<T>`-Objekt aus einem Wert durch Aufruf der Methode `of()` bzw. `ofNullable()` konstruieren kann. Letztere nutzt man, falls ein Wert `null` sein kann:

```java
public static void main(final String[] args)
{
    final Integer[] sampleValues = {1,3,5,7,11,13,17,19};
    final Integer[] noValues = {};

    // Minimum und Maximum berechnen
    final Comparator<Integer> naturalOrder = Comparator.naturalOrder();
    final Optional<Integer> max = Arrays.stream(sampleValues).max(naturalOrder);
    final Optional<Integer> min = Arrays.stream(noValues).min(naturalOrder);

    // Minimum und Maximum ausgeben
    System.out.println("max:        " + max);
    System.out.println("min:        " + min);

    // Prüfe, ob es einen Wert gibt
    System.out.println("isPresent?: " + min.isPresent());

    // Zugriff auf den Wert
    final Integer maxValue = max.get();
    System.out.println("maxValue:   " + maxValue);

    //   Konstruktionsmethoden
    final Optional<Integer> optionalFromValue = Optional.of(4711);
    final Optional<Double> optionalFromNull = Optional.ofNullable(null);
    System.out.println("from Value: " + optionalFromValue);
    System.out.println("from null:  "+ optionalFromNull);
}
```

Führen wir das Programm FIRSTOPTIONALEXAMPE aus, so kommt es zu folgender Ausgabe, die verdeutlicht, dass ein leeres Objekt als `Optional.empty` modelliert wird und ansonsten ein `Optional<T>` ein Container für ein Element vom Typ `T` ist, wobei der `Integer`-Wert in eckigen Klammern angegeben ist:

```
max:         Optional[19]
min:         Optional.empty
isPresent?:  false
maxValue:    19
from Value:  Optional[4711]
from null:   Optional.empty
```

Wenn das schon alles wäre, hätte man außer der expliziten Kennzeichnung, dass ein Aufrufer nun direkt sieht, dass potenziell kein Ergebnis vorhanden ist, nicht allzu viel gewonnen. Der große Mehrwert besteht aber in verschiedenen Methoden, die Verarbeitungsschritte oder alternative Rückgabewerte erlauben.

Behandlung von Alternativen

Anhand eines Beispiels wird die Behandlung von Alternativen illustriert. Dazu werden die Methoden `ifPresent()`, `orElse()`, `orElseGet()` und `orElseThrow()` genutzt. Diese Methoden erlauben eine recht lesbare Programmierung von Alternativen, falls bei einer Berechnung ein Wert nicht vorhanden sein sollte.

Mit der Methode `orElse()` kann man einen alternativen Wert vorgeben, mit `orElseGet()` kann man eine Berechnung durchführen und mit `orElseThrow()` eine Exception auslösen. Als Parameter dienen jeweils Functional Interfaces, die nachfolgend als Lambdas realisiert sind. Zur Demonstration operieren wir wieder auf einer leeren Eingabe und experimentieren etwas mit den Methoden:

```java
public static void main(final String[] args)
{
    final Integer[] noValues = {};

    final Optional<Integer> min = Arrays.stream(noValues).
                        min(Comparator.naturalOrder());

    // Führe Aktion aus, wenn vorhanden
    min.ifPresent(System.out::println);

    // Alternativen Wert liefern, wenn nicht vorhanden
    System.out.println(min.orElse(-1));

    // Berechne Ersatzwert, wenn nicht vorhanden
    final Supplier<Integer> randomGenerator = () -> (int)(100 * Math.random());
    System.out.println(min.orElseGet(randomGenerator));

    // Löse eine Exception aus, wenn nicht vorhanden
    min.orElseThrow(() -> new NoSuchElementException("there is no minimum"));
}
```

Startet man das Programm OPTIONALALTERNATIVESEXAMPLE, so kommt es (durch die Zufallszahlenberechnung) in etwa zu folgenden, hier gekürzten Konsolenausgaben:

```
-1
73
Exception in thread "main" java.util.NoSuchElementException: there is no minimum
```

Man erkennt, dass die in `ifPresent(Consumer<? super T>)` angegebene Aktion nicht ausgeführt wird, da ja auch kein Objekt in der Eingabe `noValues` verfügbar ist.

Berechnungen werden aber oftmals nicht – wie eben gezeigt – auf Wrapper-Klassen durchgeführt, sondern meistens auf Werten primitiver Typen. Da `Optional<T>` eine generische Klasse ist, kann man sie für primitive Typen nicht nutzen.

Verarbeitung von primitiven Werten

Weil die Verarbeitung primitiver Werte ein sehr gebräuchlicher Anwendungsfall ist, wurde das JDK um besondere Implementierungen von `Optional<T>` erweitert, die für die Typen `int`, `long` und `double` verfügbar sind. Dazu gibt es die Klassen `OptionalInt`, `OptionalLong` und `OptionalDouble`. Nachfolgendes Beispiel zeigt die eingangs auf einem `Integer[]` durchgeführten Berechnungen zur Ermittlung von Maximum und Minimum nun für ein Array des primitiven Typs `int`. Darüber hinaus wird durch Aufruf von `average()` der Durchschnitt berechnet:

```java
public static void main(final String[] args) {

    final int[] sampleValues = {1,3,5,7,11,13,17,19};

    final OptionalInt min = Arrays.stream(sampleValues).min();
    final OptionalInt max = Arrays.stream(sampleValues).max();
    final OptionalDouble avg = Arrays.stream(sampleValues).average();

    System.out.println("min: " + min);
    System.out.println("max: " + max);
    System.out.println("avg: " + avg);
}
```

Beim Betrachten des Listings fällt auf, dass für `min()` und `max()` kein Komparator angegeben werden muss. Hier werden die Zahlen gemäß der natürlichen Ordnung sortiert. Außerdem sieht man, dass die Durchschnittsberechnung mit `average()` keinen `int`, sondern einen `double` liefert, der aufgrund seiner Optionalität in Form eines `OptionalDouble`-Objekts zurückgegeben wird.

Führen wir das Programm OPTIONALPRIMITIVESEXAMPLE aus, so erhalten wir folgende Ausgaben:

```
min: OptionalInt[1]
max: OptionalInt[19]
avg: OptionalDouble[9.5]
```

6.2.2   Weiterführendes Beispiel und Diskussion

Bisher haben wir anhand einfacher Beispiele das API der Klasse `Optional<T>` kennengelernt und bereits ein erstes Gespür für die Möglichkeiten zur Verarbeitung optionaler Werte erhalten. Nun betrachten wir das Ganze mit einem stärkeren Praxisbezug. Als Beispiel wollen wir aus einer Liste von Personen diejenige mit einem bestimmten Namen ermitteln und für diese verschiedene Detailinformationen ausgeben.

Umsetzung mit JDK 7 oder früher

Dazu implementieren wir mit JDK-7-Mitteln etwa folgende zwei Methoden:

```java
public static Person findByName(final String name, final List<Person> persons)
{
    for (final Person currentPerson : persons)
    {
        if (currentPerson.getName().equals(name))
            return currentPerson;
    }
    return null;
}

void printPersonDetails(final Person person)
{
    final String hometown = person.getHometown();
    //...
}
```

Die gewählte Implementierung erfüllt ihre Aufgabe, jedoch erfordert sie beim Aufrufer zusätzliche Prüfungen für den Fall, dass das gesuchte Element nicht in der Liste enthalten ist. Schauen wir es uns Schritt für Schritt an: Lassen Sie uns eine unbekannte Person wie folgt suchen und danach die Detailinformationen ausgeben:

```java
String desiredName = "Unknown";
Person searchedPerson = findByName(desiredName, persons); // kann null liefern

printPersonDetails(searchedPerson); // NullPointerException bei person.getXYZ()
```

Wenn die Suche den Wert `null` zurückliefert, so wird bei Aufrufen der Instanzmethoden in `printPersonDetails(Person)` eine `NullPointerException` ausgelöst. Oftmals findet man dann als vermeintliche Abhilfe eine `null`-Prüfung wie folgt:

```java
String desiredName = "Unknown";
Person searchedPerson  = findByName(desiredName, persons);

if (searchedPerson != null)
{
    printPersonDetails(searchedPerson);
}
```

Zwar erhalten wir nun keine `NullPointerException` mehr, allerdings auch keinen Hinweis darauf, dass die gesuchte Person nicht gefunden wurde. Auch vom Design her gibt es eine Schwachstelle: Wir können als Methodenbereitsteller die späteren Nutzer nicht dazu bewegen, mögliche `null`-Werte geeignet abzufragen.

Lassen Sie uns kurz weiter überlegen. Im Allgemeinen ist ein Rückgabe von `null` vieldeutig: Heißt es »nicht gefunden« oder »es ist ein Fehler aufgetreten« oder aber etwas ganz anderes? Im obigen Beispiel wird der erste Fall ausgedrückt und wir könnten folgende Spezialbehandlung ergänzen:

```java
String desiredName = "Unknown";
Person searchedPerson = findByName(desiredName, persons);

if (searchedPerson != null)
{
    printPersonDetails(searchedPerson);
}
else
{
    showWarnMessage("No such person with name '" + desiredName + "'");
}
```

Beim Betrachten der Methode selbst wie auch des aufrufenden Sourcecodes kann man sich berechtigterweise fragen, ob sich das Ganze nicht schöner realisieren lässt. Wir wissen bereits, dass man mit JDK 8 dazu die Klasse `Optional<T>` nutzen kann.

Variante mit JDK 8 und der Klasse `Optional<T>`

In einem ersten Schritt reimplementieren wir die Suchfunktionalität. Dabei nutzen wir `Optional<Person>` als Rückgabe. Dieses Objekt konstruieren wir mithilfe der Methode `of()`, sofern wir ein Ergebnis ermitteln konnten. Ansonsten geben wir den Wert des Aufrufs `Optional.empty()` als Hinweis für kein Resultat zurück:

```java
public static Optional<Person> findByName(final String name,
                                          final List<Person> persons)
{
    for (final Person currentPerson : persons)
    {
        if (currentPerson.getName().equals(name))
            return Optional.of(currentPerson);
    }
    return Optional.empty();
}
```

Unser Beispiel bauen wir wie folgt um:

```java
String desiredName = "Unknown";
Optional<Person> optionalPerson = findByName (desiredName, persons);

if (optionalPerson.isPresent())
{
    printPersonDetails(optionalPerson.get());
}
else
{
    showWarnMessage("No such person with name '" + desiredName + "'");
}
```

So wirklich erkennt man den Vorteil hier noch nicht – es ist sogar minimal mehr Source-code erforderlich. Der entscheidende Punkt wird dann deutlich, wenn man sich den Sourcecode nochmals genauer anschaut und ein wenig überlegt:

- Die Methode `findByName()` drückt durch Rückgabe von `Optional<Person>` klar aus, dass ein optionaler Wert zurückgeliefert wird.
- Die Methode `printPersonDetails(Person)` erwartet ein Objekt vom Typ `Person`. Wenn man im Sourcecode konsequent `Optional<T>` nutzt, ist offen-sichtlich, dass hier niemals der Wert `null` übergeben werden darf. Auch ist es nicht möglich, versehentlich ein `Optional<T>` zu übergeben, wie man es als Ergebnis einer Suche erhält.

Gerade der letzte Punkt zeigt, dass sich der konsequente Einsatz von `Optional<T>` positiv auswirken kann und unerwartete Übergaben von `null` recht unwahrscheinlich macht. Das bedeutet auch, dass nach der Einführung von `Optional<T>` der Wert `null` nur noch selten verwendet werden sollte.

6.3   Parallele Operationen auf Arrays

Mit JDK 8 wurde die Utility-Klasse `java.util.Arrays` um die überladene Metho-de `parallelSort()` erweitert. Damit ist es für diverse Typen möglich, Arrays parallel unter Ausnutzung mehrerer Threads zu sortieren. Zudem gibt es Methoden, die Berech-nungen basierend auf dem aktuellen Index oder den Vorgängerwerten ausführen.

Die Methode `parallelSort()`

Nachfolgendes Beispiel illustriert zunächst nur einen einfachen Aufruf des parallelen Sortierens eines `int`-Arrays:

```java
public static void main(final String[] args)
{
    final int[] numbers = { 1, 9, 2, 8, 7, 3, 5, 6, 4, 10 };

    System.out.println("Initial: " + Arrays.toString(numbers));
    Arrays.parallelSort(numbers);
    System.out.println("Sorted:  " + Arrays.toString(numbers));
}
```

Das Programm PARALLELARRAYSORTEXAMPLE führt zu folgender Ausgabe:

```
Initial: [1, 9, 2, 8, 7, 3, 5, 6, 4, 10]
Sorted:  [1, 2, 3, 4, 5, 6, 7, 8, 9, 10]
```

Wenn man die parallele Sortierung vorschnell auch für kleinere Datenbestände in der Hoffnung auf einen Performance-Boost einsetzt, wird man enttäuscht. Die zur Paral-lelverarbeitung benötigte Aufteilung in mehrere Teilberechnungen sowie die Abstim-mung der Threads zum Zusammenführen der Teilergebnisse sorgen für einen gewissen

Extraaufwand, der (geringfügig) zusätzliche Laufzeit kostet. Somit lohnt sich die Parallelverarbeitung erst bei größeren Datenmengen oder wenn man Sortierungen mehrmals ausführt. Ansonsten kann sich die Parallelisierung sogar negativ auf die Laufzeit auswirken. Nachfolgendes Beispiel zeigt dies für eine sequenzielle und eine parallele Sortierung für verschiedene Größen von Arrays.

```java
public static void main(final String[] args)
{
    for (int i=0; i < 3; i++)
    {
        final long[] limits = {10_000, 100_000, 1_000_000, 10_000_000 };
        for (long currentLimit : limits)
        {
            // IntStream und Zufallszahlen-Generierung
            final IntStream iteratingValues = IntStream.iterate(0,
                        x -> { return (int) (100_000 * Math.random()); } );

            // Beschränkung auf aktuelles Limit
            final IntStream truncated = iteratingValues.limit(currentLimit);

            // Umwandlung in Array
            final int[] array1 = truncated.toArray();
            final int[] array2 = Arrays.copyOf(array1, array1.length);

            // Sortierung sequenziell und parallel ausführen und messen
            final long start1 = System.nanoTime();
            Arrays.sort(array1);
            final long end1 = System.nanoTime();
            Arrays.parallelSort(array2);
            final long end2 = System.nanoTime();

            printResult(currentLimit, start1, end1, end2);
        }
    }
}

private static void printResult(final long currentLimit, final long start1,
                    final long end1, final long end2)
{
    System.out.println("Current limit:       " + currentLimit);
    System.out.println("sequential sort:     " + (end1-start1));
    System.out.println("parallel sort:       " + (end2-end1));
    final double factor = ((double)(end2-end1))/(end1-start1);
    System.out.println("parallel : sequential: " +
                    NumberFormat.getPercentInstance().format(factor));
    System.out.println();
}
```

Führt man das Programm PARALLELARRAYSORTEXAMPLE2 aus, so erfolgt die erste Sortierung signifikant langsamer, teilweise bei kleinen Arrays um bis zu Faktor 2000! Bei Arrays mit mehr als etwa 100.000 Elementen ist es häufig noch Faktor 1,5 bis 2. Erst nachfolgende Aufrufe der parallelen Sortierungen sind dann etwa um den Faktor 2 bis 4 schneller. Hier macht sich der Effekt bemerkbar, dass die JVM die HotSpots, also die sehr häufig ausgeführten Programmteile, kompiliert und diese danach extrem schnell ausgeführt werden können. Sehr deutlich sieht man den Übergang bei 100.000 ausgeführten Anweisungen. Für eine Million und mehr ist die parallele Variante ca. 4-mal schneller:

```
Current limit:          10000
parallel : sequential: 2.138%

Current limit:          100000
parallel : sequential: 272%

Current limit:          1000000
parallel : sequential: 23%

Current limit:          10000000
parallel : sequential: 28%
```

Die Methode `parallelSetAll()`

Nicht nur das Sortieren, sondern auch die Berechnung einer gewünschten Funktion für jeden Wert eines Arrays stellt eine sehr gut parallelisierbare Aktion dar. Nachfolgend zeige ich stellvertretend als Berechnung die Erhöhung um den Wert eins und danach eine Multiplikation bzw. Division mit dem Wert zwei, abhängig vom momentanen Wert. Bitte beachten Sie, dass an den Lambda der Index als Parameter übergeben wird und der Zugriff auf die Elemente des Arrays explizit ausprogrammiert werden muss:

```java
public static void main(final String[] args)
{
    final int[] numbers = { 1, 3, 7, 15, 31, 63 };
    System.out.println("Initial:    " + Arrays.toString(numbers));

    // Inkrement - Achtung hier wird der Index übergeben, nicht der Wert
    final IntUnaryOperator increment = i -> { return numbers[i] + 1; };

    Arrays.parallelSetAll(numbers, increment);
    System.out.println("Increment:  " + Arrays.toString(numbers));

    // Alle Werte < 10 durch 2 teilen, alle anderen mit 2 multiplizieren
    final IntUnaryOperator specialMapping = i ->
    {
        final int value = numbers[i];
        return value < 10 ? value/2 : value * 2;
    };

    Arrays.parallelSetAll(numbers, specialMapping);
    System.out.println("Converted:  " + Arrays.toString(numbers));
}
```

Das Programm PARALLELARRAYSETALLEXAMPLE produziert folgende Ausgabe:

```
Initial:    [1, 3, 7, 15, 31, 63]
Increment:  [2, 4, 8, 16, 32, 64]
Converted:  [1, 2, 4, 32, 64, 128]
```

An diesem Beispiel sind mir zwei Dinge wichtig: Zum einen sollte man unbedingt beachten, dass der Parameter im Lambda dem Index im Array entspricht und nicht etwa dem Wert des Arrays. Zum anderen erkennt man eine Besonderheit in den Signaturen der Methode. Für int-Werte übergibt man einen IntUnaryOperator, was semantisch eine »IntToIntFunction« ist. Für Arrays vom Typ long, double oder einem beliebigen Referenztyp übergibt man dagegen `IntToLongFunction`, `IntToDoubleFunction` bzw. eine `IntFunction`. Letztere verdeutliche ich im nachfolgenden Beispiel. Dort wird eine Liste von Namen nachbearbeitet, indem Leerzeichen per `trim()` abgeschnitten und `null`-Werte auf `"-n/a-"` abgebildet werden:

```java
public static void main(final String[] args)
{
    final String[] names = { "Andy", " Trim  ", null, " Trim  ", "Ralph" };
    System.out.println("Initial:    " + Arrays.toString(names));

    // Spezielle Nachbearbeitung von Strings
    final IntFunction<? super String> trimAndMapNullToNA = i ->
    {
        final String value = names[i];
        return value == null ? "-n/a-" : value.trim();
    };

    Arrays.parallelSetAll(names, trimAndMapNullToNA);
    System.out.println("Converted:  " + Arrays.toString(names));
}
```

Das Programm PARALLELARRAYSETALLEXAMPLE2 zeigt, wie man Berechnungen für alle Elemente eines Arrays parallel ausführen kann und gibt Folgendes aus:

```
Initial:    [Andy,  Trim  ,  null,  Trim  ,  Ralph]
Converted:  [Andy, Trim, -n/a-, Trim, Ralph]
```

Die Methode `parallelPrefix()`

Eine sehr spezielle Funktionalität wird durch die Methode `parallelPrefix()` realisiert: Hierbei werden die Elemente des Arrays jeweils mit dem Wert des Vorgängers verknüpft. Das scheint zunächst gar nicht so nützlich zu sein, tatsächlich kann man damit aber mathematische Berechnungen auf einfache Weise realisieren. Beispielsweise kann man die Summe für alle Werte bilden oder aber die Fakultät berechnen, und das Ganze sogar parallel.

Nachfolgendes Listing zeigt dies für ein `int`-Array und die Werte 1 bis 10, für die wir die Summe und die Fakultät berechnen:

```java
public static void main(final String[] args)
{
    final int[] numbers1 = { 1, 2, 3, 4, 5, 6, 7, 8, 9, 10 };
    System.out.println("Initial: " + Arrays.toString(numbers1));

    // Berechne die Summe: sum = 1 + 2 + ... + n
    final IntBinaryOperator sum = (x,y) -> x + y;
    Arrays.parallelPrefix(numbers1, sum);
    System.out.println("sum:     " + Arrays.toString(numbers1));

    // Berechne die Fakultät: n! = 1 * 2 * ... * n
    final int[] numbers2 = { 1, 2, 3, 4, 5, 6, 7, 8, 9, 10 };
    final IntBinaryOperator fak = (x,y) -> x * y;
    Arrays.parallelPrefix(numbers2, fak);
    System.out.println("fak:     " + Arrays.toString(numbers2));
}
```

Führt man das Programm PARALLELARRAYPREFIXEXAMPLE aus, so erhält man folgende Ausgabe:

```
Initial: [1, 2, 3, 4, 5, 6, 7, 8, 9, 10]
sum:     [1, 3, 6, 10, 15, 21, 28, 36, 45, 55]
fak:     [1, 2, 6, 24, 120, 720, 5040, 40320, 362880, 3628800]
```

6.4   Erweiterungen im Interface `Map<K,V>`

Das Interface `Map<K,V>` wurde in JDK 8 erweitert, beispielsweise in Form der Methoden `getOrDefault(K,V)`, `putIfAbsent(K,V)` usw. Anhand eines Beispiels wollen wir nachvollziehen, wie wir die neuen Methoden im Interface `Map<K,V>` gewinnbringend einsetzen können. Nehmen wir an, wir müssten für eine Liste von Wörtern deren Häufigkeiten bestimmen. Weil uns die dazu benötigten Testdaten in einigen Listings begleiten werden, zeige ich zunächst einmalig die Methode, die diese Werte bereitstellt:

```java
private static List<String> createTestData()
{
    final List<String> wordList = Arrays.asList("Dies", "ist", "eine", "Liste",
                "Eine", "Liste", "kann", "Worte", "enthalten",
                "Dies", "ist", "das", "Ende", "der", "Liste");
    return wordList;
}
```

Realisierung mit JDK 7 oder früher

Um die Häufigkeiten von Wörtern in einem Text zu ermitteln, haben wir schon Streams und die `groupingBy()`-Methode genutzt. Hier zeige ich, wie man dies herkömmlich mithilfe einer `Map<K,V>` ausprogrammieren könnte:

```java
final List<String> wordList = createTestData();

final Map<String, Integer> wordCounts = new TreeMap<>();
for (final String word : wordList)
{
    // Wortvorkommen hoch zählen bzw. anlegen, wenn zuvor nicht existent
    if (wordCounts.containsKey(word))
    {
        final Integer oldValue = wordCounts.get(word);
        wordCounts.put(word, oldValue + 1);
    }
    else
    {
        wordCounts.put(word, 1);
    }
}

System.out.println(wordCounts);
```

Wir sehen die Behandlung verschiedener Sonderfälle, beispielsweise wenn kein Wert vorhanden ist sowie das Auslesen des alten und Setzen des neuen Werts. Das wirkt bereits ein wenig unelegant. Insbesondere problematisch sind zwei Dinge: Erstens muss man diese Funktionalität für andere, ähnliche Anwendungsfälle immer wieder erneut ausprogrammieren, im Speziellen auch, wenn lediglich andere Typen für Key oder Value genutzt werden. Zweitens ist eine derartige Verarbeitung kritisch, falls durch andere Threads Änderungen während der Verarbeitung erfolgen. Die Probleme bei Multithreading entstehen dadurch, dass die Abarbeitung der Anweisungen nahezu jederzeit unterbrochen werden kann und andere Threads Veränderungen in der Map bewirken können, sodass im Anschluss ein anderer Zustand existiert als vor der Unterbrechung und z. B. bei der Prüfung. Natürlich kann man durch Synchronisierung für einen kritischen Bereich und die exklusive Ausführung sorgen, dies geschieht jedoch auf Kosten der Möglichkeit zur parallelen Abarbeitung. Eine weitere Alternative wären Locks.

Zusammenfassend lässt sich feststellen, dass man diese Methoden zwar relativ einfach in ihrer Funktionalität nachbauen kann, es jedoch eher schwierig ist, dies Threadsicher und bei konkurrierenden Zugriffen korrekt hinzubekommen. Umso angenehmer ist es, dass diese Methoden von der auf Multithreading und konkurrierende Zugriffe ausgelegten Klasse `ConcurrentHashMap<K,V>` angeboten werden.

Nachfolgend wollen wir uns aber vor allem um Lesbarkeit und Verständlichkeit und weniger um Multithreading kümmern. Wir lernen nun einige neue Methoden im Interface `Map<K,V>` kennen.

Die Methode `getOrDefault()`

Oftmals wünscht man sich beim Zugriff auf eine Map, dass ein Defaultwert zurückgeliefert werden kann, falls kein Eintrag zu einem gewünschten Schlüssel existiert. Diese Funktionalität wird in JDK 8 durch die Methode `getOrDefault(Object,V)` realisiert. Man vermeidet dadurch ansonsten notwendige Spezialbehandlungen. Eine Methode, die analog arbeitet, könnte man wie folgt realisieren:

```
// Achtung: Nur für Singlethreading korrekt
public Object getOrDefaultSimplified(final Object key,
                                     final V defaultValue)
{
    if (!map.containsKey(key))
        return defaultValue;

    final Object value = map.get(key);
    return value;
}
```

Die Methoden `putIfAbsent()` und `replace()`

Im Interface `Map<K,V>` konnte man bis JDK 8 durch Aufrufe von `put(K,V)` Werte zu einem Schlüssel sowohl in die Map einfügen als auch einen bereits existierenden Wert überschreiben. In JDK 8 werden nun mit `putIfAbsent(K,V)` und `replace(K,V)` zwei neue speziellere Funktionen geboten. Wie bereits am Namen zu vermuten ist, fügt `putIfAbsent(K,V)` nur dann einen Wert ein, wenn zuvor noch keiner existierte.

Für `replace(K,V)` gilt es andersherum: Mit der Methode `replace(K,V)` werden lediglich schon vorhandene Einträge ersetzt. Existiert kein Wert, passiert nichts.

Beispiel Wörterzählen   Die drei Methoden `getOrDefault(Object,V)`, `putIf-Absent(K,V)` und `replace(K,V)` kombinieren wir für das Wörterzählen wie folgt:

```
public static void main(final String[] args)
{
    final List<String> wordList = createTestData();

    final Map<String, Integer> wordCounts = new TreeMap<>();
    for (final String word : wordList)
    {
        // Initialen Wert vorgeben, Achtung 0, weil später Inkrement erfolgt
        wordCounts.putIfAbsent(word, 0);
        // Wert ermitteln, wenn vorhanden
        final Integer value = wordCounts.getOrDefault(word, 0);
        // Wert ersetzen
        wordCounts.replace(word, value + 1);
    }

    System.out.println(wordCounts);
}
```

Zwar ist diese Realisierung kürzer, jedoch möglicherweise nicht intuitiv verständlich. Insbesondere muss beim ersten Hochzählen ein wenig getrickst werden.

Die Methoden `computeIfAbsent()` und `computeIfPresent()`

Manchmal soll nicht nur ein ganz bestimmter Wert mit `putIfAbsent(K,V)` in eine Map eingefügt werden, sondern stattdessen eine Berechnung ausgeführt werden. Das kann man unter anderem dazu nutzen, um eine sogenannte Multi Map zu realisieren, bei der für einen Schlüssel mehrere Werte gespeichert werden können. Existiert noch kein Wert für einen Schlüssel, so muss zunächst eine Collection angelegt werden. Das implementieren wir wie folgt:

```
// Achtung: Nur für Singlethreading korrekt
if (!map.containsKey(key))
{
    map.put(new ArrayList<>());
}
```

Die obige Realisierung ist nur für Singlethreading korrekt, bei Multithreading könnten mehrere Threads zeitgleich die Prüfung vornehmen und danach unterbrochen werden. Nachfolgendes Hinzufügen von Elementen wird dann möglicherweise durch frisch initialisierte `ArrayList<E>`-Instanzen wieder zunichtegemacht. Die Standardimplementierung als Default-Methode im Interface `Map<K,V>` löst dieses Problem zwar nicht, verbessert aber die Lesbarkeit:

```
map.computeIfAbsent(key, it -> new ArrayList<>());
```

Nutzen wir als konkrete Realisierung eine `ConcurrentHashMap<K,V>`, so läuft die Ausführung der Methode `computeIfAbsent(K, Function<? super K, ? extends V>)` atomar ab und vermeidet Multithreading-Probleme.

Beispiel Wörterzählen Für das Beispiel des Wörterzählens kann man die Verarbeitung deutlich klarer wie folgt schreiben:

```java
public static void main(final String[] args)
{
    final List<String> wordList = createTestData();

    final Map<String, Integer> wordCounts = new TreeMap<>();
    for (final String word : wordList)
    {
        wordCounts.computeIfPresent(word, (str, val) -> val + 1);
        wordCounts.computeIfAbsent(word, (val) -> 1);
        // Alternativ: wordCounts.putIfAbsent(word, 1);
    }

    System.out.println(wordCounts);
}
```

Zum Erhöhen des Zählers nutzen wir hier im Aufruf von `computeIfPresent(K, BiFunction<? super K, ? super V, ? extends V>)` einen Lambda, der als Eingabe sowohl den Wert des Schlüssels als auch des Werts erhält und Letzteren um eins erhöht zurückgibt. Falls es noch keinen Eintrag für ein Wort gibt, kann man entweder einen Aufruf von `computeIfAbsent(K, Function<? super K, ? extends V>)` oder die Methode `putIfAbsent(K,V)` nutzen.

Die Methode `merge()`

Die abschließend vorgestellte Methode `merge(K, V, BiFunction<? super V, ? super V, ? extends V>)` realisiert eine Funktionalität, ähnlich zu `computeIfAbsent(K, Function<? super K, ? extends V>)`, die einen existierenden Eintrag mit einer übergebenen Funktion verknüpft: Der neue Wert wird aus dem alten Wert und einer binären Operation ermittelt. Für den Fall, dass es den Wert noch nicht gibt, wird der an die Methode `merge(K, V, BiFunction<? super V, ? super V, ? extends V>)` übergebene Startwert vom Typ `V` in der Map gespeichert. Zur Verdeutlichung möchte ich dies für das Beispiel des Wörterzählens wie folgt nutzen:

```java
public static void main(final String[] args)
{
    final List<String> wordList = createTestData();

    final Map<String, Integer> wordCounts = new TreeMap<>();
    for (final String word : wordList)
    {
        wordCounts.merge(word, 1, Integer::sum);
    }

    System.out.println(wordCounts);
}
```

An der schrittweisen Weiterentwicklung des Beispiels erkennen wir sehr schön, dass man sich von der imperativen Programmierung hin zu einem deklarativen Programmierstil bewegt. Die erste Variante hat den Algorithmus mit 15 Zeilen umgesetzt. Zum Schluss benötigt man nur noch fünf Zeilen. Neben der Kürze kommuniziert die obige Lösung vor allem die gewünschte Funktionalität viel besser.

Fazit

Die zuvor vorgestellten Methoden sind für viele Anwendungsfälle praktisch und erleichtern die tägliche Arbeit. Man kann sich dadurch wieder mehr auf das zu lösende Problem als auf die Details der Zugriffe auf die Map konzentrieren. Insgesamt sinkt durch den deklarativen Ansatz und durch die im Framework implementierten Algorithmen die Wahrscheinlichkeit für Flüchtigkeitsfehler – im Gegensatz dazu kann beim imperativen Ansatz ein kleiner Fehler viel schneller zu unerwarteten Resultaten führen.

Hinweis: Streams und Maps

Möglicherweise haben Sie sich schon im Kapitel über Streams gefragt, wie man denn Maps und Streams zusammenbringt. Tatsächlich werden Streams durch Maps nicht unterstützt. Weil aber Massenoperationen auch für Maps sehr praktisch sind, wurde das Interface `Map<K,V>` um einige Bulk Operations erweitert, nämlich um die Methoden `forEach(BiConsumer<? super K, ? super V>)` und `replaceAll(BiFunction<? super K, ? super V, ? extends V>)`. In der Klasse `ConcurrentHashMap<K,V>` finden sich neben der allgemeinen `forEach()`-Methode noch Spezialisierungen nur für Schlüssel (`forEachKey()`) und nur für Werte (`forEachValue()`).

6.5   Erweiterungen im NIO und der Klasse `Files`

Mit JDK 8 gibt es auch im Bereich NIO (New Input Output[2]) einige Neuerungen. Stellvertretend dafür betrachten wir die Utility-Klasse `java.nio.file.Files`. Diese wurde um verschiedene Hilfsmethoden erweitert, unter anderem um folgende:

■ `lines(Path)` – Stellt eine Datei zeilenweise in Form eines `Stream<String>` bereit.

■ `readAllLines(Path)` – Liest eine Datei zeilenweise ein und gibt die Zeile als `List<String>` zurück.

■ `list(Path)` – Liefert den Inhalt eines Verzeichnisses als `Stream<Path>`. Das Besondere dabei ist, dass der Inhalt sukzessive bei Bedarf ermittelt wird und nicht direkt von vornherein. Es wird, wie im Abschnitt über Streams beschrieben, immer nur ein Teil der Daten angefordert, wenn eine Terminal Operation ausgeführt wird.

---

[2] Wobei ein »New« in einem Namen potenziell immer schwierig ist. In diesem Fall existiert das NIO bereits seit Java 1.4.

■ `write(Path, Iterable<? extends CharSequence>, OpenOption...)` – Schreibt die übergebenen Textzeilen in die durch den `Path`-Parameter referenzierte Datei. Dabei wird der Schreibmodus durch die angegebene `OpenOption` bestimmt, etwa `APPEND` oder `WRITE`.[3] Ersteres fügt an die Datei an, Letzteres schreibt von Anfang an – und überschreibt gegebenenfalls vorhandene Informationen.

Diese Aufzählung kann nur einen unvollständigen Überblick über die Neuerungen aus JDK 8 geben, da diese deutlich umfangreicher sind. Die oben dargestellten Funktionalitäten sind allerdings besonders nützlich, was ich anhand eines Beispiels verdeutlichen möchte. Hierbei erzeugen und befüllen wir eine Textdatei namens `WriteText.txt` im Temp-Verzeichnis `C:/tmp` mit ein wenig Inhalt und nutzen dazu die Methode `write()`. Die in die Datei geschriebenen Informationen ermitteln wir in Form eines `Stream<String>` durch Aufruf von `lines()`. Auf dem Ergebnis wenden wir eine Filterung und eine Gruppierung an. Abschließend inspizieren wir mithilfe von `list()` das Temp-Verzeichnis und ermitteln alle Dateien, die mit `.txt` enden. Dabei gilt es zu beachten, dass man nicht die Methode `endsWith(String)` des `Path`-Objekts nutzen kann, da diese auf Pfadbestandteilen arbeitet und nicht auf Namen. Daher muss zuvor eine Umwandlung in einen String erfolgen:

```java
public static void main(final String[] args) throws IOException
{
    final Path destinationFile = Paths.get("C:/tmp/WriteText.txt");
    final List<String> content = Arrays.asList("This", "is", "the", "content");

    // Datei schreiben
    final Path resultFile = Files.write(destinationFile, content,
                                StandardOpenOption.CREATE,
                                StandardOpenOption.APPEND);

    // Zeilenweise als Stream<String> einlesen
    final Stream<String> contentAsStream = Files.lines(resultFile);

    // Filtern und Gruppieren
    final Map<Integer, List<String>> filterdAndGrouped = contentAsStream.
                        filter(word -> word.length() > 3).
                        collect(Collectors.groupingBy(String::length));
    System.out.println(filterdAndGrouped);

    // Verzeichnis als Stream<Path> einlesen
    final Stream<Path> tmpDirContent = Files.list(Paths.get("C:/tmp/"));

    // Fallstrick: endsWith arbeitet auf Path-Komponenten, nicht auf Dateinamen!
    tmpDirContent.filter(path -> path.toString().endsWith(".txt")).
                        forEach(System.out::println);
}
```

Nach der zweiten Ausführung des obigen Programms FILESEXAMPLE erhalten Sie in etwa folgende Ausgaben, weil wir den APPEND-Modus gewählt haben:

```
{4=[This, This], 7=[content, content]}
C:\tmp\WriteText.txt
```

---

[3]Die Beschreibung im Javadoc des JDKs ist hier noch falsch und irreführend.

6.6   Erweiterungen im Bereich Concurrency

Im Bereich Concurrency wurden in JDK 8 verschiedene Erweiterungen realisiert. Das betrifft vor allem die bereits besprochenen Möglichkeiten zur Parallelverarbeitung mit Streams und Arrays sowie das Package `java.util.concurrent` und seine Subpackages mit unter anderem folgenden wichtigen Änderungen:

- `CompletableFuture<T>` – Die Klasse `CompletableFuture<T>` erweitert das Interface `Future<T>` um eine Vielzahl an Methoden. Diese interessante Neuerung werden wir im Anschluss an diese Aufzählung genauer betrachten.
- `ConcurrentHashMap<K,V>` – In der Klasse `ConcurrentHashMap<K,V>` wurde eine Vielzahl an Methoden ergänzt. Das sind unter anderem `computeIfAbsent()`, `forEach()`, `forEachEntry()`, `forEachKey()`, `forEachValue()`, `merge()`, `reduce()` und `search()`. Einige davon haben wir schon bei der Betrachtung der Neuerungen im Basisinterface `Map<K,V>` besprochen. Hier möchte ich nur kurz nochmals stellvertretend auf die Methode `putIfAbsent()` eingehen: Insbesondere bei Multithreading vermisst man eine Funktionalität, einen Wert für einen Schlüssel in der Map zu speichern, falls dieser dort noch nicht existiert. Obwohl das einfach klingt, ist es eine Mehrschrittoperation. Eine solche kann zu nahezu beliebigen Zeitpunkten unterbrochen werden, wodurch Inkonsistenzen und Berechnungsfehler durch konkurrierende Zugriffe entstehen können. Herkömmlicherweise musste man entweder mit `synchronized` oder Locks arbeiten, um einen kritischen Abschnitt zu realisieren, in dem zuerst ein Lesezugriff und danach gegebenenfalls ein Schreibzugriff erfolgte. Mithilfe der Methode `putIfAbsent()` kann man sich derartige »Verrenkungen« ersparen.
- `StampedLock` – Die Klasse `java.util.concurrent.locks.StampedLock` ist eine spezielle Variante eines Locks. Diese ist in ihrer Intention ähnlich einem `ReadWriteLock`. Ein `StampedLock` arbeitet zunächst mit optimistischen Sperren und erlaubt damit performantere Verarbeitungen, wenn viel Parallelität in Form gleichzeitiger Lesezugriffe mit seltenen Schreibzugriffen erfolgt. Führt das optimistische Sperren jedoch zu Konflikten, so muss man auf eine konventionelle Sperrung zurückgreifen. Die Hoffnung besteht darin, dass solche Situationen eher selten auftreten und man im Normalfall von den Performance-Vorteilen der optimistischen Verfahren profitieren kann.

Die Klasse `CompletableFuture`

Bei asynchronen Berechnungen steht man häufig vor der Herausforderung, diese miteinander zu synchronisieren, gewisse Abläufe abzugleichen oder Ergebnisse auszutauschen. Wenn man dies über `Runnable` oder `Callable<T>` realisieren möchte, so wird das recht schnell unhandlich. Schon mit JDK 5 wurde das Interface `java.util.concurrent.Future<V>` eingeführt, um Ergebnisse von asynchronen Berechnungen auszudrücken. Damit kann man eine erste Verbesserung erzielen. Das mit JDK 8 eingeführte `java.util.concurrent.CompletableFuture<T>` führt zu einer deutlichen Vereinfachung. Mithilfe der Klasse `CompletableFuture<T>` beschreibt man Berechnungen als eine Folge von Tasks. Diese kann man durch spezielle Methodenaufrufe miteinander verknüpfen:

- `supplyAsync()` – Konstruiert ein neues `CompletableFuture<T>`-Objekt.
- `thenApply()` – Führt eine Aktion in Form eines `Function<T, R>` aus.
- `thenAccept()` – Führt eine abschließende Aktion aus.

Die Aufrufe erfolgen im aktuellen Thread (blockierend). Darüber hinaus existieren asynchrone Varianten, deren Methodenname mit `Aysnc` endet.

Weil hier ein ganz neues Konzept eingeführt wird, beginne ich mit einem stark vereinfachten Beispiel. Normalerweise nutzt man `CompletableFuture<T>` zur Ausführung länger dauernder Aktionen. Diese sind hier durch einfache Berechnungen stilisiert, etwa das initiale Berechnen eines Ergebnisses als simple Rückgabe eines Strings. Danach werden symbolisch für komplexe Berechnungen zunächst eine Wandlung eines Strings in ein `Integer`-Objekt und dann eine einfache Multiplikation ausgeführt. Abschließend ist gezeigt, wie auf das Berechnungsergebnis zugegriffen wird:

```java
public static void main(final String[] args) throws InterruptedException,
                                                     ExecutionException
{
    // Schritt 1: Aufwendige Berechnung, hier nur Rückgabe von einem String
    final Supplier<String> longRunningAction = () ->
    {
        System.out.println("Current thread: " + Thread.currentThread());
        return "101";
    };
    final CompletableFuture<String> step1 =
                    CompletableFuture.supplyAsync(longRunningAction);

    // Schritt 2: Konvertierung, hier nur Abbildung von String auf Integer
    final Function<String, Integer> complexConverter = Integer::parseInt;
    final CompletableFuture<Integer> step2 = step1.thenApply(complexConverter);

    // Schritt 3: Konvertierung, hier nur Multiplikation mit .75
    final Function<Integer, Double> complexCalculation = value -> .75 * value;
    final CompletableFuture<Double> step3 = step2.thenApply(complexCalculation);

    // Explizites Auslesen per get() löst die Verarbeitung aus
    System.out.println(step3.get());
}
```

Mit `CompletableFuture<T>`s kann man auf einfache Weise asynchrone Abläufe erzeugen und an definierten Punkten wieder zusammenlaufen lassen. Führt man das obige Programm FIRSTCOMPLETEABLEFUTUREEXAMPLE aus, so wird dies anhand der Protokollierung des aktuellen Threads im `Supplier<String>` und folgender Konsolenausgabe deutlich:

```
Current thread: Thread[ForkJoinPool.commonPool-worker-1,5,main]
75.75
```

Die Komplexität im Vergleich zu einer Lösung mittels Threads ist erheblich geringer. Man muss sich weder um die Erzeugung von Threads noch um deren Interaktion selbst kümmern. Stattdessen erfolgen die Berechnungen automatisch in einem oder mehreren Threads, die aus dem mit JDK 8 eingeführten `commonPool` des Fork-Join-Frameworks stammen.

Dieses einführende Beispiel sollte nur die grundsätzlichen Abläufe verdeutlichen, damit die Grundlagen für komplexere Ausführungen gelegt sind. Nachfolgend soll der Inhalt einer Datei eingelesen und analysiert werden. Weil man beim (professionellen) Programmieren immer auch ein Augenmerk auf Wartbarkeit und Testbarkeit legen sollte, entwickeln wir die Funktionalität als kleine Bausteine. Diese realisieren wir in Form von Methoden mit folgenden Aktionen: Das Einlesen der Datei geschieht zeilenweise. Die Zeilen werden dann als einzelne Worte aufbereitet. Diese Funktionalität ist Schritt 1 und wird durch die Methode `extractWordsFromFile(Path)` und dem Aufruf von `supplyAsync()` auf einem `CompletableFuture<List<String>>` realisiert. Im Anschluss daran sollen in einem zweiten Schritt zwei Filterungen parallel auf den bereitgestellten Daten durchgeführt werden: Zum einen werden zu ignorierende Wörter herausgefiltert, zum anderen werden Wörter mit weniger als vier Buchstaben aus dem Ergebnis entfernt. Beide Verarbeitungen werden durch `thenApplyAsync()` angestoßen und laufen parallel ab. In Schritt 3 werden nun die beiden parallel berechneten Ergebnisse miteinander per `thenCombine()` verbunden. Dass dies erst nach Abschluss beider Berechnungen geschieht, darum kümmert sich die Logik aus der Klasse `CompletableFuture<T>`.

Das folgende Listing zeigt, dass man durch den Einsatz der Klasse `Completable-Future<T>` und ihrer Methoden die Abläufe gut nachvollziehbar gestalten kann:

```
public static void main(final String[] args) throws Exception
{
    final Path exampleFile = Paths.get("src/chxx_jdk8/misc/Example.txt");

    // Schritt 1: Möglicherweise längerdauernde Aktion
    final CompletableFuture<List<String>> contents =
            CompletableFuture.supplyAsync(extractWordsFromFile(exampleFile));

    contents.thenAccept(text -> System.out.println("Initial: " + text));

    // Schritt 2: Filterungen parallel ausführen
    final CompletableFuture<List<String>> filtered1 =
            contents.thenApplyAsync(removeIgnorableWords());

    final CompletableFuture<List<String>> filtered2 =
            contents.thenApplyAsync(removeShortWords());

    // Schritt 3: Verbinde die Ergebnisse
    final CompletableFuture<List<String>> result =
            filtered1.thenCombine(filtered2, calcIntersection());

    System.out.println("result: " + result.get());
}
```

Im Listing sind die Verarbeitungsschritte und deren Kombination gut erkennbar, auch ohne die einzelnen Berechnungen im Detail zu verstehen. Die zur Realisierung eingesetzten einzelnen Bausteine haben wir in ähnlicher Form bereits alle einmal kennengelernt. Wir nutzen verschiedene `Predicate<T>`-Objekte, mit denen wir Filterbedingungen formulieren, die wir auf Streams anwenden. Außerdem lesen wir Daten aus einer Datei mithilfe von `Files.readAllLines()`. Diese Daten bearbeiten wir mit `flatMap()`, `map()`, `sorted()` usw., um den Inhalt der Datei als eine Menge von Wörtern zurückzuliefern, wobei zuvor Satzzeichen von den Wörtern abgeschnitten werden. Nachfolgendes Listing zeigt die zuvor aufgerufenen Hilfsmethoden:

```java
private static Supplier<List<String>> extractWordsFromFile(final Path inputFile)
{
    return () ->
    {
        try
        {
            final List<String> lines = Files.readAllLines(inputFile);

            final Stream<String> words = lines.stream().flatMap(line ->
                                    Stream.of(line.split(" ")));

            final Function<String, String> removePunctationMarks =
                                    removePunctationMarks();

            final Stream<String> mapped = words.map(removePunctationMarks);
            final Stream<String> sorted = mapped.sorted(
                                    String.CASE_INSENSITIVE_ORDER);

            return sorted.collect(Collectors.toList());
        }
        catch (final Exception e)
        {
            return Collections.emptyList();
        }
    };
}

private static Function<List<String>, List<String>> removeIgnorableWords()
{
    final List<String> wordsToIgnore = Arrays.asList("this", "This", "text");
    final Predicate<String> isIgnorable = word -> wordsToIgnore.contains(word);

    return input -> { return input.stream().filter(isIgnorable.negate())
                                .collect(Collectors.toList()); };
}

private static Function<List<String>, List<String>> removeShortWords()
{
    final Predicate<String> isShortWord = word -> word.length() <= 3;
    final Predicate<String> notIsShortWord = isShortWord.negate();

    return input -> { return input.stream().filter(notIsShortWord)
                                .collect(Collectors.toList()); };
}

private static BiFunction<? super List<String>,
                          ? super List<String>,
                          ? extends List<String>> calcIntersection()
{
    return (list1, list2) -> { list1.retainAll(list2); return list1; };
}
```

```
private static Function<String, String> removePunctationMarks()
{
    final Function<String, String> removePunctationMarks = str ->
    {
        if (str.endsWith(".") || str.endsWith(":") || str.endsWith("!"))
        {
            return str.substring(0, str.length()-1);
        }
        return str;
    };
    return removePunctationMarks;
}
```

Dieses Beispiel hat Ihnen einen ersten Eindruck von den Möglichkeiten der Klasse `CompletableFuture<T>` geliefert. Ein Blick in die API-Dokumentation verrät, dass es noch einiges zu entdecken gibt: Hier finden sich etwa 50 Methoden.

6.7   »Nashorn« – die neue JavaScript-Engine

Seit Version 6 enthält das JDK eine JavaScript-Engine. Mit JDK 8 wurde diese überarbeitet. Insbesondere ist sie deutlich performanter und besitzt eine bessere Kompatibilität zum JavaScript-Standard als die JavaScript-Engine namens Rhino aus JDK 7.

Bevor wir die Ausführung von JavaScript innerhalb eines Java-Programms betrachten, zeige ich zunächst, wie man ganz allgemein auf Scripting Engines zugreift und sich dazu Informationen beschafft.

Verfügbare Scripting Engines auflisten

Die Funktionalität des JDKs kann durch Scripting Engines ergänzt werden. Standardmäßig ist im JDK 8 eine JavaScript-Engine namens Nashorn vorhanden. Darüber hinaus können aber auch weitere Engines verfügbar sein, z. B. für Groovy.

Den Ausgangspunkt bildet die Klasse `javax.script.ScriptEngineManager`, die eine Liste von `ScriptEngineFactory`-Instanzen liefert. Von einer solchen kann man verschiedene charakteristische Eigenschaften ermitteln:

```
public static void main(final String args[])
{
    final ScriptEngineManager manager = new ScriptEngineManager();

    for (final ScriptEngineFactory factory : manager.getEngineFactories())
    {
        System.out.println(factory.getEngineName());
        System.out.println(factory.getEngineVersion());
        System.out.println(factory.getLanguageName());
        System.out.println(factory.getLanguageVersion());
        System.out.println(factory.getExtensions());
    }
}
```

Führen wir das Programm LISTSCRIPTINGENGINES aus, so erhalten wir folgende Ausgaben – falls Sie weitere Scripting Engines installiert haben sollten, etwa Groovy, so werden natürlich auch deren Informationen ausgegeben:

```
Oracle Nashorn
1.8.0
ECMAScript
ECMA - 262 Edition 5.1
[js]
```

Einfache JavaScript-Anweisungen ausführen

Das nachfolgende Beispiel verdeutlicht, wie man JavaScript-Anweisungen ausführen kann. Ausgangspunkt ist wiederum die Klasse `ScriptEngineManager`. Von dieser kann man basierend auf einem Namen mithilfe von `getEngineByName(String)` die dazu passende `javax.script.ScriptEngine`-Instanz abfragen. Scriptcode lässt sich damit durch die Methode `eval(String)` ausführen.

Jede nicht triviale Berechnung benötigt Eingaben oder einen Ablaufkontext. Dazu kann man Werte mithilfe von `javax.script.Bindings` setzen, die dann in JavaScript-Berechnungen referenziert werden:

```java
// Nur für dieses Beispiel throws Exception - in realen Programmen behandeln
public static void main(final String[] args) throws Exception
{
    final ScriptEngineManager manager = new ScriptEngineManager();
    final ScriptEngine engine = manager.getEngineByName("js");

    // Kommando println() ist mit JDK 7 noch erlaubt; JDK 8: nur noch print()
    engine.eval("print('Hello! JavaScript executed from a Java program.')");

    // Data Binding
    engine.put("a", 2);
    engine.put("b", 7);

    final Bindings bindings = engine.getBindings(ScriptContext.ENGINE_SCOPE);
    final Object a = bindings.get("a");
    final Object b = bindings.get("b");
    System.out.println("a = " + a);
    System.out.println("b = " + b);

    // Berechnung ausführen
    final Object result = engine.eval("a + b;");
    System.out.println("a + b = " + result);

    // Ergebnis der Berechnung wird einer JavaScript-Variablen zugewiesen
    final String script = "var ergebnis = Math.max(a, b)";
    engine.eval(script);

    // Wert der Variablen von Engine ermitteln
    final Object result2 = engine.get("ergebnis");
    System.out.println("Math.max(a, b) = " + result2);

    // Typen der Variablen ermitteln
    System.out.println("typeof a = " + engine.eval("typeof a"));
    System.out.println("typeof ergebnis = " + engine.eval("typeof ergebnis"));
}
```

Führt man das obige Programm SIMPLEJAVASCRIPTANDBINDINGDEMO aus, so erhält man folgende Ausgaben:

```
a = 2
b = 7
a + b = 9
Math.max(a, b) = 7.0
typeof a = number
typeof ergebnis = number
```

Hinweis: Derzeit keine Konsolenausgabe mit JavaScript und `println`

Ich habe festgestellt, dass interessanterweise mit JDK 7 und dessen JavaScript-Engine namens Rhino Ausgaben per `println` problemlos ausgeführt werden können. Mit JDK 8 ist das in der ersten offiziellen Version nicht möglich. Allerdings kann man das Kommando `print` sowohl in JDK 7 als auch in JDK 8 ohne Probleme ausführen.

Dynamische Berechnungen ausführen

Meiner Meinung nach wird der große Mehrwert der Scripting Engines leider viel zu selten klar herausgestellt. Bei vielen einfachen Beispielen, die man so findet, fragt man sich nach dem Nutzen.

Meines Erachtens kann man die JavaScript-Engine immer dann gewinnbringend einsetzen, wenn man dynamische Berechnungen ausführen möchte, wie z. B. eine vom Benutzer eingegebene Funktionen in einem bestimmten Wertebereich berechnen, um eine Wertetabelle oder einen Funktionsplotter zu implementieren. Dies ist mit Java-Bordmitteln nur extrem schwierig zu realisieren, insbesondere wenn die Funktion frei vom Benutzer in einem Textfeld eingegeben werden kann.

Weil es hier lediglich um das Prinzip der dynamischen Auswertung geht, nutze ich im Folgenden der Einfachheit halber einen String, der die zu berechnende Formel enthält, die ein Benutzer hätte eingeben können.

```java
public static void main(final String[] args) throws Exception
{
    final ScriptEngineManager manager = new ScriptEngineManager();
    final ScriptEngine engine = manager.getEngineByName("js");

    final String calculation = "7 * (x * x) + (3 - x) * (x + 3) / 10";
    System.out.println("f(x) = " + calculation);

    for (int x = -10; x <= 10; x++)
    {
        engine.put("x", x);

        final Object calculationResult = engine.eval(calculation);
        System.out.println("x = " + x + "\t / f(x) = " + calculationResult);
    }
}
```

Führt man diese Programmzeilen als DYNAMICCALCULATIONEXAMPLE aus, so wird für den Wertebereich für x von -10 bis 10 die entsprechende Formel ausgewertet und das Ergebnis per `eval(String)` berechnet und anschließend folgendermaßen ausgegeben (einige Werte sind ausgelassen):

```
x = -10  / f(x) = 690.9
x = -9   / f(x) = 559.8
...
x = -2   / f(x) = 28.5
x = -1   / f(x) = 7.8
x = 0    / f(x) = 0.9
x = 1    / f(x) = 7.8
x = 2    / f(x) = 28.5
...
x = 9    / f(x) = 559.8
x = 10   / f(x) = 690.9
```

6.8   Keine Permanent Generation mehr

Im Speicherbereich namens Permanent Generation (kurz: Perm Gen) finden sich vor allem die Metadaten zu Klassen, also Informationen zum Typ der Klasse, implementierten Interfaces und bereitgestellten Methoden. Mit JDK 8 wurde die Perm Gen aus den Speicherbereichen der JVM entfernt und auf eine andere Art realisiert: Zuvor war die Perm Gen von der Größe beschränkt, was immer mal wieder zu Problemen geführt hat. Mit JDK 8 werden die Metadaten der Klassen in einem größenveränderlichen Bereich namens Metaspace abgelegt, der zudem durch nativen Speicher und nicht aus dem der JVM bereitgestellt wird. Warum wurde diese Änderung notwendig?

In umfangreichen Applikationen, die viele externe Abhängigkeiten zu anderen Bibliotheken besitzen und Klassen dynamisch erzeugen, kann es bis einschließlich JDK 7 immer mal wieder vorkommen, dass während der Programmausführung ein `OutOfMemoryError: PermGen Space` auftritt. Ursache ist, dass die Perm Gen mitunter zu klein dimensioniert ist und vollläuft, was den Fehler auslöst. Das passiert insbesondere dann, wenn keine explizite (Vor-)Einstellung der Perm Gen durch Aufrufparameter der JVM erfolgt. Zwar lässt sich so die initiale (d. h. auch maximale) Größe der Perm Gen zum Programmstart festlegen, allerdings eben nur auf einen fixen Wert, der möglicherweise die Dynamik des Programmablaufs nicht genügend berücksichtigt: Wenn diverse Klassen dynamisch erzeugt oder nachgeladen werden, besteht weiterhin die Gefahr des `OutOfMemoryErrors`, selbst wenn zu Programmstart die Perm Gen scheinbar ausreichend groß gewählt schien. Als potenzielle Abhilfe sieht man mitunter eine extrem groß dimensionierte Perm Gen, was wiederum zu Speicherplatzverschwendung führt.

Mit der Änderung in der Speicherverwaltung der JVM trägt man diesem Umstand Rechnung und insbesondere verhindert man, dass die früher teilweise als Abhilfe genutzte Überdimensionierung der Perm Gen nicht mehr notwendig ist und damit auch eine Speicherverschwendung vermieden wird.

Sollte man versehentlich trotzdem noch die JVM mit dem entsprechenden Parameter zur Größenanpassungen der Perm Gen, etwa `-XX:PermSize=512m`, starten, so erhält man folgende Warnung, die besagt, dass die Angabe mit JDK 8 ignoriert wird: »`Java HotSpot(TM) 64-Bit Server VM warning: ignoring option PermSize=512m; support was removed in 8.0.`«

6.9   Erweiterungen im Bereich Reflection

Mit Reflection kann man Programme inspizieren und Informationen zu Klassen, Methoden, Parametern usw. ermitteln. Bis JDK 8 war es per Reflection jedoch nicht möglich, die Namen der Parameter einer Methode (oder eines Konstruktors) zu ermitteln. Diese wurden jeweils nur als `arg0`, `arg1` usw. repräsentiert. Für verschiedene Einsatzzwecke kann der Zugriff auf die Namen der Parameter aber durchaus wünschenswert sein. Im Bereich der Webservices existieren dafür spezielle Annotations etwa `@QueryParam` sowie `@PathParam` und in JavaFX 8 wurde dazu die Annotation `@NamedArg` eingeführt. Diese Annotations können per Reflection abgefragt werden.

Das geht mit Java 8 generell etwas einfacher und erfordert keine Annotations und insbesondere keine Angabe bzw. Wiederholung der Namen von Parametern. Das folgende Listing zeigt die Klasse `ReflectionParameterNamesExample`, die eine Selbstinspektion durchführt und zur Ausgabe der Informationen zu den Parametern auf die mit JDK 8 eingeführte Klasse `java.lang.reflect.Parameter` und auf dort definierte Methoden zurückgreift:

```
public class ReflectionParameterNamesExample
{
    public static void main(final String[] args)
    {
        inspectClass(ReflectionParameterNamesExample.class);
    }

    public static void inspectClass(final Class<?> clazz)
    {
        System.out.println("Untersuchte Klasse: " + clazz.getCanonicalName());

        // Zugriff und Ausgabe aller öffentlichen Methoden
        final Method methods[] = clazz.getDeclaredMethods();
        System.out.println("Methoden: ");
        for (final Method method : methods)
        {
            // Neu in JDK 8
            final Parameter[] paramters = method.getParameters();

            final String asString = Modifier.toString(method.getModifiers()) +
                            // zeigt auch Generics
                            " " + method.getReturnType().getTypeName() +
                            " " + method.getName() +
                            buildParameterString(paramters);

            System.out.println(methodAsString);
        }
    }
}
```

```
public static String buildParameterString(final Parameter[] parameters)
{
    final StringBuilder sb = new StringBuilder("(");

    for (final Parameter param : parameters)
    {
        sb.append(Modifier.toString(param.getModifiers()) + " ");
        sb.append(param.getParameterizedType().getTypeName() + " ");
        sb.append(param.getName());
    }

    return sb.append(")").toString();
}
}
```

Startet man das Programm REFLECTIONPARAMETERNAMESEXAMPLE, so gibt es die korrekten Namen der Parameter aus:

```
Untersuchte Klasse: jdk8.misc.ReflectionExample
Methoden:
public static void main(final java.lang.String[] args)
public static java.lang.String buildParameterString(final
                        java.lang.reflect.Parameter[] parameters)
public static void inspectClass(final java.lang.Class<?> clazz)
```

Allerdings funktioniert dies nur, sofern der Sourcecode mit einem speziellen Compiler-Flag übersetzt wurde (siehe Abbildung 6-1 zur Einstellung in Eclipse). Ansonsten würden die Parameternamen einfach als `arg0`, `arg1` usw. ausgegeben.

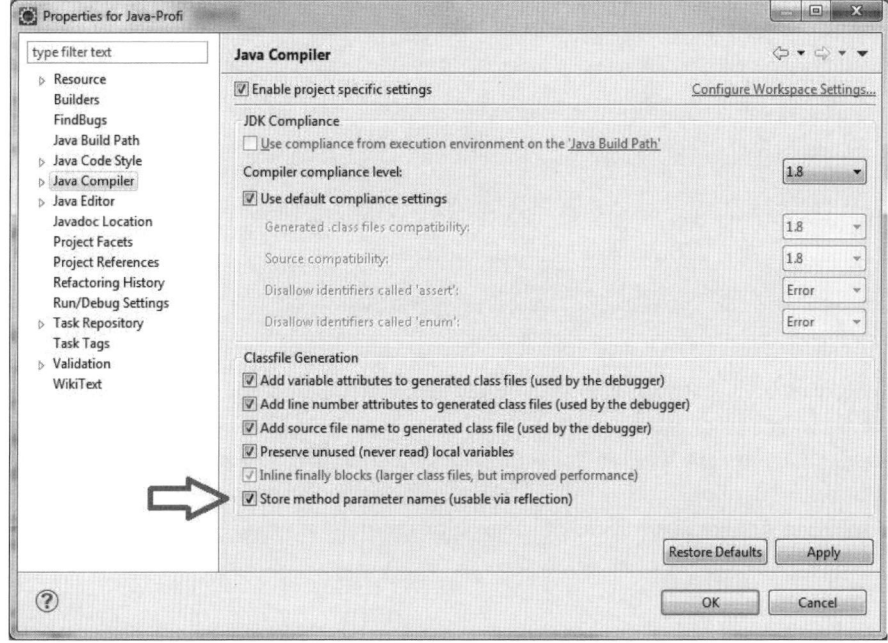

Abbildung 6-1 ParameterCompilerOption

6.10   Base64-Codierungen

Lange Zeit war es nur durch Nutzung externer Bibliotheken oder inoffizieller Klassen des JDKs (`BASE64Encoder`/`BASE64Decoder` aus dem Package `sun.misc`) möglich, Base64-Codierungen zu verarbeiten. Diese Funktionalität findet sich endlich auch offiziell im JDK in der Klasse `java.util.Base64`.

Die Base64-Codierung wird etwa für E-Mail-Anhänge im MIME-Format (Multipurpose Internet Mail Extensions) verwendet. Die Art der Codierung wurde entwickelt, weil mit dem SMTP (Simple Mail Transfer Protocol) nur Zeichen mit 7 Bit übertragen werden konnten. Das ist aber weniger, als die Codierung von ASCII-Zeichen benötigt. Daher wurde eine Codierung erdacht, die auf das oberste Bit verzichtet. Dazu werden jeweils drei Byte der Eingabe (=24 Bit) in vier 6-Bit-Blöcke aufgeteilt. Jeder dieser Blöcke kann eine Zahl zwischen 0 und 63 darstellen, was zu dem Namen Base64 geführt hat. Der Vorteil dieser Codierung ist, dass die resultierende Zeichenfolge nur aus wenigen, codepage-unabhängigen ASCII-Zeichen besteht. Es werden lediglich die Zeichen `A-Z`, `a-z`, `0-9`, + und / verwendet sowie das Zeichen = als Endemarkierung.

Mit der Base64-Codierung wird dadurch der problemlose Transport von beliebigen Binärdaten möglich. Das kann man dazu nutzen, um Binärdaten, etwa Bilddaten, in Form eines Strings zu verarbeiten. Vereinfachend nutzen wir nachfolgend die Bytes eines Strings zur Umwandlung:

```java
public static void main(final String[] args)
{
    final byte[] bytes = "This is the Base64 Test".getBytes();

    final String encoded = Base64.getEncoder().encodeToString(bytes);
    System.out.println("Base64 encoded = " + encoded);

    final byte[] decoded = Base64.getDecoder().decode(encoded);
    System.out.println("Base64 decoded = " + new String(decoded));
}
```

Bei Ausführung des Programms BASE64EXAMPLE wird der String »`This is the Base64 Test`« in Base64 und zurück konvertiert:

```
Base64 encoded = VGhpcyBpcyB0aGUgQmFzZTY0IFRlc3Q=
Base64 decoded = This is the Base64 Test
```

Wie man sieht, hat man bei einer möglichen Übertragung von einem Rechner zu einem anderen ganz nebenbei den Vorteil, dass die Base64-Codierung eine nicht lesbare Darstellung erstellt. Dies bietet zumindest einen kleinen Schutz vor unbeabsichtigten Blicken. Allerdings entsteht durch die Reduktion auf die ausgewählten Zeichen ein Overhead: Das zu übertragende Datenvolumen nimmt um rund 30 % zu.

6.11   Änderungen bei Annotations

Während bis JDK 7 Annotations nur an ganz bestimmten Stellen im Sourcecode erlaubt waren, wurde dies mit JDK 8 deutlich ausgeweitet. Dadurch wird es leichter, Constraints (Randbedingungen) an beliebige Elemente im Sourcecode als Annotations anhängen zu können. Beispielsweise kann man sich für Codeprüfungen etwa folgende Annotations vorstellen:

- `@NonNull`, `@Nullable` – Attribut oder Parameter darf nicht `null` sein bzw. kann den Wert `null` enthalten.
- `@Immutable` – Das Attribut oder die Klasse ist unveränderlich.
- `@ReadOnly` – Es sollen lediglich Lesezugriffe durch andere Objekte erlaubt sein.

Leider werden derartige Annotations im JDK 8 nicht bereitgestellt und auch nicht ausgewertet. Diese selbst zu definieren ist recht leicht folgendermaßen möglich:

```
@Target(value = {ElementType.TYPE_USE})
@Retention(value = RetentionPolicy.SOURCE)
@interface NonNull
{
}

@Target(value = {ElementType.TYPE_USE})
@Retention(value = RetentionPolicy.SOURCE)
@interface Nullable
{
}

// ...
```

Wollte man etwa für eine Liste von Strings festlegen, dass diese keine `null`-Elemente enthält, so könnte man Folgendes schreiben:

```
List<@Nullable String> containsNoNullElements = ...
```

Diese Annotation führt jedoch nicht dazu, dass diese Bedinung auch tatsächlich eingehalten wird. Dazu bedarf es Tools, wie etwa dem Checker-Framework, das frei zum Download unter `http://types.cs.washington.edu/checker-framework/` bereitsteht und ähnliche Annotations wie die obigen mitbringt und auch deren Einhaltung prüft.

Meiner Meinung nach wäre es sehr wünschenswert gewesen, gewisse Prüf-Annotations bereits im JDK zu definieren, ähnlich zu denen aus JavaEE, und diese auch durch den Compiler auszuwerten. Weil dies leider nicht der Fall ist, werde ich das Thema Annotations hier nicht weiter vertiefen.

7 Zusammenfassung und Ausblick

Dieses Kapitel fasst die bisher besprochenen Themen rund um die vielfältigen Neuerungen aus Java 8 noch einmal kurz zusammen und zieht ein Fazit. Dabei nenne ich auch einige mit JDK 8 geplante, aber leider nicht umgesetzte Sprachfeatures, denen je ein Unterkapitel gewidmet ist. Abschließend liste ich einige interessante Bücher auf, mit denen Sie Ihr Wissen zu Java 8 vervollständigen können und die in einigen Bereichen tiefer in die Materie einsteigen als dieses Buch.

7.1 Zusammenfassung und Fazit

Durch die Lektüre dieses Buchs sollten Sie einen recht guten Eindruck von den Neuerungen in Java 8 gewonnen haben. Dabei wurde eine Vielzahl von neuen Möglichkeiten durch Lambdas und Bulk Operations on Collections vorgestellt. Mit Java 8 gibt es nun außerdem ein gelungenes API zur Bearbeitung von Datumswerten und mit JavaFX 8 ein Framework zur Gestaltung moderner, ansprechender Benutzeroberflächen – bei Bedarf sogar in 3D. Rekapitulieren wir kurz noch einmal.

Die guten Seiten

Java 8 bietet ...

- **Lambdas als neues Programmiermodell** – Die neu eingeführten Lambdas ermöglichen nun endlich auch in Java die funktionale Programmierung, wie sie bereits in Sprachen wie C# und Groovy zum Alltag gehören. Mit Lambdas kann man Funktionalität als kleine Einheit (»Code as Data«) realisieren und an Methoden übergeben. Insbesondere in Kombination mit dafür vorgesehenen Frameworks kann man von Lambdas stark profitieren, wie wir dies für diverse Funktionalitäten im Collections-Framework und den Streams kennengelernt haben.
- **Streams und Erweiterungen im Collections-Framework** – Viele standardmäßig anfallende Aufgaben wie das Filtern, das Extrahieren von Daten, das Zählen, Auswerten oder Zusammenfassen von Daten lassen sich mithilfe der Erweiterungen im Collections-Framework und insbesondere den Streams auf einfache Weise formulieren und bei Bedarf sogar parallelisieren. Ganz besonders erwähnenswert ist, dass der Entwickler dazu nicht in die Untiefen der Multithreading-Programmierung absteigen muss.

- **ein neues Date And Time API zur Vereinfachung der Datumsarithmetik** – Immer mal wieder wundert und ärgert man sich bei der Benutzung von `Date` oder `Calendar` über Merkwürdigkeiten oder vermeintliche Berechnungsfehler. Das neue Date And Time API bereitet dagegen richtig Freude in der Benutzung und erleichtert Berechnungen und auch die formatierte Ausgabe oder das Parsing von Datums- und Zeitangaben.

- **JavaFX 8 mit neuen Bedienelementen und Unterstützung von 3D** – Desktop-Benutzeroberflächen in Java zu erstellen, ist in den letzten Jahren immer unpopulärer geworden. Zwar bieten Swing und Java 2D mächtige Möglichkeiten zur Gestaltung von GUIs, jedoch fehlt es teilweise an Bedienelementen, etwa zur Datumsauswahl und zur Darstellung mit einer TreeTable. Darüber hinaus lassen sich Effekte und Animationen zur Steigerung der User Experience nur mit Mühe und viel Expertenwissen realisieren. JavaFX 8 ändert die Situation fundamental: Die Programmierung ansprechender Benutzeroberflächen, die optisch mit Effekten oder Animationen aufgewertet werden, macht viel Freude und geht leicht von der Hand. Dabei hilft das eingängige API, die Vielzahl an Bedienelementen, das Data Binding usw. Für spezielle Anwendungsfälle lassen sich nun sogar Visualisierungen in 3D ohne viel Aufwand umsetzen.

- **durch diverse API-Erweiterungen eine Erleichterung beim Entwickeln** – Das JDK 8 enthält umfangreiche Erweiterungen in vielen Bereichen, etwa das einfache Verknüpfen von Strings, verschiedene Convenience-Methoden in den Wrapper-Klassen oder aber im Bereich der Dateiverarbeitung. Auch die Neuerungen in Collections und bei der Concurrency sind nützlich. Darüber hinaus haben wir eine Vielzahl an kleineren und größeren Veränderungen im JDK besprochen, etwa die Klasse `Optional<T>` sowie die Unterstützung von Base64-Codierungen. Es gibt einiges zu entdecken. Schauen Sie sich einfach mal etwas im JDK um.

- **»Nashorn« als neue, performante JavaScript-Engine** – Sofern Sie die Ausführung dynamischer Programmteile benötigen, kann JavaScript nützlich sein. Die in JDK 8 integrierte JavaScript-Engine namens Nashorn ermöglicht eine gute Interoperabilität zwischen Java und JavaScript und ist zudem durch Nutzung des mit JDK 7 eingeführten Invoke Dynamic recht performant.

Bedenkenswertes

Java 8 enthält viel Positives und ist als Programmiersprache mit den neuen funktionalen Elementen wieder attraktiver geworden. Jedoch sollte man Folgendes bedenken:

- **Lambdas sind leider nicht ganz so eingängig wie die Closures von Groovy** – Zwar erlauben Lambdas die knackige Formulierung von Functional Interfaces und erleichtern die Bereitstellung von Funktionalität, jedoch gibt es verschiedenste Besonderheiten bei der Syntax. Gerade bei der verschachtelten Nutzung von »Code as Data« kann man sich schon mal unsicher über die korrekte Klammerung oder den Bedarf nach einem abschließenden Semikolon sein.

■ **Default-Methoden in Interfaces** – Default-Methoden stellen für API-Designer und Framework-Entwickler zweifellos eine wichtige Erweiterung von Java dar, um eine kontinuierliche Interface-Evolution zu ermöglichen. Ohne diese Erweiterung wäre die Integration der neuen Funktionalitäten von Lambdas in die JDK-Bibliotheken nur unzureichend möglich gewesen. Als »normaler« Anwendungsentwickler sollte man Default-Methoden jedoch mit großer Zurückhaltung und nur möglichst selten verwenden. Ansonsten besteht die Gefahr, dass man dem Design eigener Interfaces zu wenig Beachtung schenkt und sich auf mögliche nachträgliche Korrekturen in Form von Default-Methoden verlässt.

■ **Streams erfordern einiges an Einarbeitungsaufwand** – Die Arbeit mit Streams bietet zweifellos viele Vorteile, ist aber nicht in jedem Fall intuitiv. Das gilt insbesondere dann, wenn teilweise die Details der Generics in den verwendeten Functional Interfaces durchscheinen. Zum Teil kann dies für merkwürdige bzw. schwer verständliche Fehlermeldungen sorgen. Außerdem muss man sich erst einmal mit den verschiedenen Bedeutungen und Unterschieden der etwa 40 neuen Functional Interfaces im Detail vertraut machen.

Die schlechten Seiten

Leider wurden diverse Funktionalitäten nicht umgesetzt, obwohl sie schon für Java 7 angekündigt waren, dann auf Java 8 verschoben wurden und hoffentlich mit Java 9 umgesetzt werden. Dies wichtigsten sind wohl:

■ **Modularisierung unter dem Projektnamen Jigsaw** – Gerade wenn Programme umfangreicher werden, scheint es sinnvoll, diese in einzelne, voneinander unabhängige Bestandteile zu untergliedern. Man spricht auch von Modularisierung. Bereits für JDK 7 war mit dem »Project Jigsaw« eine solche Möglichkeit zur Modularisierung eigener Programmsysteme angedacht. Insbesondere wollte man dies auch nutzen, um das JDK in unterschiedlichen Varianten für verschiedene Hardwareplattformen bereitstellen zu können. Das Projekt blickt bereits auf eine bewegte Geschichte, denn erste Ideen zur Modularisierung erschienen etwa 2008 und sollten neben Lambdas eine der Hauptneuerungen von Java 7 sein. Beides wurde dann auf Java 8 verschoben. Dort sind bekanntlich nur Lambdas enthalten. Warten wir also auf Jigsaw in Java 9, das Ende 2015 erscheinen soll.

■ **Integration von Collection-Literalen und Enum-Vergleichen in die Sprachsyntax** – Das Erzeugen von Listen oder Maps mit einer initialen Wertebelegung ist in Java eine schreibaufwendige Angelegenheit. Sprachen wie z. B. Groovy kennen das Sprachfeature Collection-Literal, mit dem man Kurzschreibweisen für Listen und Maps in die Syntax integriert. Damit lassen sich vor allem Initialisierungen, aber auch Berechnungen einfach und lesbar ausdrücken, etwa indem man zwei Listen mit dem Operator + miteinander verknüpft. Auch Werte aus Enums lassen sich direkt und nicht umständlich mit `compareTo()` vergleichen. Auf beides gehe ich gleich im Anschluss noch etwas genauer ein.

Hinweis: Modularisierung und JAR-Dateien

Mit den Bordmitteln von Java ist es bisher lediglich möglich, eine Gruppe von Ressourcen in einem sogenannten Java Archive (JAR) zusammenzufassen. Damit kann man so etwas Ähnliches wie ein Modul nachbilden. Allerdings lassen sich auf diese Weise keine Abhängigkeiten zu anderen Modulen beschreiben. Das OSGi-Framework (Open Services Gateway initiative) bietet die Möglichkeit zur Modularisierung und zur Beschreibung von Exporten und Importen.

7.2   Ausblick auf JDK 9: Mit JDK 8 nicht umgesetzte Features

Bereits mit JDK 7 wurden verschiedene Erweiterungen angedacht, die die Handhabung von Java spürbar vereinfacht hätten. Jeder, der schon einmal in Groovy programmiert hat, weiß, was ich meine. Dort funktionieren viele Dinge einfach so natürlich und mühelos. Beispiele sind die Integration von Collection-Zugriffen in die Sprachsyntax oder auch eine schlankere Syntax bei Vergleichen von Werten aus `enum`-Aufzählungen. In Java wird für beides doch einiges mehr an Sourcecode benötigt, worunter zum Teil die Lesbarkeit leidet.

7.2.1   Integration von Collection-Zugriffen

Schon 2009 hat man über eine Integration einer einfacheren Schreibweise zur Erzeugung von und zum Zugriff auf Collections (sogenannte *Collection-Literale*) nachgedacht, wie sie z. B. in Groovy oder auch in C# existieren.

Collection-Erzeugung

Nachfolgendes Listing zeigt, wie eine mögliche Syntax für Collection-Literale, die die Elemente der Collection in geschweifte oder eckige Klammern einschließt, aussehen könnte (es wurden verschiedene, aber recht ähnliche Vorschläge diskutiert):

```
// Mit JDK 8 leider nicht umgesetzt
final List<String> newStyleList = ["item1", "item2"];

final Map<String, String> newStyleMap = ["key1" :"value1", "key2" : "value2"];
```

Herkömmlicherweise existieren folgende Varianten, um eine Liste zu befüllen:

```
// Variante 1
final List<String> oldStyleList1 = new ArrayList<>();
oldStyleList1.add("item1");
oldStyleList1.add("item2");

// Variante 2
final List<String> oldStyleList2 = Arrays.asList("item1", "item2");
```

Beide Varianten besitzen jedoch ihre Nachteile. Die erstere ist offensichtlich viel länger als der Einsatz eines Collection-Literals. Variante 2 ist zwar ähnlich kurz, erlaubt aber keine nachträglichen Modifikationen an der Zusammensetzung der Liste. Collection-Literale wären also eine gute Bereicherung gewesen. Warten wir mal auf Java 9.

Tipp: Google Guava als Abhilfe

Wenn Sie nicht erst bis Java 9 warten wollen, dann empfehle ich einen Blick auf die Bibliothek Google Guava. Dort findet sich sehr viel hilfreiche Funktionalität rund um Collections und funktionale Programmierung. Google Guave kann frei unter `https://code.google.com/p/guava-libraries/` oder von Maven Central heruntergeladen werden (Gradle-Dependency `compile` `'com.google.guava:guava:17.0'`). Nachfolgend nutzen wir die Methode `Lists.newArrayList(E...)`:

```
// Einsatz von Google Guava
final List<String> guavaStyleList = Lists.newArrayList("item1", "item2");
```

Diese besitzt den Vorteil, dass eine `ArrayList<E>` zurückgegeben wird, die man bearbeiten kann, etwa indem man Elemente hinzufügt. Eine mithilfe von `Arrays.asList(T...)` erzeugte Liste ist dagegen unveränderlich und reflektiert die Änderungen an der Liste im übergebenen Array. Schauen wir uns ein Beispiel an:

```
final String[] predefinedNames = { "Micha", "Tim", "Andy", "Stefan" };
final List<String> namesAsList = Arrays.asList(predefinedNames);

namesAsList.set(0, "Changed Nr.0");
predefinedNames[2] = "Changed Nr.2";
System.out.println(namesAsList);

namesAsList.add("Last Exception");
System.out.println(namesAsList);
```

Die Ausführung dieser Zeilen illustriert die Merkwürdigkeiten, dass sich Änderungen bidirektional auswirken und ein Hinzufügen von Elementen zur Liste eine Exception auslöst – was durch den Einsatz von Guava vermieden wird:

```
[Changed Nr.0, Tim, Changed Nr.2, Stefan]
Exception in thread "main" java.lang.UnsupportedOperationException
    at java.util.AbstractList.add(AbstractList.java:148)
...
```

Datenzugriff

Während man auf Arrays indiziert mit eckigen Klammern zugreift, muss man für Listen die Methode `get(int)` und für Maps die Methode `get(K)` nutzen. Für Wertzuweisungen muss man analog `set(int, E)` bzw. `put(K,V)` aufrufen.

Wie es bereits in Groovy für indizierte Zugriffe und Wertzuweisungen auf Listen bzw. Zugriffe auf Schlüssel und Werte bei Maps möglich ist, so war auch für Java eine

Notation analog zu indizierten Array-Zugriffen vorgesehen, wodurch explizite Methodenaufrufe überflüssig geworden wären:

```
// Collection-Literale mit JDK 8 leider nicht umgesetzt
newStyleList[0] = "set at pos 0";
System.out.println("get at pos 0: " + newStyleList[0]);
```

7.2.2 Vergleiche von Enums mit Operatoren

Werte von Enums lassen sich leicht miteinander vergleichen, da Enums das Interface `Comparable<T>` erfüllen und somit eine Ordnung definiert ist, die auf der Ordnungszahl basiert, die sich aus der Position des Enum-Werts im Sourcecode ableitet. Darüber hinaus kann man die Ordnungszahl zu einer Enum-Konstante mithilfe der Methode `ordinal()` ermitteln. Diese kann man mit den Operatoren >, =, < usw. vergleichen.

Sollen zwei Enum-Werte miteinander verglichen werden, so kann dies durch Einsatz der Methoden `ordinal()` bzw. `compareTo(T)` zwar leicht folgendermaßen realisiert werden – allerdings ist das Ganze nicht besonders schön zu lesen:

```
public enum EnumCompareExample
{
    KARO, HERZ, PIK, KREUZ;

    public static void main(final String[] args)
    {
        // Mögliche alte Schreibweisen
        if (KARO.compareTo(HERZ) < 0 ||          // Comparable<T>
            KARO.ordinal() < HERZ.ordinal())     // ordinal()
        {
            System.out.println("KARO < HERZ");
        }
    }
}
```

Die Programmiersprache Groovy erlaubt es, Aufzählungswerte aus `enums` intuitiv verständlich mit den Operatoren <, = oder > miteinander zu vergleichen. Schon für JDK 7 gab es einen Erweiterungsvorschlag, diesen lesbaren Vergleich auch in Java zu ermöglichen. Wäre dieser umgesetzt worden, könnte man für das Beispiel der Farben von Spielkarten dann Folgendes schreiben:

```
// Mit JDK 8 leider nicht umgesetzt
public enum EnumCompareExample
{
    KARO, HERZ, PIK, KREUZ;

    public static void main(final String[] args)
    {
        if (KARO < HERZ) // Das geht leider nicht!
        {
            System.out.println("KARO < HERZ");
        }
    }
}
```

7.3   Weiterführende Literatur

Mit Java 8 wurden verschiedenste bedeutende Änderungen an der Sprache selbst vorgenommen. Lambdas und die Möglichkeiten zur funktionalen Programmierung sind
wegweisend, allerdings eigentlich auch längst überfällig, weil andere JVM-Sprachen
wie Groovy und die Microsoft-Konkurrenz C# diese seit Längerem unterstützen. Neben
der Behandlung dieser Themen hat dieses Buch einen Überblick über viele wichtige
Neuerungen von JDK 8 gegeben. Die Bandbreite und der Umfang an Neuerungen ist
gewaltig und konnte hier nur so weit behandelt werden, dass ein Einsatz in der Praxis
erleichtert wird.

Java 8

Weiteres Wissenswertes zur funktionalen Programmierung und zu Java 8 finden Sie in
den folgenden Büchern:

■ **»Java SE 8 for the Really Impatient** « von Cay S. Horstmann [3]
Dieses Buch von Professor Cay S. Horstmann liefert einen verständlichen Einstieg
in die Neuerungen von Java 8. Von Lambdas über Streams und das neue Date And
Time API sowie JavaFX werden viele Themen dargestellt. Das Buch wird abgerundet durch einen Kurzüberblick über wichtige mit JDK 7 eingeführte Features, die
das Programmiererleben leichter machen.

■ **»Functional Programming Java: Harnessing the Power of Java 8 Lambda
Expressions«** von Venkat Subramaniam [7]
Dr. Venkat Subramaniam vereint sowohl die Expertise in der Programmierung als
auch in der lesbaren Darstellung komplexer Zusammenhänge. Mit diesem Buch ist
es ihm gelungen, eine verständliche Darstellung der Neuerungen von Java 8 mit
Fokus auf Lambdas und funktionaler Programmierung zu schreiben. Insbesondere möchte ich die schrittweise Einführung der Neuerungen von Java 8 inklusive
der gelungenen Gegenüberstellungen der bisher (umständlichen) Realisierung mit
JDK 7 und den Verbesserungen mit den Sprachfeatures aus Java 8 erwähnen.

■ **»Java 8 Lambdas: Pragmatic Functional Programming«** von Richard Warburton [8]
Dieses Buch fokussiert bei den Neuerungen von Java 8 auf die Besprechung
vom Lambdas: Nach einer Einführung werden Streams und die Erweiterungen im
Collections-Framework, aber auch in anderen JDK-Bibliotheken aus dem Blickwinkel von Lambdas vorgestellt. Zum leichteren Verständnis wird eine eigene grafische Notation für Functional Interfaces sowie für die Operationen auf Streams entwickelt. Abgerundet wird das Ganze durch eine Betrachtung von Designaspekten.

Java-Programmierung

Zur Lektüre und zum Verständnis dieses Buchs werden gute Java-Kenntnisse vorausgesetzt. Verschiedene Java-Themen konnten nicht in größerer Tiefe behandelt werden, da der Fokus auf den Neuerungen in Java 8 lag. Eine vertiefende Einführung in die professionelle Java-Programmierung finden Sie in folgendem Buch:

■ **»Der Weg zum Java-Profi«** von Michael Inden [4]
Mein Buch »Der Weg zum Java-Profi« führt Sie in die professionelle Java-Programmierung ein und stellt Ihnen dabei verschiedenste Techniken, Tipps und Tricks vor. Auch geht es ausführlich auf diverse Java-APIs etwa Collections und Concurrency ein. Abgerundet wird dies durch Beschreibungen zu Entwurfsmustern, Unit Tests, Optimierungen u. v. m.

JavaScript-Programmierung

■ **»JavaScript: Einführung, Programmierung und Referenz«** von Stefan Koch [5]
Dieses Buch ist ein Klassiker zum Einstieg in die JavaScript-Programmierung und mittlerweile in der 6. Auflage erschienen. Falls Sie weitere Experimente mit dynamischer Programmierung in JavaScript starten wollen, erhalten Sie in diesem Buch die dazu notwendigen Grundlagen.

GUI-Programmierung

Das Themengebiet der grafischen Benutzeroberflächen ist extrem umfangreich. In diesem Buch konnte ich daher nur auf einige wichtige Aspekte eingehen; diverse andere konnten leider nicht berücksichtigt werden, da der Fokus ganz klar auf einem Einstieg in JavaFX lag. Weiterführende Informationen zum Thema JavaFX 8 bietet folgende Online-Quelle:

■ https://www.java.net///community/javafx

Falls Sie mehr Informationen zu Swing im Allgemeinen, Java 2D und grafische Effekte in Swing benötigen, empfehle ich die Literatur eines der folgenden Bücher:

■ **»Swing«** von Matthew Robinson und Pavel Vorobiew [6]
Matthew Robinson und Pavel Vorobiew beschreiben Swing praxisorientiert und nutzen dazu ansprechende Beispiele.

■ **»Java 2D API Graphics«** von Vincent J. Hardy [2]
Dieses Buch bietet eine umfassende, gut verständliche Einführung in Java 2D. Neben der ansprechenden Darstellung der Grundlagen werden diverse grafische Effekte beschrieben, mit denen man eigene Applikationen optisch aufwerten kann.

■ »**Filthy Rich Clients**« von Chet Haase und Romain Guy [1]
Wenn Sie Ihre Swing-GUIs mit optischen Effekten aufpolieren möchten, dann sollten Sie einen Blick in dieses Buch werfen. Die vorgestellten Lösungen werden inklusive der dafür benötigten Grundlagen verständlich dargestellt.

Anhang

A Java und funktionale Programmierung

Mit JDK 8 hält die funktionale Programmierung in Java Einzug. Damit wird neben der bisherigen objektorientierten Programmierung ein weiteres Programmierparadigma unterstützt. Dieser Anhang liefert eine kurze Einführung in verschiedene Programmierparadigmen und im Speziellen einen Einblick in das funktionale Programmieren.

A.1 Programmierparadigmen im Überblick

Schauen wir kurz auf einige Programmierparadigmen, bevor wir dann etwas genauer auf die funktionale Programmierung eingehen.

Imperative Programmierung

Jedem Java-Entwickler ist das objektorientierte Programmieren vertraut, bei dem die Programmfunktionalität durch Objekte und deren Zusammenspiel realisiert wird. Bei der prozeduralen Programmierung verwendet man Methoden, dort Prozeduren genannt, um die Programmfunktionalität zu beschreiben. Mit imperativer Programmierung meint man, dass das Programm aus einer Folge von Kommandos besteht. Gewöhnlich sind daher objektorientierte und prozedurale Programme eine Untermenge der imperativen Programmierung. Hier geht es grundsätzlich darum, mithilfe von Anweisungen und Methodenaufrufen zu sagen, was getan werden soll, und das »Wie« auszuformulieren. Um das gewünschte Ergebnis zu erzielen, nutzt man Variablen, Bedingungen usw.

Deklarative Programmierung

Bei der deklarativen Programmierung arbeitet man weniger auf Details, sondern eher mit Konzepten. Vielfach lassen sich damit Dinge auch für technisch weniger versierte Personengruppen recht verständlich formulieren.

Wenn Sie schon ein wenig Erfahrung in der Entwicklung haben, sind Sie bestimmt schon mit Datenbanken und SQL (Structured Query Language) in Berührung gekommen. Diese folgt der deklarativen Programmierung, bei der man nicht den Ablauf, also das »Wie«, sondern das gewünschte Ergebnis, also das »Was«, beschreibt. In SQL ermittelt man diejenigen Personen, die älter als 30 Jahre und männlich sind, wie folgt:

```
SELECT * FROM Personen WHERE ALTER > 30 AND GENDER = MALE;
```

Einem ähnlichen Muster folgen Zugriffe per Selektoren für HTML oder mit XPath für XML. Auch Build-Tools wie Ant und Maven usw. nutzen eine deklarative Beschreibung der Vorgänge beim Build.

Funktionale Programmierung

Eine weitere mögliche Variante zur Formulierung von Programmen besteht in der funktionalen Programmierung. Dabei geht es darum, durch das Aufrufen und Verketten von Funktions- bzw. Methodenaufrufen ein gewünschtes Ergebnis zu erzielen – im Gegensatz zur objektorientierten bzw. imperativen Programmierung im Allgemeinen, wo der Fokus auf dem Verändern von Zustandsinformationen liegt. Bei der funktionalen Programmierung wird ein Programm als eine Folge von Funktionsaufrufen formuliert. Das entspricht einer recht mathematischen Art und Weise. Dabei unterscheidet man »rein funktionale« Sprachen wie beispielsweise Haskell von solchen, die eine nicht so »strenge« Art der funktionalen Programmierung erlauben, wie sie etwa mit Java 8 möglich wird.

Rein funktionale Sprachen modifizieren keinen Zustand und Funktionen besitzen keine Seiteneffekte, sondern Änderungen finden lediglich dadurch statt, dass von Funktionen neue Werte als Rückgabe anhand von Eingabewerten berechnet werden. In der mit Java 8 realisierten Unterstützung für funktionale Programmierung sind auch weiterhin objektorientierte Konstrukte möglich. Allerdings sollten die Funktionen (hier: Lambdas) möglichst keine Zustandsänderungen durchführen, um von den Vorteilen der Parallelisierbarkeit von Einzeloperationen profitieren zu können. Vertiefen wir nun unser Wissen zu funktionaler Programmierung.

A.2   Funktionale Programmierung an Beispielen

Während beim imperativen Programmieren die Anweisungen den Ton angeben, bilden bei der funktionalen Programmierung Funktionen die Bausteine. Diese lassen sich – wie aus der Mathematik bekannt – miteinander auf vielfältige Weise verbinden. So können Funktionen hintereinander ausgeführt werden, andere Funktionen aufrufen und sogar sich selbst. Dies wird *Rekursion* genannt. Anfangs mag dies nicht sinnvoll erscheinen, aber diverse Problemstellungen lassen sich sehr natürlich mithilfe von Rekursion beschreiben. Paradebeispiele sind die Berechnung der Fibonacci-Zahlen oder der Fakultät. Die Fibonacci-Zahlen sind rekursiv wie folgt definiert:

$$
\begin{aligned}
fib(0) &= 0 \\
fib(1) &= 1 \\
fib(n) &= fib(n-1) + fib(n-2),\ \forall n \geq 2
\end{aligned}
$$

Etwas einfacher in der Definition ist die Fakultät, die als das Produkt der natürlichen Zahlen von 1 bis n definiert ist: $n! = 1 * 2 * 3 * \ldots * n$, wobei im Speziellen $0! = 1$ gilt.

Damit ist auch hier eine rekursive Definition folgendermaßen möglich:

$$0! = 1$$
$$n! = n * (n - 1)!, \ \forall n \geq 1$$

Wenn man etwa die Fakultät in Form einer rekursiven Methode implementieren wollte, so würde man etwa Folgendes schreiben:

```java
public static long factorial(final long n)
{
    if (n < 0)
        throw new IllegalArgumentException("n must be positive");

    if (n == 0)
        return 1;

    return n * factorial(n-1);
}
```

Man sieht, wie gut sich die mathematische und die funktionale Umsetzung gleichen. Insbesondere erfüllt die oben gezeigte Methode die Anforderungen an funktionale Programmierung: Eine Funktion zeichnet aus, dass diese lediglich auf den hereingereichten Daten, also ihren Parametern, operiert. Man spricht auch von zustandslosen Operationen, da es keinen Zustand in Form von Attributen oder Variablen wie beim objektorientierten Programmieren gibt, sondern lediglich auf den Eingabewerten gearbeitet wird. Beim objektorientierten Programmieren findet man dagegen sehr häufig zustandsbehaftete Operationen, etwa Änderungen am eigenen Objektzustand als Folge eines Methodenaufrufs.

Nach diesem kurzen gedanklichen Ausflug ins funktionale Programmieren und die Zustandslosigkeit möchte ich nun zeigen, wie man die obige funktionale Umsetzung imperativ durch eine Schleife und das Zwischenspeichern eines Werts realisieren kann:

```java
public static long factorial(final long n)
{
    if (n < 0)
        throw new IllegalArgumentException("n must be positive");

    long result = 1;

    for (long i = 1; i <= n; i++)
    {
        result *= i;
    }

    return result;
}
```

Man sieht, dass sich die Berechnung der Fakultät noch ganz gut imperativ entwickeln lässt. Mit zunehmender Komplexität der zu berechnenden Funktionen wird dies aber immer mühsamer. Schon die Fibonacci-Zahlen erfordern einige Hilfsvariablen, wodurch die Analogie zu der mathematischen Definition und Schreibweise immer mehr schwindet. Es können unnatürliche Lösungen entstehen, wenn man diese Berechnungen auf eine imperative Art und Weise löst.

Für mathematische Berechnungen stellt sich die Frage, ob man nicht immer möglichst nahe am »Original« bleiben sollte und daher eine funktionale Lösung zu bevorzugen ist. Prinzipiell ist das schon korrekt. Jedoch sollte man sich eines potenziellen Problems der funktionalen Programmierung bewusst sein: So elegant die Formulierung im mathematischen Sinne auch ist, so erfordert sie doch sehr viele rekursive Verzweigungen und Funktionsaufrufe. Diese führen bei einer Realisierung mit Methoden oftmals zu schlechter Performance und viel Speicherverbrauch, da die Funktionsaufrufe alle auf dem Stack gespeichert werden müssen. Bei den in Java eingeführten Streams werden die genannten Probleme entschärft, da hier die Algorithmen schon durch das Framework vorgegeben werden.

Nachdem wir die funktionale Umsetzung der Fakultätsberechnung gesehen haben, könnte man sich fragen, warum ich in der Einleitung davon sprach, dass die funktionale Programmierung erst mit Java 8 möglich wird. Tatsächlich lassen sich einfache funktionale Programme auch schon vor JDK 8 und Lambdas mit Java realisieren. Für komplexere Realisierungen müssen aber Funktionen als Parameter an Funktionen übergeben werden können. Das Ganze wird mithilfe der in Java 8 eingeführten Lambdas deutlich einfacher, da diese gut dem Prinzip »Code as Data« folgen.

Abgrenzung funktionales und objektorientiertes Programmieren

Wie zuvor motiviert, ist die funktionale Programmierung eher mathematisch oder in Java auf kleine Sourcecode-Blöcke ausgerichtet, die bei Bedarf bevorzugt in Parallelverarbeitung berechnet werden können.

Sicherlich gibt es neben mathematischen Funktionen auch die eine oder andere praktische Aufgabe, wie etwa die beschriebenen Filterungen, Transformationen u. v. m. Dabei handelt es sich meistens um Berechnungen in irgendeiner Art. Geschäftsprozesse und die Funktionalität größerer Systeme kann man funktional recht schwierig abbilden. Dazu eignet sich vor allem die objektorientierte Programmierung.

Weil Java 8 eine Kombination beider Programmierparadigmen ermöglicht, kann man je nach benötigtem Anwendungsfall das passende Paradigma wählen. Somit steht nun je nach Fall immer das richtige Werkzeug bereit und man muss es nur noch korrekt verwenden. Mögliche Fallstricke dabei wurden in Abschnitt 3.5 behandelt.

Literaturverzeichnis

[1]   Chet Haase und Romain Guy. *Filthy Rich Clients*. Addison-Wesley, 2008.

[2]   Vincent J. Hardy. *Java 2D API Graphics*. Prentice Hall, 2000.

[3]   Cay S. Horstmann. *Java SE 8 for the Really Impatient*. Addison-Wesley, 2014.

[4]   Michael Inden. *Der Weg zum Java-Profi*. dpunkt.verlag, 2. Auflage, 2012.

[5]   Stefan Koch. *JavaScript*. dpunkt.verlag, 6. Auflage, 2011.

[6]   Matthew Robinson und Pavel Vorobiew. *Swing*. Manning, 2. Auflage, 2003.

[7]   Venkat Subramaniam. *Functional Programming Java: Harnessing the Power of Java 8 Lambda Expressions*. O'Reilly, 2014.

[8]   Richard Warburton. *Java 8 Lambdas: Pragmatic Functional Programming*. O'Reilly, 2014.

Index

Z